学級経営のすべて

イラスト
で見る

全活動・全行事の

小学校 **5**年

宗實直樹 編著

東洋館
出版社

はじめに

　本書は「5年生の学級経営」を対象として執筆した書です。5年生という学年で考えられる学級経営の基礎・基本、行事や活動等を網羅した一冊となっています。

　第1章では、「5年生」という学年の特徴や子どもの発達段階、ICTの効果的な活用や学級活動の効果的な展開等、学級経営の急所と全体像を明らかにすることを目指しました。

　第2章では、4月～3月までの1年間の流れの中で、その時期に重要だと考えられるものを配列しました。活動のねらい、ポイント、展開例などを紹介しています。子どもの実態と執筆者の経験をもとにした具体的な実践例を紹介し、板書や図解で視覚的にも捉えやすく解説しています。さらに、学級経営におけるICT活用も意図的に取り入れ、不易流行を意識した内容としています。どの月から読んでいただいてもかまいません。必要とされている箇所から、目の前の子どもたちを想像しながらお読みください。

　本書で特にこだわった点は、その月に行いたい学級活動の実践例を掲載している点です。「活動ありき」ではなく「活動を通してどのような力をつけたいのか」を念頭において執筆しました。長岡文雄（1979）は「学級会活動は、子どもたちがとくに自主的自発的に、自分たちのくらしを、納得ずくでつくり出していく活動であって、学級づくりの根幹である。ここで培われた学習の体制が他の学習の基礎となって、学習全体を動的な生気のあるものとしていく。」と述べます。学級経営や学習の礎となるのが学級活動です。しかし、学級活動には教科書がありません。本書が学級活動の教科書代わりになれば幸いです。

　また、巻末には本書全体で参考にした書籍や、それぞれの分野でさらに参考になりそうな書籍を紹介しました。さらに深く知りたい方や、広げて考えたい方はぜひご参照ください。その分野でのお気に入りの一冊が見つかれば、これほど心強い味方はありません。我々執筆者も、「学級経営のこの分野ではこの本！」というお気に入りを必ず持っています。ぜひ、読者の皆様の「座右の書」を見つけるきっかけとされてください。

　執筆者は、管理職、教育委員会、公立、市立、様々な立場、様々な分野を専門としているメンバーで執筆しました。立場や環境がちがえば、見える景色や考え方もちがってきます。そのメンバーで何度も対話と議論を経て、一般性を意識しながら多様な視点で書き上げたのが本書です。「やさしい」一冊になったと自負しています。

　私たち教師は「子どもの笑顔が見たい」「子どもに力をつけたい」「子どもの成長を感じたい」「子どもと幸せを共有したい」という想いをもちながら、子どもと共に教室で暮らします。読者の皆様にとって、本書が子どもと共に豊かに歩み、明日からの学級経営の一助となることを願います。

2023年吉日

宗實　直樹

本書活用のポイント

　本書では、4月から3月まで毎月どのような学級経営を行っていけばよいか、各月の目標・注意事項を解説しています。また、学級経営の具体的なアイデアを、イラストをもとに、どのクラスでも運用できるような形で紹介しています。是非、ご自身のクラスでも実践してみてください。

■本書の見方

> 月初め概論ページ

① 目標・注意事項

　その月の学級経営での目標、考え方、注意事項を紹介しています。月ごとに何をやるべきなのかを学年で共有する際、このページが参考になります。1年間というスパンで子ども・クラスの成長を捉える中で、月ごとにPDCAを回していきましょう。

② 月のねらいに合わせた実践例

　ここでは、その月のねらいを達成するために、オリジナルの実践例を紹介しています。教師の言葉かけから、ゲームなど幅広い内容となっています。自身の学級経営にマンネリを感じてきたら、是非、ここでのアイデアを実践してみてください。

1年間を見通した学級経営を!

学級経営アイデア紹介ページ

3 **活動の流れ**

　紹介する活動について、そのねらいや流れ、指導上の留意点をイラストとともに記しています。その活動のねらいを教師がしっかりと理解することで、教師の言葉かけも変わってきます。この一連の活動で、その月の学級経営の充実を目指していきます。

4 **中心となる活動・場面など**

　紹介する活動において、中心となる活動や場面、教材、板書例などに焦点を当て、活動の大切なポイントを解説しています。その後のゴールのイメージをもつ際に役立ちます。学級経営では、子供の発言を受け止める、つぶやきを大切にする、温かな言葉かけが大切です。

もくじ

第5学年における学級経営のポイント

1

学級経営を
充実させるために

① 学級集団の育成モデル

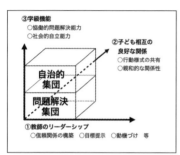

図1　学級集団の育成モデル

赤坂真二（2020）は、図1のように、よりよい学級集団育成の手順として、「①教師のリーダーシップ」「②子ども相互の良好な関係」「③学級機能」を挙げています。

①では、子どもとの信頼関係を築き、それに基づいた教師の柔軟なリーダーシップを発揮することが求められます。教師と子どもの間に信頼関係が生まれると、学級は安定します。

②では、自己理解と他者を尊重する気持ちをもとに、子ども同士の良好な関係を築くことが求められます。子ども同士の関係性をつなぎ、支持的風土が学級内に育まれると、子どもたちの自由度が高まります。

③では、子どもたちが自治的・自発的な活動を組織し、協働的に問題解決を図れるようになることが求められます。ただの仲よし集団ではなく、他者と力を合わせてよりよく問題解決ができる集団になります。

② 承認すること

承認とは、「私はあなたの存在をそこに認めている」ということを伝えるすべての行為、言葉のことです。

・存在承認…見る、挨拶する、名前を呼ぶ、肯定的な思いを伝える、強みを言う、いいところを伝える
・行為承認…事実を伝える、励ます、感謝を伝える
・結果承認…ほめる、賞を与える

などが考えられます。ほめるという結果承認について取りあげられることが多いですが、まずは「ここにいてくれてありがとう」の気持ちを伝えられる存在承認が必要です。この気持ちは、言葉にしていなくても高学年の子どもたちは敏感に感じ取ります。

③ 信頼関係を築くこと

機能の高い学級に育てるためには、ある程度の順序性が必要だと考えられます。まず大切なのは、

教師が柔軟なリーダーシップを発揮し、T（教師）－C（子ども）の信頼関係を築くことです。子どもとの信頼関係を築くために教師が行うことは、

① 体と感情のケアをすること

② 一貫すること

です。

　まずは教師が子どもの安全基地になる必要があります。子どもたちの体と心の状態について気を配ります。特に高学年になると、①の感情のケアがポイントとなります。子どもに対するあたたかい「まなざし」を常に意識します。

　また、高学年の子どもたちは教師の言動不一致を嫌がります。「言うこととやること」が矛盾しないよう、一度言ったことはそれを最後まで貫き通す気持ちが必要です。

　まずはこの２点を徹底し、子どもたちとの信頼関係を結ぶようにします。そこから子ども同士が安心してかかわることができる集団として必要最低限のルールやマナーを確立させていきます。

4 親和的な交わりを増やすこと

　C-Cの関係をつくります。リレーションづくり（親和的な交わり）は、互いに認め合い、助け合える関係の中で育まれます。そのリレーションづくりのポイントは、「教師のかかわり方」「教師の環境設定」です。

　「教師のかかわり方」は、子どものよさを広げたり、失敗を励ましたり、子どもに対して温かいかかわり方をすることです。「環境設定」は、子どもたちがかかわる環境の設定を多くすることです。友だち同士でふれあったり、友だちのよさが見える場づくりをしたりすることなどが考えられます。

5 やる気を引き出すこと

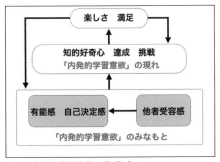

図2　内発的学習意欲の発現プロセス

　ルールづくりとリレーションづくりが確立されると、子どもたちに安心感が生まれ、他者への思いやりが学級内で醸成されます。安心感が生まれると子どもは様々なことにチャレンジしようとします。

　子どもの「やる気」、つまり「内発的学習意欲」の源は、「やればできる」という「有能感」と、「自分で決められる」という「自己決定感」、「あなたなら大丈夫」という「他者受容感」だと考えられます。

　子どもの意志を尊重し、自分で決められる経験を多くすることも重要です。安心感をベースに、人から認められ、自分で決められる空間だからこそ子どもたちのやる気あふれる学級になります。

〈参考文献〉

小貫悟・川上康則／赤坂真二編著『テキストブックユニバーサルデザイン特別支援教育・学級経営』日本授業 UD 学会

桜井茂男（1997）『学習意欲の心理学　自ら学ぶ子ども』誠信書房

5年生は
どんな学年？

① 「新しいこと」に対する期待と緊張

　委員会活動や学校行事など、6年生と共に高学年として動くことになります。学校のことを任される経験が多くなります。自分→学級→学年→学校へと、より広い視野が求められ、「新しいこと」に対する大きな期待と不安が混在するのが5年生です。

　また、学習内容が大幅に増え、専科教員とのかかわりも多くなります。多様な他者とのよりよいかかわり方を考える必要が出てきます。

② 抽象思考の充実

　5年生になると、抽象思考が働くようになります。計画性や法則性、自治的な活動が豊かになるのもこのころです。以下のようなことが考えられます。
① 計画性の獲得がはじまり、考えてから行動することができる。たとえば、
　・ものを探すとき、やみくもに動かず順序よく探せる
　・今日をふりかえり、明日のことを考えることができる
　・イベントなどの段取りなどが効率的にできる
② 法則性を理解できるようになる。たとえば、
　・予想や仮説を立てて考えることができる
　・原因と結果の関係性を読みとることができる
③ 自治集団を確立しようとする。たとえば、
　・自分たちで話し合い、自分たちで決めることができる
　・自分たちだけのルールをつくることができる
以上を参考に、子どもの抽象的な思考への適応や理解を深めていく必要があります。

③ 自我の芽生え

　5年生になると主張がより強くなります。「個」が確立され、「自我」が芽生えます。うまくバランスがとれないためにイライラしたり、相手を攻撃したりすることも多くなることが考えられます。

趣味や好みのちがいもはっきりと出てきます。

　そこで必要なのは「自他の受容」と「共感」です。様々なちがいを受け入れ、「ぼくはこれが好き、あの子はこれが好き。うん、それを尊重したいよね」と言えるような受容的な態度を育てます。

4 自分で決めたい

　荒れる教室にいた子どもたちから出る言葉の多くは、「○○先生は、私たちの話をきいてくれなかった」「自分の言いたいことや、やりたいことばかりを押しつけてくる」などの言葉です。このころの子どもたちは、自分のことは一人前にできなくても、「自分で決めてやりたい」のです。一人前になろうとしていく一過程にあります。教師は子どもの話を聴き、促し、最後には自分で決めさせ、責任をもたせることが重要です。

5 大人として扱われたい

　5年生にもなると、大人として接してほしいという一面をもっています。教師の言葉づかいを丁寧にするなど、相手に対して敬意をもつことが重要です。特に高学年女子は発達段階的にその傾向が強くなります。子ども扱いするのではなく、大人の女性として接することも重要です。

6 周りの目が気になる

　周囲の目が気になり出すのもこのころです。自分がどう見られているのかが気になったり、周囲の反応が気になったりします。

　友だち同士の関係を優先することが多くなり、言葉と行動が逆になることも考えられます。教師は、目に見える姿だけでなく、目に見えないその子の姿も見取ろうとすることが必要になります。

7 さりげないかかわりを喜ぶ

　子どもは自分に関心をもつ人に対して好意を寄せるものです。「お、今日の服装さわやかだね」「あ、髪の毛切った？　似合ってるよ」など、大人としてもうれしくなる一言は、高学年にもそのままよく当てはまります。細かいことかもしれませんが、存在承認ともいえるさりげないかかわりを積み重ねて「関係性」をつくっていくことも重要です。

8 フォローができる

　陰で支える子どもが多く出てきます。多くの子がそれぞれの場面でリーダーとなり、時にはフォロワーに回りながら学級を機能できるようになります。リーダーの視点ばかりではなく、フォロワーに対する視点も大切にします。陰で支えてくれる子の行動を見逃さないようにします。

9 「納得」が必要

　「何のために活動するのか」を説明し、その意図や目的を明確にすることで子どもたちも納得して活動します。

　また、高学年の子どもたちは頭ごなしに叱られることを嫌います。トラブルなどがあったときは、「気持ち」と「事実」を分けて傾聴することが必要です。気持ちに寄り添い、事実を確認し、納得したうえで今後自分はどうするのかを決めさせることが重要です。

10 憧れが強くなる

　自分が生きていく上でのロールモデル（役割の手本となる人）をもつようになります。運動能力や知能の高さ、服装や話し方、コミュニケーション能力やセンスのよさなど、様々な要素があります。

　教師がどのようにふるまい、「どうあるべきか」を意識する必要があります。

５年生の子ども理解

1 子どもの「見取り」

　子どもの「見取り」とは、子どもの外に出る「表現」という事実を通して子どもの世界に近づき、子どもの内面を理解しようとすることです。

　子どもの「見取り」は、子どもの事実を根拠に子どもをさぐり続けることです。それを支えるのは、子どもへの共感、愛情、敬意、願いであり、教師の感性、人間観、子ども観、授業観です。

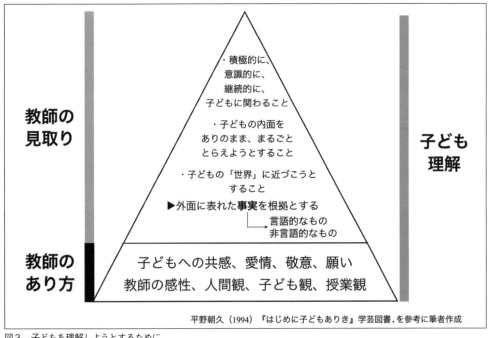

平野朝久（1994）『はじめに子どもありき』学芸図書. を参考に筆者作成

図3　子どもを理解しようとするために

2 見取る方法

　子どもの思考や感情は、子どもの内面の動きなので目には見えにくいです。外面に表れた事実を根拠とする必要があります。

たとえば、

言語的	非言語的
ノート（記述）	しぐさ
端末（記述）	姿
発言	表情
つぶやき	目線
日記	態度
作文	作品（製作過程も含む）

などが考えられます。

　これらはすべて子どもの「表現」ととらえることができます。長岡文雄（1975）は、「子どもが何等かの形で自己表現をしなければ、教師は子どもをとらえるすべがない」と述べ、子どもが表現することの重要性を主張しています。子どもの表現を受け止め、そこから子どもを見取ろうとするからこそ、子どもたち一人ひとりへの理解が深まります。

③ 表現の形の変化

　5年生になると、音声言語による表出が少なくなる子もいます。たとえば早くに思春期を迎える子は、低学年のように活発に発言することも減るでしょう。その分、文字言語による表出が多くなる子もいます。個人差はありますが、表現の形が変化し、子どもをとらえることが難しくなってくる時期でもあります。

④ 記憶よりも記録

　いかにして目に見えないものを見取ろうとするかがポイントになります。そのため、子どもに直接訊いたり、観察したりする必要があります。そして、それらのことを教師が記録していく習慣をもつことが重要です。文字による記録、画像による記録、映像による記録などが考えられます。常にメモ帳やカメラ、ICT端末などを持ち歩き、即時的に記録をとることが重要です。

⑤ 子どもの世界に近づける存在に

　高学年の子どもたちは、教師の言動やあり方をよく見ています。教師が自分の「世界」を読み取り、考えようとしてくれる存在であれば、子どもたちは心を開きます。心を開けば子どもたちはどんどん表現するようになります。表現するようになれば、教師はまた子どもを見取りやすくなります。まさに好循環です。子どもの表現は、子どもが生きる喜びのあらわれでもあります。子どもを見取ろうとすることが、その子の生活を支え、その子の学びを支え、その子の生きる喜びを支えることにつながります。

〈参考文献〉

平野朝久（1994）『はじめに子どもありき』学芸図書

長岡文雄（1975）『子どもをとらえる構え』黎明書房

5年生の担任として
イメージしておくこと

❶ 1年間を見渡す

　1年間のイメージをもちます。下図のような年間計画を描き、ある程度1年間を見渡すことが安心感につながります。

　また、この年間計画は子どもたちと共有します。子どもたちが長期的な見通しをもつことは簡単なことではありません。子どもたちと共に話しながら、いつどんなことが予定されており、何が必要なのかを確認していきます。どこでどんなことを大切にしたいのか全員で相談しながら決めていきます。子どもたちが「公」の意識をもち、「共につくる」気持ちをもつようにします。

　1年間の全体を俯瞰し、先まで見通せることが子どもたちの安心感にもつながります。

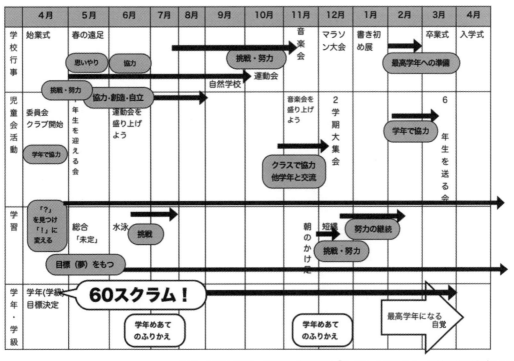

図4　○○小学校　5年生　年間計画「めあて・見通しをもって計画的に過ごそう！」

2 事前の準備

　事前に準備をすることで、ゆとりが生まれます。ゆとりがあれば、余裕のある態度で子どもたちにも接することができます。

・子どもと出会うまで…「出会うまでに子どもと出会う」※P.20「新学期準備項目」参照
・子どもと出会う日…「子どもたちの心をつかむ」※P.34学級開きを参照
・出会いから３日間…「クラスの柱となるルール、１日の流れをつくる」※以下の「スタートデザインリスト」参照
・出会いから１週間…「１年間を貫くシステムをつくる」※P.36「学級開き後１週間」参照
・出会いから１ヶ月…「大切なことを繰り返し徹底し、クラスを軌道に乗せる」
など、大まかな目標を決めておくとイメージしやすくなります。

3 スタートデザインリスト

　子どもとの出会いの３日間について、かなり綿密に計画を立てておきます。まず子どもたちに与えるのは「安心感」です。「あ、この先生なら大丈夫」と感じさせることが重要です。そのための綿密な準備、構想がスタートデザインです。少なくとも子どもたちとの出会いから３日間の綿密な予定を記しておきます。

　たとえば以下のような３日間のスタートデザインリストが考えられます。作成する際は、学年の打ち合わせなどを参考に、学年で相談しながらデザインしていくことが望ましいです。デザインした通りに行う必要はありません。大切なことは、最初の３日間を超具体レベルで想定しておくことです。

- -

〈１日目〉４月８日（水）始業礼拝
☆学級開きの日は子どもたちに「安心感」を与え「信頼」を獲得することを大切にする。そのために「丁寧さ」を意識し活動を用意する。
●登校
　・クラス名簿ABC確認（靴箱提示）
　・座席確認（ホワイトボード掲示）
　・板書
●始業式（午前８時40分〜９時45分）
●学年集会（教室フロア・９時50分から。トイレは後）
　※担任団からの話。１人２分、５人で10分程度。転入生紹介。
●各ABC教室へ移動。
●担任自己紹介［15分］〜10：15　※プレゼン形式で
　→担任の自己開示。自分が開くから子どもも開いてくれる。
　※学級通信（手渡し「どうぞ」「ありがとう」の確認）

●呼名＋その子のいいところ（前年度の要録から記録しておく）［15分］〜10:30

●担任所信表明（約5分）〜10:35　※自己紹介の中にも哲学を含めておく。

　※クラスで育てる哲学の伏線をはる。

●回収物・封筒＆ぞうきん（出席番号順）〜10:40

　※出席番号の集め方の説明→5人ずつ集める。1年間通す。

●エルダーズルームより、自分の荷物をとって机の上に置かせる〜10:45

●教科書を取りに行く。

●可動棚の移動（ABCそれぞれ教室前まで）〜10:50

〜休憩〜（5分）〜10:55

●児童個人写真撮影→プロフィール作成用写真〜11:05

●配布　教科書＆手紙類（最後に。記名は家でゆっくり丁寧に）〜11:10

　※「どうぞ」「ありがとう」両手で。相手の方へ向けて。※板書「丁寧さ」

　※教科書類、プリント書けたら机の右上に揃える。※板書「揃える」

●ふりかえりノート（記念すべき第1回目）〜11:15

●連絡帳（宿題）〜11:20

　【宿】

　・プロフィール作成（学級向け）※提出

　・もっと教えてカード（先生向け）※提出

　・係活動（クリエイティブで人を幸せにできるもの）

　・教科書記名（驚くほど美しい字で）

　　→宿題提出物はすべて名前の順に出す。

　【持】

　・社会教科書・音楽セット・絵の具セット・保健調査票・健康調査票・児童個人票・PTA総会手紙

　【連】

　・通常授業開始　・弁当開始

●ゴミ拾い・整頓

●時間があればアクティビティ

●あいさつ　11：20下校

　※できれば一人ひとりを観察して通信等に書けるようにしておく。（○○君は〜が好きなのかな？

　　○○さんの笑顔が素敵でした　等）

〈2日目〉4月9日（木）

☆授業をはじめ、学ぶことの愉しさや何を大切にして学ぶのかを伝える。

　※学年の打ち合わせは職朝前にすまし、職朝後はすぐに教室へ。

●宿題の確認

　※出し方は揃えて丁寧に。※提出することの大切さの確認。

●初日の感想を伝える（肯定的な分析を）

※余裕があれば一人ひとりのことを学級通信等で伝える。

●日直の仕事確認

　・朝の会の司会（号令、出席調べ）

　・授業の挨拶（次の時間の予告をしてからおわりの挨拶）

　・昼礼、終礼の司会（明日の予定の確認）　等

●学級当番・掃除当番決め

●委員会決め

●係活動

●朝の時間の確認

●背の順を決める（身体測定までは名前の順）

●鉄板授業

　※はじめての授業を鉄板授業で。投げ込み教材でも可。

　※みんなで考えることのよさや授業で伸びるという期待感をもたせる。

●叱る3つ

　・命にかかわる危ないことをしたとき

　・人の不幸の上に自分の幸せを築こうとしたとき

　・3回注意しても直そうとしないとき

●委員会

●ふりかえりノート（5分間）

【宿】自主学習

〈3日目〉4月10日（金）

☆2日間のルール等を確認し、価値づけ方向づけていく。定着させ、安定感をもたせていく。

●スタート2日間の感想を伝える（肯定的な分析を）

　※子どもの「ふりかえりノート」を紹介する。

●日直のやり方の確認

●給食の約束

●自己紹介　グループで

　※紹介の仕方を工夫することでより盛り上げる。

　（例）自己紹介の文を3択でつくる→その中の1つを、本当のような嘘の話にする→嘘を見抜かれないようにする。

●自主学習の紹介

　称賛すると共に、さらによくなる方法を伝授。

4 「『よい』 学級」 をイメージする

　「『よい』学級とは？」と訊かれると、何と答えるでしょうか。「よい」という中に様々な要素があるので難しく、簡単には答えられません。

　逆に、だめな学級には「〜するべき」があふれている気がします。そこでは、子どもたちはある一定の空間（教室）で、教師のよしとするものさしを規準に考え、行動します。「どうすればいいのか」がすべてになってしまっています。そのような空間では真実や新しいものが創出されたりすることはありません。あるルールやマナーの中で、その中でのベストを求めるだけになってしまいます。

　このように考えると、大切なのは「なぜ？」という問いが生まれることです。子どもたちが真実性を求めて問い続けることができる教室にしなければなりません。真理を求め、そこから新たな「問い」を生み出し、探究していこうとする学級にすることが大切です。

　「なぜ？」の問いが自然に出せる学級は受容的な空気に包まれています。受容的な空気が、人と人との関係をゆるやかに伸びやかにします。よりよい人間関係を築くことができるようになります。「学ぶ」ということは単に知識を詰め込むだけであることを教えると、子どもたちは「何のために勉強するの？」とずっと思うようになります。

　大切なことは、子どもたちが文化的実践に参加できるということです。生きている世界がすばらしい、人間がすばらしいと感じられる子どもたちにしたいものです。「世界」や「人間」となると哲学的になるかもしれませんが、その域に達するために「問い」のあふれる教室にしたいものです。

　自分なりの「『よい』学級」をイメージしておくことを提案します。

新学期準備項目

学年
- □4月学年通信
- □学年の係（会計、積立金）
- □教材選定、報告
- □学年目標
- □年間計画
- □遠足・校外学習の年間計画
- □5月以降の学年通信
- □学年掲示板
- □迎える会の出し物

クラス配布資料
- □児童指導資料
  （クラス番号記入）
- □保健調査票
  （クラス番号記入）
- □健康の記録
  （クラス番号記入）
- □健康診断表
  （クラス番号記入）
- □指導要録
  （クラス番号記入）

教室掲示
- □掲示板の使い方
- □ロッカー決定（1年生は、列を意識して）
- □給食エプロンの位置
- □黒板（背面）の使い方
- □時間割（忘れ物をしない時間割に）
- □時程表
- □教科書の配布
- □配布証明書
- □係決定
- □座席決定
- □机・椅子決定
- □日直の仕事
- □日直のカード
- □朝の会・終わりの会について
- □めあてについて
- □朝学メニュー
- □当番活動
- □掃除当番表・清掃指導
- □給食当番表・給食指導
- □学級名簿（名前順）
- □学級名簿（背の順）
- □学級名簿（誕生日順）
- □献立表
- □生活目標
- □委員会確認
- □クラブ確認
- □町別児童会・班の確認
- □学級文庫
- □クラスの歴史
- □学校・学年・学級目標
- □習字フォルダ
- □A4ファイル（後ろと廊下）

学級づくり・学級事務
- □年間構想制作（昨年度反省、つけたい力、目指す子ども像、続けたい実践）
- □出会いのシナリオ
- □学級開きアイデア
- □大切にしてほしいこと
- □許さないこと
- □教師ががんばること（目標）
- □3日間計画
- □指導要録、前担任より情報収集
- □クラス像を描く→学級づくり案（教育目標を元に）
- □学級経営案
- □各教科の1年間の計画（全教科書に目を通す）
- □各教科授業開き
- □指導ノート・ファイルづくり
- □教師用教科書・指導書
- □個別の指導計画チェック
- □学力把握（学期ごと）
- □ノート指導計画
- □家庭訪問計画
- □持ち物確認
- □教育ソフト、ゲームネタ　チェック
- □学級通信　第1号〜3号（春休み中）
- □教材費・学年費・旅行積立会計表作成
- □時間割の決定
- □児童名簿
- □児童連絡網
- □児童個人記録表作成
- □教室の掃除
- □教室へ行って準備物のイメージをする
- □教師机の道具整理
- □赤鉛筆・ミニ定規・マスク・わりばしの準備
- □下駄箱の名前シール貼り
- □棚の名前シール貼り
- □黒板名前プレート作り
- □背面黒板枠づくり
- □側面掲示板計画
- □自己紹介カード
- □個人めあてカード
- □本読みカード
- □自分ノート（特活・道徳etc）
- □日々のふり返りノート
- □議題箱
- □議題用紙
- □学級会グッズ
- □クラスの歴史カード

学級経営とICT

① ICTで新しい価値をつくる

　子どもたちの資質・能力を養うため、これからの学級経営は安定的なだけでなく、新しい価値を生み出していけるような主体的な学級経営が必要です。また、異質を受け入れ、協働できるような多様性を認め合える関係性が必要になってきます。

　白松賢（2017）は、図6のように学級経営を領域で整理しています。

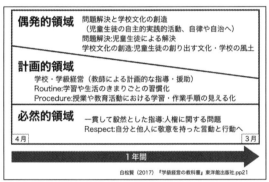

図6　学校・学級づくりの三領域

　「必然的領域」は、簡単にいえば「ルールとして守らせていくべきこと」です。「計画的領域」は、どちらかというと「教師が教えていくべきこと」です。「偶発的領域」は、「教師が育て、子どもが創り出すこと」です。

　「必然的領域」に値する事項は1年間をかけて守るべきことです。「計画的領域」は4月には大きく発揮され、徐々に少なくしていくべき事項です。逆に、「偶発的領域」は4月から時間がたつにつれて大きくしていくべき事項と考えられます。つまり、はじめは教師の手を多く入れていくのですが、徐々に教師は見守り、子どもが自治的に活動できるようにしていくということです。

　これらの領域のことを白松は、

> 必然的領域＝〈学級のあたたかさを創る〉
> 計画的領域＝〈できることを増やす〉
> 偶発的領域＝〈ともに学級を創る〉

と表現しています。

　ICTの活用は、どの領域においても効果的だと考えられます。その中でも特に、〈ともに学級を創る〉偶発的領域において効果的に機能すると考えられます。自分たちで自分たちのクラスをよりよくしようとする視点をもつことがより機能させていくポイントです。

ICTの活用によって、時間や空間をこえてやり取りをしたり、つながったりすることができます。このような視点で学級経営について考えると、今まではできなかったことができるようになったり、今までできていたことがさらに発展してできるようになったりすると考えられます。

3 教師の実践の整理

学級経営は経験則によるものが多くなりますが、感覚だけでやるのは危険です。主観的になり客観性に乏しくなるからです。そこで必要になってくる作業は、実践を整理することです。事実やデータの蓄積とそこから導き出される理論を構築することが重要です。

ICTは実践の整理をしやすくしてくれます。たとえば、授業記録や子どもの記録をとること、学級事務など、様々なデータを一元化して、ふりかえりやすくできます。実践を整理していく営みは、教師のよりよいあり方につながり、学級経営に直結します。

4 子どものICT使用における 「つまずき」

子どもがICTを使用するにあたって、生活指導上の問題が出てくる時期は必ずきます。たとえば、ゲームアプリで遊ぶ、学習に関係のないYouTube動画をこっそり観る、など様々です。ここですぐに禁止や抑制に走るかどうかで、問題を今後に生かせるかどうかが大きく変わります。

まずは、「想定内」ととらえ、余裕をもって対応することが重要です。問題が起こったときに、子どもたちにその問題を返し、一つひとつ考える機会にします。その際、学校のルールだからといって頭ごなしに抑制するのではなく、なぜそれがダメなのか問い返し、考えさせます。考え、話し合いを通したうえで、「これはOK」「これはダメ」という線引きを子どもたちに判断させ、決定させます。つまり、「自分で線を引く判断をする」という経験をさせることが重要です。

このような経験を繰り返すことで、子どもたちの規範意識やメディアリテラシーを育てることにもつながります。トラブルに対する対処法も学んでいきます。子ども自身が今後の端末の使い方や何が本当に大切なのかを学びとる大切な期間です。

子どもたちに決めさせるということは、子どもたち側に責任をもたせるということです。全員で話し合って決めたことは、全員の了承を得ています。つまり、一人ひとりの信頼関係が問われます。自分たちで決めたことを自分たちで守れている姿を教師は称賛します。当たり前のことかもしれませんが、「自分たちで決めたことを自分たちで守ることができている」ということは、案外簡単なことではありません。それができていることを教師が価値づけることで、子どもの自信にもつながります。そして、このような一つひとつのことが、信頼関係につながることを子どもたちに実感させられるチャンスです。

禁止や抑制に走りすぎると、端末をしまい込んで使わせないことや、子どもに持参させても授業で使わないことなどが起こります。目の前の子どもの実態をよく見ながら一つひとつ丁寧に対応していきたいものです。

5 共に歩み、共に豊かな学級をつくる

　1人1台端末環境は、教師にとっても子どもにとってもはじめてのことです。わからないことがたくさん出てきます。大切なことは「共に歩む」ということです。何でも教師が進めるのではなく、子どもに相談したり、子どもに訊いてみたりすることも必要でしょう。子どもの方がよりよい案を出してくれることが多々あります。また、子どもと共に試行錯誤する時間も必要です。いろいろとやりながら、共に困難を乗り越え、共によりよい方向へ向かっていく視点が必要です。その視点をもつことが、きっと豊かな学級づくりにつながります。

〈参考文献〉

白松賢（2017）『学級経営の教科書』東洋館出版社

宗實直樹（2022）『学級づくり 365 日の ICT 活用術』明治図書出版

学級活動概論

1 特別活動で育てたい資質・能力

　特別活動は、「学級活動」「児童会活動」「クラブ活動」「学校行事」で構成されています。ここでは、「学級活動」を中心に説明します。以下の図7は、特別活動で育てたい資質・能力、働かせたい見方・考え方、学級活動の一連の学習過程です。

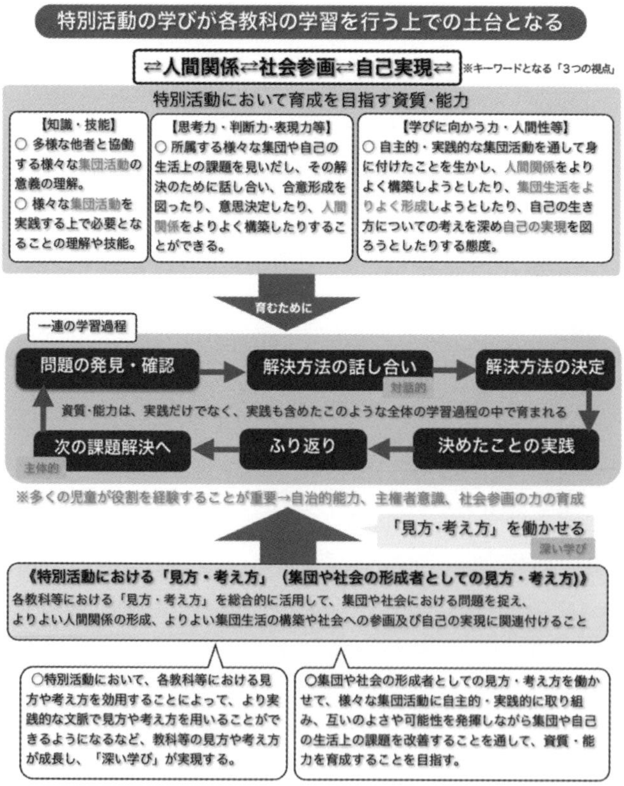

図7　特別活動の全体像

2 学級活動の内容

　学級活動は、以下の項目で構成されています。

（1）学級や学校における生活づくりへの参画

　ア　学級や学校における生活上の諸問題の解決

　イ　学級内の組織づくりや役割の自覚

　ウ　学校における多様な集団の生活の向上

（2）日常の生活や学習への適応と自己の成長及び健康安全

　ア　基本的な生活習慣の形成

　イ　よりよい人間関係の形成

　ウ　心身ともに健康で安全な生活態度の形成

　エ　食育の観点を踏まえた学校給食と望ましい食習慣の形成

（3）一人一人のキャリアの形成と自己実現

　ア　現在や将来に希望や目標をもって生きる意欲や態度の形成

　イ　社会参画意識の醸成や働くことの意義の理解

　ウ　主体的な学習態度の形成と学校図書館等の利用

　（1）は、主として自発的・自治的な集団活動の形成や運営にかかわる内容です。（2）は主として個人が現在直面する生活における適応や成長、自律等に関わる内容です。（3）は、主として将来に向けた自己の実現にかかわる内容です。

　平成29年告示の学習指導要領から、（3）が導入されました。社会人としての自立を促すキャリア視点の重要性が考えられ、社会への接続面を大いに意識していることがよくわかります。教育課程全体を通して行うキャリア教育との関連を図るとともに、個に応じた学習の指導・援助や、個別の進路相談などとの関連をはかります。「社会参画」の視点が重要なポイントとなります。

3 学級活動の学習過程

　学級活動（1）と（2）（3）の学習過程にはちがいがあります。簡単に示すと次の通りです。

（1）→議題についてみんなで話し合い、みんなで合意形成したことを、みんなで実行する。

（2）（3）→題材についてみんなで話し合い、自分で意思決定したことを、自分で実行する。

　つまり、（1）は子ども主体の集団討議による集団決定、（2）（3）は教師主導の集団討議による自己決定になります。

　これらの内容や学習過程の違いを把握し、目的をもって活動を行うことが重要です。本書では毎月末に、学級活動（1）と（2）（3）の活動事例を掲載しています。参考にしながら、目の前の子どもに適した活動を行ってください。

〈参考文献〉

『小学校学習指導要領（平成29年告示）解説 特別活動編』

学級活動で大切に
したいこと

① たかが学活。されど学活。

　週1時間の学級活動（以下、学活）の時間。この1時間の積み上げは大きいです。しかし、この学活を学習指導要領で示されているねらいと内容で活動している学級は多くありません。おそらくそれは、教科書がないからです。各自治体、学校、学級によって最も差が大きいのが学活だといえます。よって、学活について教えてもらえない方のほうが多いと感じています。勤務校等、身近に教えていただける方がおられれば幸運です。おられなければ自分で調べ、学び、実践するしかありません。「なすことによって学ぶ」。これは子どもも教師も同じです。

② 「あたたかいもの」があるか

　学活では何のために話し合いをするのか。それは学級の力を高めるためです。その究極は「一人ひとりが幸せになるため」です。話し合いをうまく進めるためのスキルは必要です。しかし、あくまでもスキルはスキル。最も大切なことは、その話し合いの中に「あたたかいもの」が流れているかどうかです。つまり、苦手な一人の子のためにやさしい意見を考えることができるのか、みんなが楽しく幸せな気持ちになれる意見を考えることができるのか、ということです。

③ 一人ひとりを大切にすること

　数年前の話です。心臓病でペースメーカーをつけている子を担任したことがありました。胸に強い衝撃があるといけません。しかし、この子自身は、非常に元気で果敢にいろいろとやりたい子でした。そのことも周りの子はよく知っています。学活の話し合いのとき、周りの子たちは気を配っていました。たとえば、ドッジボールといった類いの議題であれば、そのままのルールではその子にとって危険なのでできません。やめてちがう議題にしたほうがいいでしょう。しかし、やめてしまうことでその子が逆に気をつかうこともクラスの子たちは知っていました。だから、常にその子が活動できるように工夫をしていました。その子のことをよく知り、気を配りすぎるのが優しさでもないことを理解したうえで、よりよい方法を考えて話し合いをしていました。「ポートボールやバスケットボールなどでは、ボールを柔らかく大きいものにする」「野球などでは、デッドボール

がないように、ピッチャーなしのティーバッティングにする」など…。それが「当たり前」となっていました。

　私が初任のころ、正直、話し合いを通さずに実践ばかりをしていました。「話し合う時間がもったいない。実践活動さえしていたら仲よくなるだろう」とずっと思っていました。だから、活動に「すべての子が楽しめる工夫」「苦手な子が楽しめる工夫」がありませんでした。この「工夫」を考え話し合うことが、自分だけでなく、周りに心を向けるやさしさの時間となります。その積み重ねがあるからこそ「あたたかいもの」が学級や子どもの心の中に脈々と流れ出すのです。

　何となくの学活ではなく、一人ひとりが大切にされ、誰一人不幸にすることのない学活にしていきたいと考えます。

話し合い中に教師がすることは３つあります。

話し合いの記録
発言者や発言回数に偏りがないか、よい意見などをメモする。

先生の話の原稿づくり
司会グループのよかったところや、よい意見（クラス全体のことを考えた意見、提案理由を大切にした意見など）を中心にまとめておく。

助　言
子どもの立場で発言・・・司会が進行に困った時
　　　　　　　　　　　　柱からそれたことに司会が気づかない時
　　　　　　　　　　　　話し合いが複雑になって分かりにくい時
＊手を挙げて、「○○さん」とあててもらい、児童と同じような口調で発言する。
先生として発言・・・・・自治的活動の範囲を超えた時
　　　　　　　　　　　　学級活動の意義に反する話し合いになった時
＊高まってきたら先生としての発言は減らしていく。

話し合いをストップさせる場面・・人権に関わる発言があった時

４５分で話し合いが終わらなかったとき
・残りの柱が少ないとき→朝の会、帰りの会の後の時間や、休み時間を使って、
　　　　　　　　　　　　　できるだけその週のうちに話し合いを終わる。
・残りの柱が多いとき　→次の週の学級活動の時間を使って話し合う。

一．開会
「今から第〇回 学級会をはじめます。」
「はじめの言葉を言ってもらいます。」 起立・礼・着席
二．議題確認
「今日の議題は、〇〇です。」
三．提案理由の説明と質問
「提案者の〇〇さんに提案理由を言ってもらいます。」
「提案者に質問はありませんか。」
「では、話し合いにはいります。」
四．話し合い
五．

話し合いの柱	進め方
いつするか（※）	「学活の時間」以外の意見→先生、〇〇の時間は使えますか。
どこでするか（※）	「教室」以外の意見→先生、〇〇は使えますか。
〇〇について話し合うとき	〇〇について話し合います。〇〇はどうですか。〇〇という意見が多いですが、ほかの意見はありませんか。〇〇に決めてもいいですか。（はい）では、〇〇に決めます。
☆小さな柱ごとに話し合うとき	〇〇という意見が出たので、〇〇について話し合います。
〇チーム分けはどうするか	
〇意見がばらけたとき（多数決のとり方）	意見がばらけているので採決をします。出ている意見は〇〇、△△。では、〇〇に決めます。意見がばらけました。→□□（全部言うこと）です。→〇〇（割引合で、人数を数える）〇〇に決まりました。（一人一回手をあげてください。）
〇世話する係はどうするか	どんな仕事があるか意見を出してください。この中でいらない仕事はありませんか。くっつけるとよい仕事はありませんか。〇〇の係（学級の係）が、どの仕事を引き受けてくれますか。
・その他 ・話し合いが時間内に終わらなかったとき ・意見が出ないとき ・柱からそれた意見が出たとき ・理由なしの発言が続くとき	時間が来たので残っている柱は〇〇の時間に話し合ってもいいですか。今は〇〇について話し合っています。近くの人と相談して話し合ってください。今出た意見は〇〇についてなので、その意見は後で出してください。できるだけ理由をはっきりと言ってください。

※大事な柱に十分な時間をとるために、これらの柱は事前に決めておく方法もあります。

六．先生の話
「先生の話を聞きます。」
「〇〇先生おねがいします。」
七．おわりの言葉
「これで 第〇回 学級会を終わります。」 起立・礼・着席
八．決まったことの確認
「決まったことを、ノート記録の〇〇さんに発表してもらいます。」
「ありがとうございました。」
「おわりの言葉を〇〇さんにお願いします。」
九．閉会

-80-

学級活動題材一覧

共通事項	（1）ア諸問題の解決　イ役割の自覚　ウ生活の向上				（2）ア生活習慣　イ人間関係　ウ健康・安全　エ食育 （3）ア希望・目標　イ社会参画・勤労　ウ学習・図書			
内容	学活（1）				学活（2）（3）			
	題材	内容	視点	共通事項	題材	内容	視点	共通事項
4月	クラスをよくする係をつくろう	1	社会参画	イ	個人目標をたてよう	3	自己実現	ア
5月	学級シンボルをつくろう	1	社会参画	ウ	学級目標	3	自己実現	ア
					SNSとの上手な付き合い方	2	人間関係	ウ
6月	学級運動会をしよう	1	人間関係	ア	クラスの絆　パワーアップ	2	人間関係	イ
7月	ジャンボしゃぼん玉大会をしよう	1	人間関係	イ	夏の暑さに負けない過ごし方	2	自己実現	ア
8月								
9月	夏の思い出をカルタにしよう	1	自己実現	ウ	学級目標を見直そう	3	自己実現	ア
10月	仮装パーティをしよう	1	社会参画	イ	もっと本に親しもう	3	自己実現	ウ
11月	1年生と秋を楽しむ会をしよう	1	社会参画	ウ	バランスのよい食事をしよう	2	自己実現	エ
12月	読書クイズ大会をしよう	1	自己実現	ウ	学校ピカピカ大作戦をしよう	3	社会参画	イ
1月	正月遊びをしよう	1	人間関係	ア	感染症の予防をしよう	2	自己実現	ウ
2月	ウィンタースポーツ集会をしよう	1	人間関係	ア	卒業式を成功させよう	3	社会参画	イ
3月	思い出すごろくをしよう	1	自己実現	イ	来年度につなげよう	3	自己実現	ア

〈参考文献〉

杉田 洋（2009）『よりよい人間関係を築く特別活動』図書文化社

文部科学省 国立教育政策研究所教育課程研究センター（2019）『みんなで，よりよい学級・学校生活をつくる特別活動（小学校編）（特別活動指導資料）』文溪堂

第5学年の
学級経営

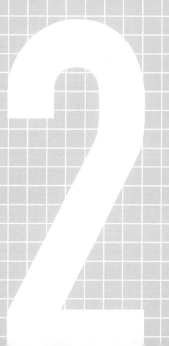

子どもをさぐり、
丁寧さで安心感をつくる4月

▶【1】4月で目指す子どもの姿

　新学年になり、子どもたちは喜びと共に、不安と緊張を感じています。また、高学年になり、これまでの人間関係などを気にしている子も多いことが想定されます。

　まずは、子どもたちが安心感をもって生活できるようにします。「安心」を与えてくれた者に子どもたちは心を開きやすくなります。そこから教師に対する「信頼」も生まれます。まずは子どもに安心感を与え、子どもとつながることを優先します。

▶【2】4月の学級経営を充実させるために

「丁寧さ」を意識する

　子どもに安心感を与えるためには「丁寧さ」が必要です。たとえば、「相手の目を見て話を最後まで聴ききる」「配布物をもれなく配る」「明確に手順を示す」「決め方を明確に示す」「掲示物を整頓して貼る」など、人に対する「丁寧さ」、物や時間に対する「丁寧さ」、環境に対する「丁寧さ」が考えられます。4月は丁寧すぎるといわれるほど丁寧に、自分が思いつく最大限の配慮ができるように意識します。

言動を一貫する

　教師の一貫性のある態度に子どもたちは安心感を覚えます。逆に、高学年の子どもたちは一貫性のなさを敏感に感じ取ります。教師も子どももやる気にあふれている4月ですが、自分ができないと思うことは子どもたちにも強要しないようにします。また、あまり活動のハードルを上げすぎると後でしんどくなることもあります。やる気のある4月はできていたのに、その後はしなかったりできなくなったりすることもあります。有言実行を心がけ、言動一致を強く意識することが重要です。また、一貫性のある教師の言動は、教室に必要なルールづくりにもつながります。

子どもをよく見る

　長岡文雄（1975）は、人間として、全体的に統一してつかむために子どもを「さぐる」という表現を使い、「『真に教える』ということは、『子どもをさぐることのなかにしか成立しない』」と述べています。4月は子どもをよく観察し、さぐっていく時期です。さぐりながら、その子とのかかわりのタネを増やします。教師から子どもへのかかわりを増やすことで、子どもたちは「よくみてもらえている」と感じるようになります。また、今までの人間関係をそのままもち上がるのが高学年です。より注意深く、継続的に子ども同士の関係性をみることが重要です。

▶【3】4月の実践事例「ワクワク自己紹介カード」

■ねらい

教師の子ども理解、子ども同士の相互理解につなげます。

① 今はまっていること
② 好きな遊び
③ 自分を〇〇にたとえると
④ 自分を漢字1字で表すと
⑤ 今年の目標
⑥ 自分の特技
⑦ 口ぐせ
⑧ 長所や短所
⑨ 将来の夢
⑩ 今までで一番感動したこと
⑪ 今までの一番の思い出
⑫ 旅行で行ってみたい場所
⑬ 性格を一言で言うと
⑭ 好きな番組
⑮ 今一番ほしいもの
⑯ 今自分がやってみたいこと
⑰ 今一番努力していること
⑱ 飼っているペット
⑲ 自分がこだわっていること
⑳ 今だから言えること

■方法

① 9つの枠に区切られたカード（ワークシート）を子どもたちに渡す。

② 上記の例を参考に子どもたちがそれぞれの枠内に自由に書く。

■ポイント

自分で書きたい項目を選び、自由にデザインしやすいので、その子「らしさ」がよく表れます。シンプルがゆえに、子どもたちのアイデアや発想を生かすことができます。枠が9なので、「ワクワク」自己紹介カードです。

完成したカードをよく見て、教師の子ども理解につなげます。完成したカードを教室内に掲示することで、子どもたち同士も知ることができます。また、このカード使って「わたしは誰でしょう？」クイズを行い、一人ひとりの理解につなげることができます。

〈参考文献〉

長岡文雄（1975）『子どもをとらえる構え』黎明書房

宗實直樹（2022）『1人1台端末で変える！学級づくり365日のICT活用術』明治図書

4

始業式

▶ねらい

　始業式を通して、前向きな気持ちで新たな一年のスタートを切ることができるようにする。

▶指導のポイント

　全国の多くの学校では、教師はどのクラスを担任するかわかった状態、子どもたちは担任が誰かわからない状態で始業式を迎えます。始業式を「儀式的行事」としてだけでなく、子どもたちの指導や支援、学級づくりの一助にできるようにします。1年間で始業式は3回ありますが、その中でも特に1学期の始業式は、子どもたちのことをよく観察し、これから始まる1年間の指導のスタートダッシュを切るためのチャンスととらえます。

進級おめでとうございます。みなさんと出会えて本当にうれしいです。友だちと一緒に毎日楽しい学校生活ができるといいですね。

本時の展開

01 始業式を学級経営に生かすには？

　始業式は特別活動の「儀式的行事」に位置づけられています。「行事として子どもたちがしっかり式に参加できているのか？」という見方ももちろん大切ですが、せっかくの機会ですので、学級経営に生かすようにします。

　始業式中に担任として意識するのは「子どもたちを見る」ということです。見る観点として、以下に例を挙げます。

・表情、姿勢、式に臨む態度
・引き継ぎがあった子どもの様子
・クラスを俯瞰的に見たときの全体の様子
・歌う様子
・欠席者　など

02 子どもたちの表情を観察する

　始業式に参加するとき、教師はどこに立ったらよいと思いますか？　学校によって決められている場合もありますが、子どもたちの表情がよく見える場所に立ち、観察するとよいです。よく見ていると、一人ひとりちがう表情をしています。

　希望や期待をもち、明るい表情の子どもは、前向きに物事をとらえる特性があるしれません。一方で、「うまく友だちできるかな」「新しい担任の先生とうまくいくかな」など、不安そうな表情をしている子は、新しいことに対して抵抗を感じる特性があるかもしれません。

　表情から読み取れる一人ひとりの様子から、その後にかける言葉を考え、ノートにメモをしておきます。

Point 一人ひとりの式に臨む姿勢を観察

① 服装

② 立ち振る舞い

5年1組は始業式に堂々と参加していて、目線も素晴らしかった。高学年として立派ですね

Aさんは指先までピシッと伸ばした気をつけが大変素晴らしかったです

03 子どもたちの姿勢や様子は？

次に、一人ひとりの式に臨む姿勢などを細かく観察しましょう。

①服装

・きちんと服を着ているかどうか。

・不自然に汚れたり破れたりしていないか。

②立ち振る舞い方や歌い方

・両足できちんと立っているか。手もしっかり伸ばして立っているか。

※特に、前担任から引き継ぎがあった子どもの様子は、注意深く観察する必要があります。

細かく観察することで、指導に生かすことができる、一人ひとりのほめるポイントを見つけることができます。

04 始業式での見取りを指導に生かす（出会い方）

教室に戻ったら、学級開きです。始業式のメモを生かして、明るい雰囲気で1年をスタートできるようにしましょう。

「5年1組は始業式に堂々と参加していて、目線も素晴らしかった。高学年として立派ですね」など、クラス全体をほめます。

次に、「Aさんは指先までピシッと伸ばした気をつけが大変素晴らしかったです」「Bさんは口を大きく開けて、校歌を歌っていて、感動しました」「Cさんは校長先生のお話をうなずきながら聞いていたので、聞き上手ですね」など、一人ひとりの具体的な姿をほめます。

子どもをほめることから始まる1年。子どもも教師も温かい気持ちになることができます。

学級開き

▶ねらい

　1年間のスタートとなる学級開きでは、「温かさ」「規律」「段取りよく」「楽しさ」といった1年間を貫く教師の構えを見せ、たっぷりの安心感と少しの刺激を与え、明るい展望がもてるようにする。

▶指導のポイント

　4月当初の子どもは、やる気に満ち溢れ、「今年こそは」という気持ちで登校してきます。まずは、その前向きな気持ちを引き出し、スタートダッシュにつなげましょう。

　逆に、緊張感や不安感をもつ子もいます。出会いから子どもの名前を呼んでかかわることで、受容的な態度を示します。子どもが見通しをもてるような手立ても必要です。

〈 今日の予定 〉

8：30　始業式・着任式・
　　　　担任発表

10：00　学級での活動

・座席、ロッカー、
　傘立ての確認

・配布物の確認

・先生の話

・入学式準備の説明

・明日の連絡

11：00　入学式準備（清掃）

11：45　下校

1日の大まかな予定を書き、見通しがもてるようにする。

活動にあたっての留意点

01 事前の準備で時短をねらう

　地域や学校によっては、学級開きに、多くの時間がさけないことがあります。子どもとかかわる時間が少しでも確保できるよう、事前に準備しておきましょう。

① 教室をきれいに掃除しておく
② 児童机やロッカーをきれいに拭いておく
③ 配布物をまとめ、机の中にいれておく
　a.大きいものが下になるようにする
　b.要回収のものは、封筒などを使って別にする
　c.説明が必要なものは、上のほうに置いたり、
　　後で配ったりする
④ 黒板にメッセージや予定を書いておく

02 子どものつまずきを予想し、エラーレスで段取りよく

　子どもは、見通しをもって行動することが難しく、教師が意図するような動きをしてくれないことがあります。

　分刻みの予定を組んだり、「どこで何を伝えるか」を具体的に想定したりすることで、慌てないようにしましょう。そのとき大切なことは、「最も困りそうな子どもの気持ち」を想像しておくことです。つまずきを予想することで、教師が先回りをしたり、事前に準備をしたりすることができます。

　また、多くの質問が寄せられることがあります。教師の説明を一旦聞いてから、最後にまとめて質問を受け付けるようにしましょう。迷ったときは安易に承諾せず、保留にします。

ご進級　おめでとうございます

大きな夢を　心に抱き

グッドな笑顔を忘れない

ラッキーだって実力だ

広い視野で　みているよ

でっかい心も　もっているよ

しっかり　心と手をつなぎ

すてきなクラスをつくろうね

自己紹介のときに使う折句。頭文字をよむと担任の名前になる。

すぐ使用する場所は、一目見て出席番号やネームプレートを貼り、わかるよう明示。

似顔絵やイラストでやわらかいイメージをもたせる。

〈　ロッカー　〉

1	2	3	4	5	6	7	8	9	10
11	12	13	14	15	16	17	18	19	20
21	22	23	24	25	26	27	28	29	30

03　教師の話はあったかさとピリッと感

　出会いの場面ではたくさんの笑顔とほめ言葉を意識しましょう。「5年生は楽しそうだな」と印象づけ、安心感のある学級づくりを心がけます。特に、前年度から引き継いだ支援を要する子には積極的にかかわったり、見取ったりするよう心がけます。

　教師の話では、1年間を貫く教師の構えや学級づくりの柱となる内容を伝えます。たとえば、「このクラスで一番大切にしてほしいこと」「先生が怒る3つの場面」「困ったときの対処の仕方」など。そして、「一番いい姿勢で聞きます」などと言って、真剣な雰囲気をつくります。話した内容は掲示して、1年間通してふりかえりができるようにします。

04　最後はゲームで楽しい雰囲気を演出する

　5年生としてやらなければならない仕事などがあったとき、子どものがんばっている姿をしっかりと見取っておきます。特に、学級づくりのキーとなる子はたくさんの事実を集めておき、肯定的な言葉をかけたいものです。

　最後は楽しい雰囲気で終われるよう、簡単なゲームを行います。「船長さんの命令」「落ちた落ちた」「食べられるもの拍手ゲーム」など、教師の言葉をよく聞かないとうまくいかないゲームがおすすめです。ゲームを通して、指示が通りにくい子や、反応が難しい子、テンションが上がりすぎる子など、児童理解に努め次の日からの学級経営に生かせるようにします。

学級開き後
1週間

▶ねらい

　学級開き後の1週間で、「1年間を貫くシステム」を構築する。考えなくてもできる当たり前を増やすことで、安定した学級経営や授業が成立する基盤をつくる。

▶指導のポイント

　キーワードは「毎日、少しずつ」と「見てわかる仕組みづくり」です。活動する前に声をかけたり、できている子をほめたり、掲示物で行動の見通しや気づきをもたせたりして習慣化をはかります。

　慣れてきたら、少しずつ情報を減らしていきます。指示の言葉を減らしたり、問いかけの文にしたりすることで自分で考える機会を増やし、教師がいなくても学級が成立する足場を丁寧につくっていきます。

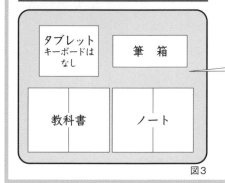

モーニングルーティーン

1　朝の準備をする⇒教科書やノートを机の中へ。ランドセルはロッカーへ。
2　タブレットのログインをしておく。バッテリーが少ない場合は充電。
3　連絡帳を書いて、提出。
4　提出物は、先生が来てから。朝の会の先生の話の中で提出。
5　班リーダーは、「8：20まで待ってもそろわない」場合は宿題等を提出し、チェック用紙に記入をする。
6　やるべきことを済ませた人からフリータイム。8：25読書。

図1

タブレットがあるときの机上（右利き）

| タブレット キーボードはなし | 筆　箱 |
| 教科書 | ノート |

図3

活動にあたっての留意点

01　毎日、行ってほしい行動は可視化して示す

　学級開きからの1週間で、毎日確実に行ってほしいことを定着させていきます。

　たとえば、登校してからの始業までの過ごし方（図1）。やってほしいことや手順を板書で示し、子どもが見てわかる手がかりを明示します。

　見通しをもつことが苦手な子には事前に声をかけたり、手伝ったりして個別にかかわります。少しずつ手を離し、自分でできるように支援していきます。

　他にも給食当番の配膳台の形を写真に撮ったり、掃除のやり方や掃除場所を掲示したりすることで、やるべきことが見てわかるようにしています。

02　一人一役生活当番で、教師がいなくても生活できるように

　教師がいなくても学校生活が運営できる姿をイメージして、一人一役の生活当番を決めていきます。1つの仕事を2人で担当すると、教え合ったり助け合ったりすることにつながります。また、仕事が終わったかどうかをチェックする機能も必要です。図2のように、ホワイトボードと名前マグネットを用意し、仕事がすんだら「終わった人」のほうに動かします。そして、帰りの会の後に、日番や当番チェックの担当の子が、「これからの人」と「終わった人」を入れ替えれば、次の日の準備が完了します。仕事を忘れてしまいがちな子への声かけもしやすくなります。

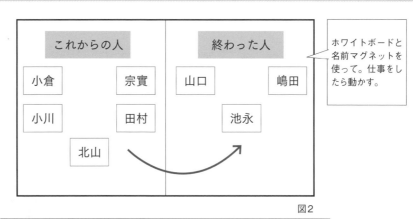

これからの人

小倉	宗實
小川	田村
北山	

終わった人

| 山口 | 嶋田 |
| 池永 | |

朝のリズムができるまでは、プロジェクターに映したり、画用紙に書いたりして掲示する。

ホワイトボードと名前マグネットを使って。仕事をしたら動かす。

図2

「まとめ」と「ふりかえり」と「見通し」

まとめ：ゴール

【知識】～がわかった。
【技能】～するとできた。
【関心】～が面白かった。

ふりかえり：プロセス

【比較】Aさんの話を聞いて
【変容】前は…だったけど
【判断】私は…だと思う。

見通し：ベクトル

【拡大】～してみたい。

【問い】～なのだろうか？
【活用】～に生かしていきたい。

拡大したものをラミネートして、子どもの目につく所に貼る。

まとめやふりかえりで使ってほしい話型を示しておく。

図4

03 最初の授業は「見通し」と「やり方」と「楽しみ」を

　学級開きから3日間以内に授業開きもしておきたいところです。はじめての授業ですから、学習の見通しやわくわく感がもてるような内容がよいでしょう。

　新しい教科書は開きにくいので、折り目を5か所ほどつけて、どのページを開いても閉じないようにします。記名を確認した後、教科書を自由に読む時間をつくります。「楽しみだな、おもしろそうだなというところには印をつけてごらん」と伝え、目次に目印をつけておくのもよいでしょう。

　また、ノートの書き方や机上整理の仕方もはじめだからこそ教えます（図3）。残った時間で、学習ゲームなどをするのもよいでしょう。

04 いつも気にしてほしいことはラミネートしておく

　授業の中で、毎回行う活動やいつも気にしてほしいことは、ラミネートをしたり、目につくところに掲示したりしておきます（図4）。

　たとえば、話し方や聞き方、まとめやふりかえりの仕方などです。無意識にできるようになるまでは、繰り返し提示したり、注目させたりして意識化をはかりましょう。

　また、あらかじめ、画用紙を切った短冊を用意しておくこともお勧めです。きらりと光った子どもの行動や発言を拾って価値づけ、短冊に書いて掲示することで、定着や一般化を図ります。

　大きさや色も様々用意しておき、いつでもすぐに書けるようにしておきます。

支援を要する
児童への配慮

▶ねらい

　学級で共に過ごす特別支援学級の子どもや特別な支援や配慮が必要な子どもを巻き込んだ、学級経営をすすめる。

▶指導のポイント

　高学年になると専科学習や宿泊行事など、担任の目の届かない状況が増えてきます。4年間過ごしてきた仲間なので、ある程度子ども同士で特性はわかっていますが、具体的なサポートの仕方を示し、定着させていくことが大切です。

ポイント

1　教師の対応がモデル

2　他の職員との連携は密に

3　学級全体が成長するきっかけに

4　時には配慮しないという配慮も

本時の展開

01 教師の対応がモデルになる

　子どもがミスを繰り返したときやパニックを起こしたときは、落ち着いてできるだけ温和な態度で対応します。教師の声かけはもちろんのこと、視線や表情までもがモデルとなり、同様の状況が発生したとき、子どもたちはそのとおりに行動することが多くなります。

　俗にいう「ふわふわ言葉」を中心に対応しましょう。「大丈夫だよ」「困ってない?」「一緒にしようね」といった言葉を学級に染み込ませていきます。そして、その言葉を使っている子どもをほめることで定着を図ることができます。

02 他の職員との連携は密に

　特性がある子どもについては、「特性の内容、支援方法、困ったときの対応」など学年団のみならず、教科を担当する教師とも最初の授業までに共有します。また、定期的に、他の教師に子どもの様子を尋ねます。担任では見えない部分に気づくことがあります。

子どもへの声かけモデル

支援の必要な子どもに対して

①〇〇が心配なんだね。大丈夫だよ。先生（友だち）がお助けするからね。

②今からの活動は、一人でするのと誰かとするのとどっちがいい？

③（パニックの時）ちょっと向こうに行って話を聞くね。何に困ってる？

④これは難しいけど、がんばってやりきろう。みんなも応援してるよ。

周りの子どもや学級全体に対して

①さっきの優しい声かけ、素晴らしいね。ありがとう。

②〇〇さんが優しい行動をとれたのは、みんなが普段からこのクラスの雰囲気を優しいものにしてくれているからだよ。

Point

さまざまな配慮を日頃から意識するために…

① 物理的な配慮は、視覚から！

　　ユニバーサルデザインを基本とした教室掲示や、物の配置を示した表示など

② 心理面での配慮は、細やかな声かけから！

　　スモールステップでの評価を大切に。そのとき、その場ですぐ伝える！

03 学級全体が成長するきっかけに

「どうすればいいかな。」

『僕たちで考えよう！』

支援で困ったときには、「どうすれば〇〇さんは安心して過ごせるかなあ」と子どもたちに相談します。もちろん本人への配慮は必要ですが、子どもたちには「頼りにされている！」という意識が芽生え、互いに支え合おうという風土が育ちます。

04 配慮しないという配慮

ある保護者から「他の子と同じように扱ってもらってうれしかった」と言われたことがあります。場合によっては、配慮をしないことで、本人には必要とする負荷をかけることができ、周りには教師の公平性を示すことができます。もちろん事後のフォローは必要です。

〈参考文献〉小川真也（2021）『教師になったら読む本』三晃書房

掲示計画

①

▶ ねらい

学級の成長や、子どもたち一人ひとりの成長を確認できるように、掲示物として残していく。指導と関連づけた掲示によって、子どもたちの自治的な実践意欲を育む。

▶ 指導のポイント

4月はじめに、何をどこに掲示するのか必要なものをリストアップして掲示計画を立てます。高学年の子どもたちは、なんでも自分たちでできるようになります。子どもたちの知恵と力を借りながら、学びの跡や、季節感、温かい雰囲気が感じられるよう彩っていきます。

②

③

①七夕にあわせて、子どもたちが作成。1人ひとりの願いが短冊に記されている。
②雨続きで運動会の本番が何度も順延になった年。毎日、てるてるぼうずが増えていった。
③平和学習の後、特別支援学級在籍児童が、つるを折り、毎日そっと、机上にのせてくれていた。
毎日のちょっとした出来事が、教室の歴史になっていきます。子どもたちから届く全ての作品にメッセージがあります。教室を彩り、温かい雰囲気をつくってくれます。

本時の展開

掲示場所の役割

◇前面掲示
子どもたちが一番目にする場所。子どもたちの集中の妨げにならないように必要最低限のものをピックアップします。
例：学校目標、発表の仕方、話し方、聞き方など

◇背面掲示（資料参照）
クラスの一員として、子どもたちの仲間意識が育つように内容を工夫します。学級経営で取り組んでいることを、形として残していきます。

◇廊下掲示
掲示物を通して、他クラスや他学年の児童との交流の場とします。学びを共有します。

例：学年独自の行事新聞や写真など

◇黒板
子どもたちが登校したら、一番最初に目にする場所です。1日の流れが見通せるものを掲示します。
例：日直カード、1日の予定、学習の流れ、アイメッセージなど

◇オープンスペース
他クラスや他学年の子ども、来校した保護者などたくさんの人が目にします。学年の取り組みを知ってもらうことができます。
例：学年目標、学年行事のめあてや取り組みの進捗状況、活動報告など

クラス年表

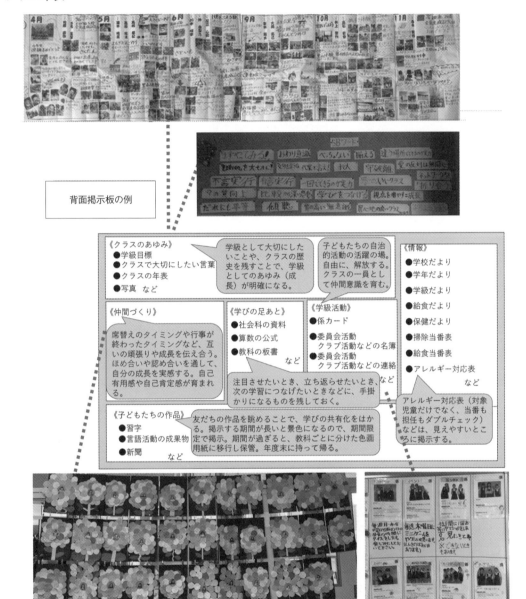

背面掲示板の例

《クラスのあゆみ》
●学級目標
●クラスで大切にしたい言葉
●クラスの年表
●写真 など

> 学級として大切にしたいことや、クラスの歴史を残すことで、学級としてのあゆみ（成長）が明確になる。

> 子どもたちの自治的活動の活躍の場。自由に、解放する。クラスの一員として仲間意識を育む。

《情報》
●学校だより
●学年だより
●学級だより
●給食だより
●保健だより
●掃除当番表
●給食当番表
●アレルギー対応表 など

《仲間づくり》

席替えのタイミングや行事が終わったタイミングなど、互いの頑張りや成長を伝え合う。ほめ合いや認め合いを通して、自分の成長を実感する。自己有用感や自己肯定感が育まれる。

《学びの足あと》
●社会科の資料
●算数の公式
●教科の板書 など

《学級活動》
●係カード
●委員会活動
　クラブ活動などの名簿
●委員会活動
　クラブ活動などの連絡 など

> 注目させたいとき、立ち返らせたいとき、次の学習につなげたいときなどに、手掛かりになるものを残しておく。

> アレルギー対応表（対象児童だけでなく、当番も担任もダブルチェック）などは、見えやすいところに掲示する。

《子どもたちの作品》
●習字
●言語活動の成果物
●新聞 など

> 友だちの作品を眺めることで、学びの共有化をはかる。掲示する期間が長いと景色になるので、期間限定で掲示。期間が過ぎると、教科ごとに分けた色画用紙に移行し保管。年度末に持って帰る。

↑花びらに友だちのがんばりや素敵なところなどを書き、全員に渡す。自分の花びらを集めると「世界に一つだけの花」が完成。認め合い活動の集大成に。

↑係カードの下には余白部分をもうけ、子どもたちが自由に使う。

挨拶指導

▶ねらい

挨拶をすることでみんなが明るい気持ちになれることを理解させるとともに、挨拶は相手の存在を承認する手段であることにも気付かせ、進んで心のこもった挨拶をしようとする態度を養う。

▶指導のポイント

挨拶の大切さを理解しているけれど、恥ずかしさや目立ちたくないという思いから、自ら進んで挨拶できない子が多くいます。

そこで、挨拶をするとみんなが笑顔になるという体験を繰り返すことがポイントになります。

また、生活場面と学習場面のちがいを認識させることも大切です。授業の前の挨拶は全員の動きを止めて視線を揃えさせます。時と場に応じた礼儀作法を身につけさせます。

指導の留意点

01 挨拶ができない子には理由がある

多くの教師（大人）は、挨拶をすることは当たり前だと思っています。しかし、高学年の子どもたちの中に、挨拶が当たり前ではない子はたくさんいます。

大きな声で挨拶をすると、周りの目が気になる子。塾で夜遅くまで勉強をしていて寝不足の子。家庭内の問題が原因で心を開けない子。学校に行きづらい子。様々な子がいます。

このような子どもたちに、「挨拶をしないのはおかしい」「高学年だから見本になりなさい」など教師の当たり前を押し付けると、強い反発が生まれてしまいます。

教師は、「この子はなぜ挨拶をしないのか」「どうすればできるようになるだろう」という思考を常にもち続けることが大切です。

02 楽しく挨拶をしよう

「挨拶は楽しいし、気持ちがよくなる」と実感させるために、4月は「挨拶ゲーム」に取り組みます。

黒板に、「朝、先生よりみんなが先に挨拶をできたら勝ちです」と書いておくだけで、子どもたちはワクワクしながら教師が来るのを待ちます。教師の姿が見えた瞬間、大きな声で挨拶をするでしょう。その声を教師は心から喜ぶのです。「ありがとう！　先生は気持ちがよくなったよ。明日は負けないよ」と伝えます。翌日はこっそり後ろのドアから入るようにすると…、教室に笑顔があふれます。まずは楽しく、そこから定着を図ります。

〈参考文献〉金大竜（2012）『日本一ハッピーなクラスのつくり方』（明治図書出版）

あいさつ運動　　あいさつに大事なものは？

朝、仲のよい友達には「やあ」と声を
かける。これはあいさつといえる？

時と場に合わせたあい
さつの「形」

いえる　　いえない

- 仲よしだから「やあ」
で気持ちは伝わる。
- 声をかけているから、
あいさつだと思う。
- みんなに声をかけるの
は、少しはずかしい。

- 一部の人にしかしない
のは違うと思う。
- 「おはよう」の方が
うれしく感じる。
- あいさつの言葉が大事
だと思う。

- 大きな声。
- 動きを止める。
- 相手を見ながら。
- 礼をする。
- 笑顔で。
- 気持ちをこめて。

『あいさつには、心と形
の両方が大事』

「仲のよい友達に『やあ』と声をかけ合うことは、挨拶といえるのか」という発問から、子どもたちの
挨拶に対するとらえ方を発表させます。どちらが正解というわけではなく、そこから「挨拶に大事なも
のは何か」について議論を深めていきます。

《教材》小学道徳　生きる力５「あいさつ運動」（日本文教出版）

03 生活目標を意識して挨拶指導

「大きな声で自分からあいさつをしよう」などの「生
活目標」を教室に掲示するだけではあまり効果はあり
ません。「今日は誰と挨拶できたかを伝えましょう」「挨
拶した後、今日がんばることを伝えよう」など、短い
時間で「生活目標」に沿ったペアトークをさせます。
対話練習にもなり、教室も明るい雰囲気になります。

04 道徳科授業で挨拶のよさを考える

道徳科では、内容項目「Ｂ礼儀」で挨拶について扱
います。高学年の学習内容は「時と場をわきまえて、
礼儀正しく真心をもって接すること」です。

決して「挨拶をしなさい」という指導ではなく、教
科書教材での学習を通して、自分の挨拶（礼儀）を見
つめさせます。授業前後、下校時、給食時、職員室に
入室するときなど、学校生活では様々な場面で挨拶を
します。毎日の挨拶で、自分はどのような気持ちを込
めているのか。礼儀作法の型を大事にできているか。
そのようなことを考えさせることで、今後自分が大事
にしたいことを見つけさせます。

笑顔で楽しい挨拶、規律ある整った挨拶、高学年は
どちらも大切なのです。

当番・係活動の指導

▶ねらい

当番・係活動について、それぞれの意義にそって充実した活動になるように、適切なサポートを進めていく。特に工夫やアイデアが必要となる係活動に対して、他の教育活動と連携をはかりながら学級経営に基づいて充実させていく。

▶指導のポイント

4年生までは、「自分も楽しくてみんなも楽しい」というのが、当番や係活動のおおまかなあり方でした。5年生は委員会活動がスタートするので、「よりよい学校生活」の視点を大切にし、学級での活動につなげましょう。

1年を通じて学級会で話し合う「クラスをよりよくする」ためにできることが、当番や係にはたくさんあります。「クラスのために何か自分たちにできることはないかな」という意識を、常に子どもたちにもたせましょう。

~当番や係で何かができる！~
○学校行事やイベント系
・1年生を迎える会
・運動会　　　・最初の参観日
・給食週間　　・あいさつ週間
・大そうじ前　・音楽会
・季節の変わり目

○クラスをよりよくする
・お互いをもっと知ろう
・安全に過ごそう
・忘れ物をなくそう
・読書をしよう

○学活イベント
・○○大会をしよう
・○○パーティーをしよう　など

活動できそうな当番や係

・美化　　・整頓　　・図書
・体育　　・保健　　・連絡

・ポスター　　・新聞　　・遊び
・アンケート　・飾り　　・クイズ
・表彰　　　　・マンガ
・動画作成　　・お笑い

指導にあたっての留意点

01 行事があったらチャンス！

大きな行事やイベントがあれば、当番や係に「何かできないかなあ」と考えさせます。「運動会」「あいさつ週間」など、子どもたちのアイデアを引き出すチャンスはたくさんあります。また、全校で取り組んでいることを、学級でも当番活動などで広めてもよいです。

02 活動を充実させる3つのポイント

① 道具を充実させる
ペンや紙などの文房具やタブレットなどのICT機器など、子どものアイデアを実現するアイテムの使用を柔軟にしましょう。
② 場所を設定する
背面黒板や掲示板など、係からの連絡や作品などを掲示するスペースをつくり、活動内容が目に見えるようにしましょう。
③ 時間を与える
休み時間以外に、朝や帰りの会での連絡や、月に一度活動の日を設定し、活動のみならず発表する機会も与えましょう。

活動を活発にする3つの
ポイント
①道具の充実
②時間とスペースの確保
③互いに褒め合う

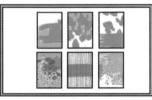

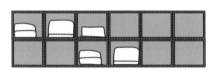

Point

5年生ならではの、活動にするために…

①委員会活動との連携を図って、学校全体の取組をクラスに還元！

②学校行事との連携を図って、異なるグループの活動を共通化する！

03 ポストでフィードバックと連携

係活動の意欲を持続させるためにも、「係ポスト」といったものをつくり、各係への意見を募ります。「飾り係さん、いつも素敵な飾りをありがとう！」といった感謝もあれば、「学級新聞に、誕生日特集があったらいいなあ」というナイスアイデアが出ることもあります。

04 互いに認め合えるチャンス

子どもたちは、当番や係のちがいを意識しながら毎日過ごしているわけではありません。当番活動を楽しいと思い、アイデアを生かす子もいます。活動が目立たない当番や係こそ、「助かったよ」「楽しかったよ」といった声かけをしたり、帰りの会などで紹介したりすることで、よりよい学級経営につながります。

もちろんそれを子どもたちが担うとさらによいです。「当番や係のよいところを紹介する」という係があれば、子どもたちの意欲が高まり、互いに認め合う学級へと育っていくでしょう。

〈参考文献〉文部科学省 『みんなで、よりよい学級・学校生活をつくる特別活動 小学校編』
小川真也（2021）『教師になったら読む本』三晃書房

朝の会・帰りの会

▶ ねらい

「よりよい1日にしようとする意欲づけの場」「少しずつ力をつける場」「日々の連絡調整や友だちとの交流の場」を意識して、子どもだけで会を進行する力をつける。

▶ 指導のポイント

朝の会と帰りの会を連動させ、1日の中でのPlan（目標設定）Do（具体的な取り組み）See（評価）のサイクルを回していくことがポイントです。

朝の会では、1日の生活の見通しと目標の確認を行います。帰りの会では、1日のふりかえりと次の日の目標設定を行います。

生活班などを活用して、役割分担や評価・調整を行い、互いに助け合って活動するための場とします。

子どもだけで進められる手立て

背面掲示に「会

朝の会

① 朝のあいさつ
② 今日のめあて
③ 朝のスピーチ
④ 係や委員会からお知らせ
⑤ 1日の予定の確認
⑥ 先生の話

端的に連絡・交流する仕組み

ホワイトボー

今日の予定

1 国…漢字の成り立ち
2 算…比例
3 体…運動場
4 音…音楽セット
5 図…絵の具セット
　　　探検バッグ
6 図

活動にあたっての留意点

01 子どもだけで進められる手立て

はじめての朝の会、帰りの会は教師が行い、モデルを示します。1週間ほどは子どもの近くにいて、困ったときの助け船を出します。できる限り自分たちで進行できるよう、シナリオや進行表を子どもの目につくところに置きましょう（図1）。

2週間もすると、自分たちで助け合いながら進められるようになります。助け合う姿が出たときに大いにほめ、行動の強化をはかります。

会の内容は学校事情や子どもの実態に合わせて変えてもいいのですが、1年間のルーティンとして行われるものなので、長期的展望を見据えて設定しましょう。

02 1日のめあてとふりかえり

子どもには、なんとなく過ごすのではなく、目的をもち、成長や課題を感じながら過ごしてほしいと思います（図2）。

帰りの会では、1日のふりかえりと翌日のめあてを班で考えます。めあてをつくる際は、今日の課題や生活目標、翌日の行事などを参考に設定します。評価しやすくするために、行動目標にすること、数値をいれることを推奨します。

朝の会は、前日に立てためあての確認と1日の予定を確認します。

「2時間目に運動会の練習が入っているので、早めに運動場にいきましょう」などと自分たちで声かけができる姿を目指します。

「の流れ」を貼る

帰りの会

① 今日のふりかえり
② 係や委員会からお知らせ
③ 明日の予定
④ 先生の話
⑤ 帰りのあいさつ

図1

ミニホワイトボードを使っためあてとふりかえり

【朝の会】
・生活班の中で、今日1日のめあてを考える。
・めあては前日の帰りの会できめておく。

【帰りの会】
・めあてに対しての1日のふりかえりを行う。
・次の日のめあてを設定する。
　例えば、生活目標、今日の課題、特別な予定などを参考にする。

図2

ドを2枚用意

次の日の予定

1	理	【宿題】
2	理	漢ド③
3	算	計ド④
4	国	音読「春の空」
5	学	
		【持ち物】
		赤白ぼう

図3

一年間通して力を伸ばす場

伝える力・受け取る力を伸ばす

1学期	2学期	3学期
【伝える力】 ・人前で話すことに慣れる。 ・構成を考えて話す。	【伝える力】 ・ICTやモノを準備するなどの工夫。 ・興味を引くような話のネタを準備する。	【伝える力】 ・聞きたくなるような話し方ができる。(ユーモア、投げかけ、仮定、描写など)
【受け取る力】 ・反応をしながら聴く。 ・興味のあることに質問する。	【受け取る力】 ・友だちの意見を広げたり深めたりするために質問する。	【受け取る力】 ・事実と意見を分けて聞き取り、自分の考えや主張を伝える。

図4

03 端的に連絡・調整する仕組み

　自分たちで考え、声をかけ合って行動できる集団にするためには、1日の見通しを子どもがつかんでおくことが重要です。

　言葉だけでなく、予定を文字化して残しておくとよいでしょう。

　私の場合、2枚のホワイトボードを用意し、交互に使い分けています（図3）。「今日の予定」「次の日の予定」とマグネットに書いておくと、それを付け替えるだけでいいので効率的です。

　「今日の予定は」には、「宿題のお知らせ」は必要ないので消し、予定や留意点を書き足します。

04 1年間通して力を伸ばす場

　朝の会の時間に学習の時間を入れてもよいでしょう。たとえば、次のような内容が考えられます。

・朝の歌　　　　・詩の暗唱
・百人一首　　　・都道府県
・算数などの今日の『問題』

　1日の始まりなので、声を出したり、テンポよく活動したりする内容がよいでしょう。

　大切なことは、1年間を通して、身につけたい力をどのような段階でつけていくかを見通しておくことです。

委員会活動

▶ねらい

委員会活動を通して、望ましい人間関係を形成し、集団の一員としてよりよい学校生活づくりに参画し、協力して諸問題を解決しようとする自主的、実践的な態度を育てられるようにする。

▶指導のポイント

5年生になってはじめて委員会に所属して、活動に参加することになる学校が多いと思います。「委員会に参加できる」とやる気になっている子どもが多いです。そのやる気を大切にすると同時に、自分が委員会の仕事を行うことによって、誰かの役に立っているという実感を伴わせ、さらに主体的に取り組めるようにしましょう。また、教職員で協力し合い、担任だけでなく、「みんなで子どもを育てる」ことも大切です。

▶委員会を決める方法

「めあて、具体的な仕事内容、やりがいや苦労したこと」など、一つひとつの委員会についての情報を子どもたちにしっかり伝えてから、希望調査を行います。4年生の3学期などに、委員会の紹介を聞いたり実際に委員会活動を体験したりする機会を設けるのもよいでしょう。

次に、所属先の決め方です。決め方はいろいろあります。

・希望調査をもとに、教師裁量で決定する
・自分たちで話し合いながら決める方法

なぜその方法を採用したのか、しっかりと子どもにも説明できるようにするのが大切です。自分の希望通りになれなかった子どものフォローも忘れず行います。

本時の展開

01 委員会担当者になったら？

子どもと教師で協力して、一人ひとりが安心して生活できる学校をつくるために委員会活動があります。

一つひとつの委員会には、それぞれ大切な役割があります。子どもたちと一緒にその委員会の学校での役割を話し合うとよいです。

まず、学校の実情によって異なりますが、委員会の特色に合わせた常時活動を決めます。たとえば、あいさつ運動や洗面所の石鹸の補充などです。どの委員会でも、常時活動は週に1回、何かしらの仕事を行えるように工夫することが大切です。一部の委員会だけ常時活動がないと不公平を訴える子どもが増えます。

次に担任に「いつ」「どこで」「だれが」「何をするのか」把握してもらうために、教室に掲示できるチェックシートを作成するとよいでしょう。

また、常時活動に一人ひとりが責任をもって取り組めるよう、賞賛の声をかけたり、教師も一緒に活動に参加したりすることが必要です。「きちんとできているのか？」「もっと工夫できることはないか？」など、定期的に話し合う時間を設けるとよいです。

常時活動が安定してできるようになったら、いろいろなイベントを企画するなど、子どものアイデアを最大限に生かした活動にチャレンジしてみましょう。

子どもと一緒に学校をよくしていくためにどんなことができるのか、話し合い実践していくととてもおもしろいです。教師から子どもたちに仕事を一方的に押しつけることに終始しないよう、注意が必要です。

02 常時活動を忘れず取り組ませるには？

委員会活動で最も大切な仕事は常時活動です。「常時活動は何のためにするのか？」を話し合ったり教師の思いを伝えたりする時間を設けましょう。「常時活動がないと、学校が機能しません。たとえば、保健委員会が仕事を忘れて、洗面所の石鹸が空っぽになったら、安心して生活できますか？　常時活動を忘れると、いろんな人が困ります」と伝えるとよいです。

中には「面倒くさい」と思う子どもも多くいます。その子どもたちには、「その仕事の大切さ」「誰かのためにがんばる大切さ」について語るのも大切です。委員会活動でがんばる子どもを見かけたときに、「ありがとう」「助かるよ」などの声かけができるように、全教職員がアンテナを高くもっていることも大切ですね。

03 学級担任として

「担任」として、自分のクラスの子どもたちがしっかり活動に取り組めるようにサポートしましょう。たとえば、委員会活動について悩んでいる子どもの話を聞いて、その担当の先生に事情を伝えることもあると思います。学級の仕事と委員会の仕事を行う機会が被らないように調整することも大切です。

また、委員会活動は子どもたちを多くの教職員でみることができ、子どもをほめるチャンス、指導する機会が増えることにつながります。委員会担当の先生にクラスの子どもの様子を聞き、「〇〇先生から、委員会がんばっているって聞いたよ！」と子どものがんばりを認められる声かけを行いましょう。

クラブ活動

▶ねらい

　クラブ活動を通して、望ましい人間関係を形成し、個性の伸長をはかり、集団の一員として協力してよりよいクラブづくりに参画しようとする、自主的・実践的な態度を育成する。

▶指導のポイント

◇子どもたちが自発的・自治的に計画、運営できるように以下３点に配慮する。
・子どもたちの興味・関心が生きる組織
・教科的な色彩の濃い活動にならないこと
・学校や地域の実態に即した組織であること
◇子どもたちの興味・関心を追求する活動であることを踏まえ、子どもの希望を尊重した組織づくりをめざす
◇４年生以上の異年齢集団で構成する

年間指導計画の例

手芸クラブ年間指導計画　　指導者：○○
活動場所…家庭科室　　クラブ員…30名

指導のねらい	異年齢で教え合うなどの交流を大切にする。作品づくりを楽しませる。				
学期	時数	予想される活動	指導上の留意点	備品・消耗品	評価基準
1		○組織づくり（役員、班編成）	・クラブ活動の意義を理解させる。創意工夫して活動できるよう助言する。		・見通しを持った計画を立てることができる。
		○活動計画の立案	・児童の発言を生かして計画が立てられるようにする。		・見通しを持った計画を立てることができる。
		○手縫いの作品①		・裁縫セット	・進んで活動に参加している
		○手縫いの作品②			
		○1学期のまとめ			
2		○活動計画の立案	・道具の使い方など安全面の指導を徹底する。	・裁縫セット	・協力して活動に取り組もうとしている。
		○手縫いの作品③			
		○ミシンの作品①		・ミシン	

異学年で班を組むなど、工夫する。

全員で一つの作品を作るなど、協力できる状況を設定する。

指導にあたっての留意点

01 クラブの計画や運営〈資料参照〉

　子どもたちが、活動にあたって、思いや願いを出し合いながらしっかり話し合い、その結果が活動計画に反映されていることが必要です。活動計画は、６年生が中心となって計画します。５年生は、経験者として、６年生の意図を汲み、協力したり、活動を支えたりすることで、５年生として運営に携わることの意義を持たせます。４年生に積極的に関わることも大切な役割です。
　子どもたちが年間の見通しを持って活動できるように、教師自身も年間計画を立て指導にあたります。クラブ活動は、スキルアップの場ではなく、子どもたちが自治的に活動する場として捉え、教師はコーディネーター役に徹します。

02 クラブを楽しむ活動

　クラブ活動を通して、子どもたちにつけたい力としては以下の３つが考えられます。
◇自分たちで運営する
◇他の学年と仲よくなる
◇みんなが楽しめる活動の追求
　優しくかかわる上級生は、下級生にとって憧れの存在です。学年を越えた仲間と、知恵を出し合いながら共通の興味・関心をより深く追求する体験は、学級では味わえない貴重な時間です。
　教師は、上級生と下級生のあたたかいかかわりが育まれるよう支援します。学年によって、能力差がはっきりしないように、活動の内容やグループ編成など具体的に助言します。

活動計画の例

英会話クラブ活動計画　クラブ長○○　記録○○
活動場所：パソコンルーム

目標	英会話を楽しみ協力して学習する。			
学期	時数	月	活動内容	準備する物
1		4	◇役割分担(クラブ長、記録)年間活動計画を立てる。	
	8	5	◇英語の歌やゲームをして、英会話になれる。	タブレット、英会話ソフト
		6	◇英語の歌やゲームをして、英会話になれる。	
3		1	◇クラブ発表会の計画を立てる。	
	6	2	◇役割分担、発表の準備をする。	タブレット、模造紙、ペン
		3	◇1年間のふりかえりをする。	

単位時間の活動計画の例

1単位時間の活動計画（実験クラブ）

日時	○月○日　○曜日		活動場所	理科室
内容	電気くらげの作り方を知り、グループで協力して活動する。			
めあて	グループで協力して、長い時間くらげを飛ばそう。			
基本的な流れ	活動の予定	時間	気をつけること	

基本的な流れ	活動の予定	時間	気をつけること
1 はじめのあいさつ	1 はじめのあいさつ	5分	毎時間変わらないことは、すべて児童に任せることがポイント。
2 出欠のかくにん	2 出欠かくにん		
3 活動の流れのかくにん	3 今日の活動のかくにん	35分	
4 活動	4 グループにわかれて活動		○みんなが話し合いに参加できるように ○決められた場所を守る。 ○時間を守る。 ○道具はみんなで使う。 ○良いアイディアを共有する。
5 ふりかえり(①自己評価②友だちの良いところ)	リーダーを中心に話し合い試作、実験		
6 次回の活動の計画	クラスの授業と同じように、活動をふりかえり、良さや頑張りを具体的に伝えることがポイント。		
7 先生の話		5分	
8 片付け			
9 終わりのあいさつ	9 終わりのあいさつ		

03 クラブの成果の発表

　活動の成果を、様々な形で発表する場を設定します。準備など、必要なことは年間計画に盛り込むようにすると、活動意欲につながります。
◇校内放送や展示による日常的な発表
◇実演による発表会
◇地域行事への参加
◇学校行事や児童朝会
◇タブレット端末で動画撮影し、各クラスで試聴するなど

04 自主的自発的な活動にするための事前指導

　6年生と事前に打ち合わせを行い、活動の詳細を話し合っておきます。6年生が、「今日の活動で何をするのか」を見通せていると、自主的な動きにつながります。少しうまくいかないことがあっても、すぐに手を出さず見守ります。ふりかえりで、次回へつなげるように助言します。活動中は教師が出る場面を極力減らし、6年生が自分たちで運営できるよう陰からサポートしていきます。

《参考文献》
みんなで、よりよい学級・学校生活をつくる特別活動　文部科学省　国立教育研究所　教育課程研究センター
小学校学習指導要領（平成29年告示）解説　特別活動編

縦割り班活動

▶ねらい

6年生が中心となって取り組む縦割り班活動において、5年生として活動のサポートやフォローをすることで、よりよい縦割り班活動を行うことができるようにする。

▶指導のポイント

多くの学校では縦割り班活動を行っていると思います。たとえば、学年をバラバラにした班を編成し、一緒に清掃をしたり遠足に行ったりすることです。縦割り班活動では、6年生が中心となることが多いです。そこで、5年生として活動をサポートすることが大切です。また、サポートをしながら、6年生のがんばる姿と6年生になったときの自分の姿とを重ね合わせて、目標となる6年生像をつくっていく機会にします。

▶5年生として活動に取り組む

縦割り班活動になると、いろいろな学年の人とかかわることができるので、楽しみにしている子どもが多いです。楽しむ気持ちも大切にしながら、5年生としての役割、すなわち、6年生（リーダー）をしっかりとサポート・フォローすることが大切です。サポート役として、どんなことができるのか、案を出しましょう。

・話を聞いていない1年生に「ちゃんと話を聞こうね」と声をかける
・列の一番後ろに並び、列をはみ出す人がいたら、注意する
・6年生の話が伝わっていなかったら、かみ砕いて1年生に教えてあげる

また、6年生のリーダーシップがうまくいっていないからといってその役割を奪うようなことをしてはいけません。あくまでも6年生をリーダーとして認め、そのがんばりをサポートする役に徹することを指導します。

本時の展開

01 6年生は学校の顔。5年生は？

5年生として6年生をサポートするための言葉かけがあります。4月の学年集会などで話をするとよいでしょう。
「6年生は学校の顔。5年生は学校の首です。首がしっかりしていないと、顔である6年生がふらふらして、不安定になってしまいます。首である皆さん5年生がしっかりと6年生（顔）を支えて、よりよい学校づくりをしていきましょう」

02 サポートやフォローをするのが5年生の役割

6年生が縦割り班の先頭に立つとすると、5年生は一番後ろでサポート・フォローをすることが大切です。困っている1・2年生に声をかけたり、6年生の話が伝わっていなかったりしたときには、さりげなく教えてあげたりすることが大切です。

わかりました。がんばります。

明日は6年生が校外学習なので、学校にいないよ。だから5年生がリーダーをしてね。お願いします。

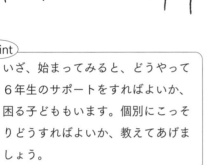

Point

いざ、始まってみると、どうやって6年生のサポートをすればよいか、困る子どももいます。個別にこっそりどうすればよいか、教えてあげましょう。

03 目標とする6年生像をつくる

定期的に「一緒に活動している6年生のすごいところや尊敬するところ」について、クラスで話し合う機会を設けましょう。このような機会を設けることで、目標とする6年生像を少しずつつくることができます。

参考文献『明日からできる速効マンガ 5年生の学級づくり』日本標準（2016）中村健一

04 学校の顔になるチャンス

6年生が校外学習などで学校を留守にするとき、5年生が代わりを務め、学校の顔になるチャンスにしましょう。6年担任と相談をし、仕事内容や心得などを6年生から5年生に伝える時間を設けてもらいます。

専科の授業

▶ねらい

高学年で多くなる担任以外の授業における問題（下記参照）を回避し、子どもが安心して学習に取り組めるようにする。

▶指導のポイント

専科や教科担任制など、担任以外の授業では、以下のような問題が起こりがちです。

・持ち物の用意や課題がきちんとできない

・授業中の態度がよくない

・教師と子どもが合わない

など、子どもへの指導で済むものとそうでないものがあります。難しい状況の場合もありますが、中学校に向けて教科担任制に慣れていくことをめざしましょう。

また忘れちゃった。

別にできなくてもいいもん！

指導にあたっての留意点

01 持ち物や課題は、印象に残す

専科の多くは、週に数コマしかない教科なので、忘れ物をすると学習に大きな支障があるだけでなく、教師の印象もよくありません。そこで、専科に関わる連絡は、背面黒板に明記したり、朝や帰りの会で連絡したりと、多くの子どもの印象に残るようにしましょう。

02 問題は、その日のうちに解決

もし、専科の授業でトラブルが起こった場合、できるだけその日のうちに解決しましょう。

そのためにも、専科の後に「今日はどうでしたか？」と連携をとるようにしましょう。そうすることで、「教師は互いに連携をとっている」ということを子どもに伝えることができます。

最近子どもたち
どうですか？

Point

専科の授業も真剣に取り組むポイント
① 教師間の密な連携
② 専科の授業で成長した部分を伝える

03 専科は、担任の授業以上に大事！

　高学年になると、専科の授業に対して少し力を抜いてしまう子どもが出てきます。中には、「中学受験に関係ないから」とはっきり言ってくる子どももいます。

　大切なことは、子どもの主張に対して、「本当にその考え方は正しいのか？」と子どもたち自身に考えさせることです。そしてそのうえで、いろいろな教科や先生の授業に対して全力を尽くすことは、中学校に向けてとても大切なことだというメッセージを伝えましょう。

　どうしても専科の授業に意欲がもてない子どもに対しては、担任が同室してフォローするようにします。

04 節目には、子どもからひと言

　学期のはじめや終わりには、子どもから専科の先生に節目の挨拶をさせましょう。授業をしてくださったことへの感謝の気持ちをもち、伝えることの大切さを育みます。また、学活でお楽しみ会などをするときには、専科の先生を招待するのもよいでしょう。

給食指導

▶ねらい

　毎日ある給食の時間を有意義に過ごすだけでなく、マナーを大切にし、食育の視点においても充実した時間になるようにする。

▶指導のポイント

　給食の時間の課題としては、準備、マナー、残食などが一般的です。また食育に関しては、栄養教諭がいなければ進めて行くことは難しい場合があります。また、学級によって様々な「おかわりルール」なるものが存在します。子どもたちが毎日楽しみにしている給食の時間を有意義に過ごすことが、よりよい学級づくりにつながるという意識をもって取り組みます。

どうしよう…

指導にあたっての留意点

01 役割はすべて、マナーも大事に

　給食指導では、年間を通してすべての役割を全員がするようにします。これは6年生になったときに、1年生の給食を手伝うことがあるからです。また、お箸の持ち方や食べ方なども、大人になったときのためにも、正しいマナーは大切です。

02 残食は、新聞記事で指導

SDGs

　給食を減らしても、食べきれずに残してしまう子どもに対しては、「時間が足りないのか、量が多いのか」と、本人に対策を考えさせます。また、好き嫌いが多いクラスでは、新聞記事からSDGsやフードロスについて子どもたちに投げかけてみましょう。

03 食育を含めた有意義な時間に

　給食で食育をするならば、「旬」と「地産地消」はおさえておくべき内容です。給食委員会が放送で触れてくることも多いでしょう。学級で給食係をつくって、上の内容について調べたことを給食の時間に話してもらうのもよいですね。家庭科の授業とも連携します。

　また、給食に関するアンケートをとって学級新聞に掲載したり、誕生日の人や授業でがんばっていた人をおかわり優先にしたりすると給食の時間が盛り上がります。

　他にも、早く食べ終わった人の過ごし方も、学年で統一しましょう。読書をしたり、係活動の時間にしたりと、有意義に使うことができます。

04 感謝の気持ちを大切に

　学期の終わりには、子どもから調理員さんにお礼を伝えます。たとえば、「5年2組の人気のおかずベスト10！」など、前述のアンケートの結果を伝えるのもいいですね。給食を通じて、調理する人、運んでくる人、生産する人などに感謝の気持ちをもつようにしましょう。

清掃指導

▶ねらい

① 勤労の意義や尊さを体験し、奉仕の精神を育成する

② 友だちと協力することで好ましい人間関係を育成する

③ 正しい清掃の仕方を身につけ、学校を大切に思う心を養う

▶指導のポイント

掃除は、学校生活の中で、唯一の勤労生産的な活動と言えます。高学年になると、低学年が使うトイレなど、自分とは無縁の場所を割り当てられることがあります。そこを使う誰かのために、心をこめて掃除をすることは、高学年だからできることです。掃除の意義についても触れ、掃除が学級にとって豊かな時間となるよう、取り組みについて立ち止まり、話し合うようにします。（p.182参照）

▶なぜ清掃指導をするの？

清掃指導については、小学校学習指導要領解説において明記されており、「きれいにすること」が目的なのではなく、「将来の働き方」や「生き方」を見通して指導される教育活動です。「掃除をさせられている」ではなく、「なぜ掃除が必要なのか……」。その意義を理解し自分たちでする」意識を育てていくことが大切です。

また、「自分たちの住環境を、自分たちの手で清潔に整えていく」ということも、丁寧に伝えたいことです。

1回目の掃除までに

01 システムづくり（資料参照）

高学年になると、掃除分担が増え、たくさんの場所を掃除することになります。教師の目が届きにくくなります。広範囲を分担するので、慣れる前に新しい場所へ移ることになると、清掃の仕方が定着しません。そこで、一人一役で2週間交代とします。当番表を同じ清掃場所が続くように作成します。教室のほうきを3人で担当するとしたら、6週間続くことになります。当番表を一つずつ回転させるので、3人中2人は変わりません。先輩後輩システムとし、先輩（掃除場所に一番長くいる人）は後輩（新しく来た人）にこれまでの流れを教え、全体を見渡し行き届いていないところがないかチェックします。スタート期に丁寧に指導すれば、子どもたちだけで段取りよく取り組めるようになります。

02 環境整備

◇道具の準備

・使う数ぴったりの道具をそろえる。

・すべての道具の見えやすい場所に掃除場所とクラスを記入する。（シールをはる）

◇片づけ方や手順の（資料参照）視覚提示

・掃除用具入れ、ぞうきんがけなどに、片づける物の位置と、片づけ完了時の写真を掲示する。

◆手順の視覚提示

> ↓手順やポイントをまとめて、いつでも見られるように掲示しておく。

〈教室〉

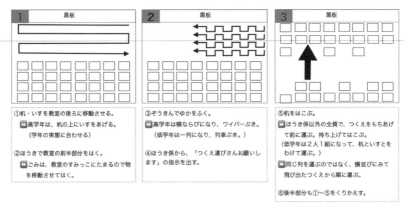

①机・いすを教室の後ろに移動させる。
　▶高学年は、机の上にいすをあげる。
　　（学年の実態に合わせる）
②ほうきで教室の前半部分をはく。
　▶ごみは、教室のすみっこにたまるので物
　　を移動させてはく。

③ぞうきんでゆかをふく。
　▶高学年は横ならびになり、ワイパーぶき。
　　（低学年は一列になり、列車ぶき。）
④ほうき係から、「つくえ運びさんお願いし
　ます」の指示を出す。

⑤机をはこぶ。
　▶ほうき係以外の全員で、つくえをもちあげ
　　て前に運ぶ。持ち上げてはこぶ。
　　（低学年は2人1組になって、机といすとを
　　わけて運ぶ。）
　▶同じ列を運ぶのではなく、横並びにみて
　　飛び出たつくえから順に運ぶ。
⑥後半部分も①〜⑤をくりかえす。

◆当番表

←誰が何をするのかを明確に役割分担をするのがコツ。その際
トイレ掃除や更衣室など男女の扱いには配慮が必要。クラス
には性別に関わる悩みをもつ子どもが一定数いるとされてい
る。どの子も安心して活動に参加できるように、役職に男女
の区分けが必要か、役割分担をどのようにするかなどを学級
で話し合い、合意形成を図る時間をとるとよい。

◆異学年清掃

←校庭掃除を1年生と分担。草抜き、石ひろい、
落ち葉ひろいなど、時期に合わせて内容を考
え、1年生と共に取り組む。
環境体験で植樹するクヌギの草抜き。「これ
がクヌギだよ。どんぐりがなる木だよ。これ
は抜いたらだめ。」
「周りの草を抜いて、クヌギのそばに置いて
おくと肥料にもなるよ。」と、1年生に教え
てあげている。掃除の仕方や、道具の使い方
も教えながら取り組む。

授業参観

▶ ねらい

落ち着きがあり、子どもが安心して学習に取り組む様子（学習規律や壁面掲示等の学習環境）を見てもらい、保護者の安心感を高める。

▶ 指導のポイント

4月の授業参観は、保護者の信頼を得るためのとても重要な機会です。多くの子どもたちが活躍できる（子ども自身が活躍できた！と思える）の手立てを講じると同時に、規律があって落ち着きのある授業を展開できるようにします。授業のはじめと終わりの挨拶がしっかりできていたり、正しい言葉づかいで教師も子どもも話したりすることも大切です。さらに、掲示物やロッカー、棚等が整頓された教室環境も大切です。

▶ 掲示物のおすすめ教材「春はあけぼの」

清少納言の「枕草子」という随筆があります。「子ども清少納言」になり、季節によって自分が好きなことや連想することなどを短く随筆風に表し、作品として掲示します。（桜、入学式、花粉など）

※春夏秋冬、すべての季節で実施することができ、回を重ねるごとに深みが増していきます。

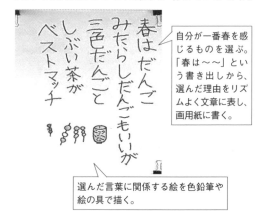

自分が一番春を感じるものを選ぶ。「春は〜〜」という書き出しから、選んだ理由をリズムよく文章に表し、画用紙に書く。

選んだ言葉に関係する絵を色鉛筆や絵の具で描く。

本時の展開

01 授業参観までが勝負

ゲーム形式で盛り上がる場面、教師がしっかり指導するという場面、静かにノートやプリントに自分の考えを書く場面など、目的を明確にし、メリハリのある授業を心がけます。また、子どもが互いのことを尊重し合い、間違いがあっても、教師や友だちがさりげなくフォローするような温かい支え合いや助け合いが自然とできるようにしましょう。また、掲示物がきれいに貼られ、誤字脱字がないかなど、教室環境にも目を向けましょう。

しかし、このような学習活動を当日だけ行ってもうまくいきません。4月からこのような授業・学習環境の整備を行うことを意識し、授業参観の日にも「いつも通り」ができるようにします。

02 授業参観おすすめ教材 国語「漢字の成り立ち」

① 「口」に2画加えてできる漢字を探す
・3分間自分で考えて、ノートに書く
・ペアやグループで書いたことを共有する
・全体で出し合う
→ここまでで多くの子どもが答えられるので、活躍する機会が増えます
② 私たちが使っている漢字には、成り立ちがあることを指導する
・漢字は、昔、「漢」の国でつくられた文「字」で、それを日本が輸入して使った。その後、漢字をもとに、平仮名や片仮名がつくられたこと
・漢字の成り立ちには、大きく「象形文字」「指示文字」「会意文字」「形成文字」がある

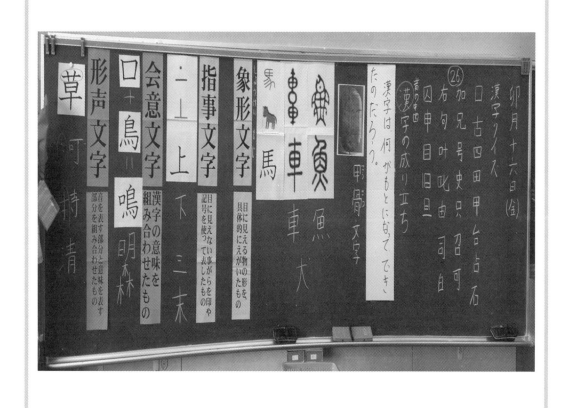

03 漢字の成り立ちをもとにした教師の語り

③ 漢字の成り立ちクイズを行う
　いくつか漢字を選び、先ほど説明した4種類の漢字のどれに入るのかクイズを行う。
・3分間、自分で考える
・ペアやグループで相談して、確認する
・全体の場で発表し、答え合わせをする
〈問題と答え〉
・象形文字：魚、車、犬
・指事文字：上、下、三、末
・会意文字：鳴、明、森
・形声文字：草、河、清
※クイズの解答を出した後、グループごとに漢字辞典で確認する機会を設けてもよい

　「最後に、今年1年間で大切にしたい漢字があります。『友』という漢字です。この漢字は元々手と手を合わせるような形の会意文字でした。今年1年間、この『友』という漢字のようにみんなで手と手を取り合って最高の1年にしましょうね」

APRIL

4

4月　5月　6月　7月　8月　9月　10月　11月　12月　1月　2月　3月

学級懇談会

学級懇談会の流れ
① 担任紹介（5分）
② 資料について（5分）
③ 保護者参加型ワーク（30分）
④ 閉会（5分）

▶ねらい

　保護者と教師、保護者と保護者がつながり合いながら、お互いの協力関係を深める。双方にある、「子どもを共に育てる」という願いを確かめ合い、今後の教育活動の見通しを共有する。

▶指導のポイント

　新しい学級が始まって、はじめての保護者との出会いです。担任の人柄や、大切にしていることを伝えらえる絶好のチャンスです。たくさんの保護者に来てほしいと願う一方で、学級懇談会の出席率は、学年があがるにつれて低くなっていきます。担任が一方的に話し、それを聞く場ではなく、双方向のやりとりのある保護者参加型になるよう工夫します。保護者と教師の願いにつながり合うことができれば協力関係が深まっていきます。

本時の展開

01 学級懇談会までに

　できるだけたくさんの保護者に参加してもらうためには、いくつかの準備が必要です。
① 子どもたち一人ひとりの様子を把握しておく
② 学級懇談会の資料を作成しておく（配布できなくても教師の手持ち資料となり、当日慌てずに済みます）
③ 学級通信などで、開催をPR
④ きょうだい関係と半分ずつでもOKなど、短時間でも来てもらえるよう、ハードルを下げ、事前に伝える
　緊張しますが、さわやかさ（服装や髪型）と笑顔、そして担任としての決意を届けられるよう、準備をします。

02 担任として伝えたいこと

　保護者に伝えたいことはたくさんあります。すべてを口頭でお伝えすると、保護者はインプットばかりになってしまい、退屈な印象を与えてしまいます。あらかじめ資料にしておき、必要なことのみ、エピソードや活動の写真などを添えて伝えます（資料参照）。
●学校教育目標、学年経営方針、学級経営方針と、達成に向けた具体的な手立て
●今年度の予定
●子どもたちの様子
●5年生の発達段階や心の成長
●5年生の教育活動の特色
●学習面（ノート指導、宿題など）
●生活面（忘れ物、提出物など）

にじいろ
○○小学校
5年学年便り
＊懇談号
祝☆彡初めての学級懇談

5年生まるわかりスペシャル
個人差はあるが、少しずつ子どもから大人へと成長していく時期です。
・自立心が芽生え始める。
・判断力、思考力、考える力が大人と同じように身につくようになる。
・自身や他者を客観的に見られるようになる。
・正義感が強くなり善悪の区別ができるようになる。
・価値観の違いを、自分の経験を持ってジャッジするようになる。
・空間的認知や地理的なセンスがめざましく伸びる。
・交友関係が広がる。
・親や先生より、友人との交流を重要視する傾向にある。
・思春期へ向けて加速する時期
・反抗期もそろそろ・・・
・学校でのいろんな話をすることを面倒くさがり、「別に」「特に」と、一言で終えるようになる。

5年生の主な年間行事　予定は変更になることがあります。
＊自然学校　保護者説明会…5月13日
＊2学期参観・学級懇談会…9月13日
＊運動会…10月8日
＊2学期個人懇談…12月7日8日10日11日
＊2学期給食最終日…12月22日
＊2学期終業式…12月25日
＊3学期始業式…1月8日
＊3学期給食開始…1月12日
＊フリー参観…1月21日
＊3学期参観・学級懇談会…2月26日
＊卒業式…3月17日（在校生代表として参列予定）

5年生　にじいろ学年　"こんな学年にしたいなぁ～"
1組：◇◇　◇◇　2組：◇◇　◇◇　3組：◇◇◇

○○小学校　教育目標
なかよく、たくましく、よく考える

5年生　学年目標
に　にっこり笑顔
　　～笑顔でいられるように、人にも自分にもやさしくあたたかく～
じ　時間を守る
　　～たくさん学べるように、たくさん遊べるよう時間を大切に～
いろ　いろんなことにチャレンジ
　　～全力でがんばる自分を、仲間をやわらかく応援できる人で～

人のことも、自分のことも
思いやる！！

目指す学級像
◇素直な心で素直な言葉で、本音が出し合える学級
　わからないことを「わからない」と言えること、思っていることを自分の言葉で表現できること、遠慮せずに言える学級を目指します。
◇励まし合える、認め合える学級
　仲間のがんばりを認め、互いに励まし合える仲間づくりをしていきます。共感を大切にします。それぞれの伸びを大切にしていきます。
◇あたたかな言葉があふれる学級
　あたたかい褒め合いが43人でできる学級を目指します。
　そのために大切にしたいこと
① まずは話が聞ける体制づくり。姿勢から・・・
② どんなにささいなことでも即日解決！学級は練習の場。失敗をおそれない！
③ ケンカをしても仲直りをすればいいのスタンスで。
④ 学習を積み残さない。わからないことを、苦手なことをそのままにしない
⑤ 楽しいこと、嬉しいこと・・・良い体験をできるだけたくさん全員で共有する。
⑥ 価値語（子どもたちと共有したい価値ある言葉）の掲示、良い行動を価値づける。
⑦ 言葉の力を育くむ。
まだまだ書ききれません・・・。色々な場面でお力添えをお願いすると思います。

※学級懇談会の内容や話すことは、学年で決まっていることが多いかもしれません。学年通信や学級通信として資料があれば、参加できない保護者にも届けられます。

---

03 保護者参加型ワーク

　アイスブレイクでスタートや、何か話題を決めて話し合うなど、方法は様々です。座席は、サークルにし、トーキングピース（人形や石など）が回ってきた人が話すこととします。他の人は聴くことをします。パスもありです。主語は自分でも、お子さんでもどちらでもよいことを伝えます。
◇自分の名前と、子どもの名前
◇今、はまっていること
◇お子さんについて
　スタートは必ず教師からです。教師も、心からの言葉で語ります。話しやすい話題で、どんどん話してもらいます。楽しかったと思ってもらえたら、次回の参加につながります。

04 安心とつながり

　保護者からの感想を聞くと、○○さんのお母さん、□□さんのお父さんとして話す機会はあっても、自分自身の話を「聴く」・「聴かれる」という経験を、実はあまり多くされていないそうです。一人の人間として、大切にあつかわれ、話を聴く・聴かれるという温かい経験からは、「安心」や「つながり」が生まれます。学級のスタート期に教師が目指すそれらと同じです。学級懇談会は教室で大切にしていることを、体験してもらう絶好の場です。そして「共に子育てをしていこう」という協力関係を確かめます。この協力関係が子どもたちの成長を支えていきます。立場がちがっても願いは同じだということを、忘れないでいましょう。

お休みの子へ

月　日　曜日にお休みした　　　さん へ

▶ねらい

お休みの状況を丁寧に把握し、登校しやすい環境づくりに努める。

▶指導のポイント

朝の健康観察で、出欠確認を必ず行います。事前の届けがなく、当日の連絡も入っていない児童については、管理職に報告し、連絡がつくまで継続して確認を行います。

また、なぜ欠席しているのか、適切な状況把握を行います。欠席の裏側に、友だち関係のトラブルや家庭環境の変化など、「心理的要因」が隠れていることがあります。本人と保護者の両者と連絡を取り合うようにして、危機管理に努めます。

子ども同士のやりとりの例
・欠席カードをポスティング
・ICT端末（学習支援アプリ）
等を使って、板書を送るなど

指導にあたって

01 温かい雰囲気づくり

学校によって欠席理由を明らかにしないことが増えてきています。欠席理由については十分配慮する必要があります。かといって、お休みの子についてまったく触れないのではなく、連絡帳を書くときや配布物を配るときなど、話題にあげて伝え忘れや配り忘れがないか確認します。クラスのみんなでお休みの子へ、思いを馳せることが大切です。教室に居る子も、居ない子も、一人も取り残さず、大切にしている姿を、まずは、教師がモデルとなって示します。その日の学習の様子や、次の日の時間割や持ち物など、子どもたちのメッセージと共に、お休みの子に届けます。一人の子への配慮や気遣いは、みんなにとっての「居心地のよさ」につながります。

02 電話連絡

欠席の連絡があっても、放課後に必ず電話連絡を取ります。本人と保護者と話をします。保護者には体調面など様子をうかがいます。休み明けに必要な配慮がないか確認します。本人にもかわってもらい、安心感を与えられるよう、ちょっとした会話をかわします。本人と話ができなくても、クラスの子どもたちが心配していることや、担任のメッセージを伝えてもらいます。ちょっとしたことが、担任との信頼関係づくりや、居場所づくりにつながります（不登校への未然防止にもつながります）。休み明けは、笑顔で出迎えましょう。

03 家庭訪問

　欠席が連続する場合は、管理職に相談して、早めに家庭訪問を実施します（発熱などはっきりした原因がある場合は3日、ぼんやりした欠席理由なら2日を目処に）。手紙などを届けることを理由に、お休みの状況を伝えてもらいます。可能であれば本人の顔が見られると、安全の確認にもなります。今後、休みがちになったり、長期欠席につながる可能性があることを頭に入れておきます。学習の進捗について心配しているようなら、進度を伝え、学習のアドバイスもすると、安心につながります。休み明けの登校は少しハードルが上がります。子どもの心理状況を理解し、気になっていることを事前に聞き取るなど、安心できる環境づくりに努めます。

04 長期お休みが続いたら…

　不登校の兆候が現れた時点で、つながりのある学年職員や生活指導部、管理職など、関係職員に状況を伝えます。早期発見と適切な対応が長期化させないポイントです。担任だけで抱え込まず、チームで対応していきます。欠席だけでなく、遅刻早退も含めた欠席状況の分析や、時間割や学校行事などと照らし合わせて原因を探ります。長期化する場合、
　*SCや*SSW、教育支援センターなどの外部機関とも連携します。本人や保護者の意向も確認しながら、ICTを活用した学習支援や、フリースクールなども提案します。担任としては、子どもと保護者に「寄り添う」ことを心がけます。教師としての自分の資質や能力を過度に否定する必要はありません。

＊SC…スクールカウンセラー　SSW…スクールソーシャルワーカー
《参考文献》宗實直樹　著　365日のICT活用術

不登校

▶ねらい

　不登校の未然防止に努める。不登校児童への
きめ細やかでスピーディーな個別指導を心がける。

▶指導のポイント

　不登校は、子どもを取り巻く環境によって、
誰にでも起こりうることとしてとらえます。多
様な要因や背景によって、結果として不登校に
なっているため、「問題行動」として扱いませ
ん。「不登校児童や、その家族に原因がある」
という見方ではなく、その子にあった環境や、
学び方を、本人や家族と共に模索します。教師
は学級や授業において、不登校の未然防止を目
指します。＊SCやSSW、教育委員会などの関
係機関とも積極的に連携を図る。

＊ SC…スクールカウンセラー　SSW…スクールソーシャルワーカー　HSP…Highly Sensitive Person の略

▶不登校のきっかけ

◇明確な理由がはっきりしている場合
・学業不振　・対人トラブル
・特定の科目や教師と相性が合わない
・起律性調節障害などの疾患
・いじめによる被害　・行事が苦手
・SNSに関するトラブル
・ネグレクトなど家庭の問題
・学校のルールや規則に違和感がある
・発達障害や学習障害　・＊HSP
・生活リズムが合わない
・複合的な理由　　　　　　　など
まずは、その原因の解決を目指します。
◇明確な理由がない場合
　漠然と「自分の生命体としてのリズムが、学
校のリズムと合わないので学校に行くことを拒
否している状態」の場合、子どもはうまくそれ
を言語化することができません。話さないので
はなく、わからない状態から始まります。まず
体調面に変化があらわれ、次第に心の変化に移
行し始めると深刻化、長期化していきます。

支援のポイント

01 未然防止の「学級づくり」

　落ち着いた学習環境や、豊かな学び合いを保障する
ために必要なルールの確立を目指します。特定の子ど
もを想定せず学校を休みたいと思わせない楽しい環境
で学力保障（基礎学力の定着）に努めます。
　また安心できる「居場所」は物理的な場所に限らず、
人間関係が基盤になります。友だちや教師とやわらか
く、あたたかい関わり合い（リレーション）を目指し
ます。いじめ、暴力、不適切な指導など学級で起こる
様々なできごとも、「対人トラブル」として不登校の原
因にあげられています。
　不登校を生まない学級づくりが、未然防止につなが
りますし、子どものちょっとした変化にも気づくこと
ができます。

02 早期支援

　曖昧な理由など、連続して３日間の欠席を目処に、
ケース会議を開き、状況の把握と分析を行います。そ
れぞれの役割分担を明確にします。担任だけで抱え込
まず、チームで対応にあたります。不登校の原因とし
て学校を理由にあげている３割以上が先生のことを理
由に挙げています（文科省Ｒ２年度不登校生徒児童実
態調査より）。担任に限定せず、児童が安心して話せる
関係性の職員が対応にあたります。児童が選んだ方法
（対面、電話、ビデオアプリなど）で、短時間のコミュ
ニケーションを図ります。生活リズムも、コンディショ
ンもまだ「学校に行くのが当たり前」の状態です。早
期支援がポイントです。原因究明に終始せず、学校と
家庭と協力できるよう、保護者との連携を密にします。

◇不登校のタイプと具体的な支援例（4つのタイプ…2022　諸富　祥彦氏より引用）

①葛藤型「行きたいでも行けない」

人との関わりが苦手で引っ込み思案、対人関係は常に受け身的で少しのことで傷つきやすい、人と会うのが怖い、緊張する。

- 登校刺激を与えすぎない。
- かかわりすぎない。「待つ」の姿勢。
- 刺激が多いと、余計に行かなくなる。
- 学校の話題が上げ始めてタイミングで一気に関わっていく。

「もしも気になる勉強があったらいつでも言ってね。」

②低エネルギー型「つまらない、めんどくさい」

何をするのもめんどくさい、何をしてもつまらない。葛藤がない。そこに「明日はテストだ」など緊張が追加されるともう行かないになる。自分の状態を見つめて言語化するエネルギーがない。

- 少しずつ登校刺激
- 先生が家庭訪問
- 友だちに誘ってもらう。
- 積極的に関わる。

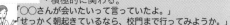
「〇〇さんが会いたいって言っていたよ。」
「せっかく朝起きているなら、校門まで行ってみようか。」

③曖昧型「自分でも理由がわからない」

なんとなく「学校には行かなくては」とは思っている。身体感覚の変容、ずっしりと体が重い…に圧倒され、それと向き合うことができない。緊張感が常にあり、「どうして自分だけ行けないんだろう」とわからない状態が続く。

本人がまだよくわかっていない状態の時に、支援者が「なぜ学校に行けないの。何か原因があるのよ。よく考えてみて。」と、向き合わせようとするのはNG。もっと追い込まれてしまう。曖昧さを曖昧にしておく。本人が曖昧にしておくことを許す。わからない状態を共有し、共に味わい、体験すること。時間がかかる。周りの大人が焦らないことが大切。

「そんな時もあるよね。大丈夫。先生にも似たようなことがあったな。」
「学校には無理に来なくてもいいから、早寝早起きはしようね。」

④混合型

①②③が混ざり合っている。
不登校の全体の半分を占めている。

丁寧に状況を見取り、支援につなげていく。

参考文献：諸富祥彦著（2022）図書文化『学校に行けない「からだ」』
　　　　　伊藤美奈子編著（2022）ミネルヴァ書房『不登校の理解と支援のためのハンドブック』
　　　　　兵庫県教育委員会『不登校児童生徒を支援する民間施設に関するガイドライン』

03 中期・長期対応

　長期化する場合、対応のポイントは本人も周囲の大人も焦らないことです。長い目で、その子の人生を見通します。今まで学校へ行くことが当たり前だった体験が、当たり前でなくなる現実を前に、子どもも保護者も途方に暮れているかもしれません。視野が広がるよう明るい話題を示します。学校復帰は、人、場所、時間など緩やかに設定し、スモールステップで登校を促します。それも困難な場合は学校復帰よりもまず、家族以外の人とのつながりを目指します。担任として、状況にあった「次への一歩」を支援します。
・フリースクール　・不登校適応指導教室
・オンラインスクール　・習い事教室　など多様な学びを提案します。

04 メンタルケア

　保護者はこれまでの子育てを後悔したり、自責の念に駆られたり、子どもの状況に少なからず負い目を感じています。欠席連絡など学校の一定のルールに沿ってお願いをすると、保護者の精神的負担が増します。とはいえ、学校が常に受け身でいると、「放っておかれた、先生は何もしてくれなかった」と、一番身近な担任が、他者批判の矛先になることも。それぞれの立場からの願いがあるのにうまく噛み合わず、保護者との関係が崩壊することがあります。苦しい状況に陥り、保護者にも教師にもメンタルケアが必要なときがあります。不登校の原因は、とても多様です。SCやSSWの助けを借りながら、支援する周囲の大人の痛みも分かち合います。過度に、担任の資質や能力を否定する必要はありません。

忘れ物の指導

▶ねらい

　忘れ物に対して、個別に指導をしつつ、学級全体でそれらをなくしていこうとする風土にする。

▶指導のポイント

　忘れ物で注意すべきは、「いつも同じ子どもがしている」という状況です。5年生までによくない習慣が身についてしまっていることも考えられるので、焦らずにじっくりと指導します。強制や罰を与えるといった方法では、その場では改善できたように見えますが、学年が変われば元に戻ってしまうことがあります。子ども一人ひとりと向き合って取り組みます。

指導にあたっての留意点

優先順位を決めて取り組ませる

　忘れ物にもいろいろあります。まずは子どもと「なくしていく優先順位」を決めます。それが宿題なら、「宿題の中でもどの宿題をがんばるのか」というように、取り組みを限定していきます。まず、一つから徹底的に取り組みます。

02 周りの声かけでやり切らせる

　忘れ物をしても「自分は困らない」という意識の子どもに対しては、班などのグループで取り組ませます。たとえば、「宿題は班で集めてから提出」とすれば、その子が出すまで提出できません。「登校して慌てて宿題を仕上げて出す」。まずはここを目指しましょう。

　その際、班の仲間は応援し、少々手を貸してあげてもよしとしましょう。忘れ物をする子どもが、「自分ががんばったら、みんなが助けてくれた。終わったら喜んでくれた」という体験を積み重ねることで、やり切る力が育っていきます。

Point

忘れ物に対する意識を高めるには…

① まずは自分でできるものからスタート！　あれもこれもは×

② 持ってくるものは、一週間かけて持ってくるぐらいでオッケー

03　保護者と連携し、短期集中で

「もう5年生だから」という理由で、ほとんどの保護者が宿題や持ち物のチェックをしません。01で決めた限定的な目標を伝え、声かけやチェックをお願いしましょう。その際、「1週間だけ」というように、短期間にすることで、気持ちをもちやすくなります。

04　みんなで取り組む大切さ

忘れ物は、結局のところその子自身の課題ということは否めません。しかし、同じクラスで過ごす仲間の一員として、「あの子の忘れ物をなんとかしたい！」という気持ちを芽生えさせることが大切です。

たとえば、「逆上がりができない、二重跳びができない、そんな友だちがいたらどうする？　忘れ物もそれと同じなんだよ」と話すことで、お互いの課題に対して声をかけ合って乗り越えていこうとする気持ちが芽生えます。

そして、そうこうしているうちに「先生、今日○○さんが宿題全部してきたって！　やった〜！」と、友だちのがんばりを喜ぶ子どもだちがきっと出てきますので、大いにほめてあげましょう。

〈参考文献〉　小川真也（2021）『教師になったら読む本』三晃書房

保護者対応

▶ ねらい

保護者から苦情を受けた際に、適切で誠意ある対応をすることで、信頼関係を修復し、保護者と良好な関係を続けていく。

▶ 指導のポイント

保護者からの苦情の多くは、
・教師の指導に対しての不満
・友だち関係に対しての不満
・行事など学校の取り組みに対しての不満
などがあげられます。ほとんどが予測できない苦情です。連絡があった時点で、言わばマイナスからのスタートなのですから、「初期対応」と「誠実な対応」がポイントになります。

もしもし…担任の○○と申します。

先生は解決したと言うけれど、うちの子はまだ納得していない…

指導にあたっての留意点

01 電話は15分間が目安

多くの場合、電話での1対1の対応がスタートになります。「15分間」を目安にして、「もう少し詳しくお話を聞きたいので、今からお家に伺ってもよろしいですか?」と家庭訪問を提案しましょう。こうすることで、学校が受け身だった対応が「先生が家に来る」という積極性を示すことができます。

この姿勢を示すことでトーンダウンする保護者もいれば、「こちらから学校に行きます」という方もいます。どちらにせよそうなれば、複数で対応することが可能になります。

02 役割分担をして、まずは聞く

大切なことは、まずは聞くことです。言いたいことがあっても、「あ、それはちがいます」と保護者の話をさえぎってはいけません。「この先生は聞いてくれない!」と思われてしまいます。そして、話すときは、担任は事実と子どもへの思い、もう一人は担任を立てながら保護者をフォローするのが望ましいので、ベテラン教師と複数で対応しましょう。

保護者対応のコツ　四ヶ条

めあて

保護者の思いを大切にし、良好な関係を続けていく

一、初期対応で主導権を握る
　15分間経てば、家庭訪問

二、まずは聞く、話をさえぎらない
　相槌をうまく使おう
　「なるほど。」
　「そうだったんですね。」

三、言いたいことはあるけれど、
　まずは「謝意」を示す
　◎謝意→思いを伝える
　×思いを伝える→謝意

大局的な謝罪で、受け入れる姿勢を見せて、場の雰囲気を和ませる。

四、いっしょに「これから」を考える
　答えよりも、方向性を示す
　無理なことは、保留する

「今日はありがとうございました。」が、お互いに言えたらバッチリ!

おまけ
　複数での対応を基本に
　ベテランの力を進んで借りる

Point

対応して、解決した後のポイント

① 子どもの様子をしっかりと見取り、再発防止に努める

② 1週間後を目安に、「その後はどうですか?」と連絡を入れる

---

03 謝罪をし、事実と思いを伝える

　こちらから話始めるときに、まずは「このようなことになってしまい、申し訳ございませんでした」と謝罪することをお勧めします。指導した内容への謝罪ではありません。この事態になってしまったことへのお詫びです。

　もちろんその後に、事実とちがうところや担任としての思いなどを説明します。この順番が重要です。事実に食い違いがある場合は、「私の思いがきちんとA君には伝わっていなかったんですね」のように、子どもを思っての対応だったことをしっかり伝えます。

04 これからのことを話し合う

　大切なことは、「これからどうしていくのか」について話し合うことです。事前に学年団で今後のことについての打ち合わせをしておきましょう。もし、無理難題な要求があれば、同席している教師に断ってもらうか、「検討してみます」と保留します。内容によっては、管理職から断ってもらいましょう。

〈参考文献〉小川真也（2021）『教師になったら読む本』三晃書房

子どもの内面
理解

▶ねらい

　観察や記録を通して、子ども理解に努める。実態把握したことを指導や、必要な支援につなげる。

▶指導のポイント

　対話や記録を通して、一人ひとりの内面理解に努めます。見えている行動の印象や、教師のものの見方や考え方で判断するのでなく、対話を通して、その子の内面につながり、指導やサポートを整えます。対話の方法として、ＮＶＣ（Nonviolent Communication -非暴力コミュニケーション、以下"共感コミュニケーション"として扱う）を例に挙げます。

▶共感コミュニケーション

　子どもたちは、自分の感情や願いを表現する方法や言葉を十分にもち合わせていません。大切にしているもの（ニーズ）が満たされていない気持ちが、かんしゃく、パニック、暴力、離席、飛び出し、破壊行動などとして表出しがちです。一人ひとりにある感情や、その感情が動くのは何を大切にしているか（ニーズ）について知り、言語化することができたらセルフコントロールにつながります（資料①）。自分のニーズがわかると、他者へリクエストが出せるようになります。共感コミュニケーションで用いる子どもニーズカード（資料②）は、感情とニーズに分類されています。子どもたち自身、自分の感情が何なのか、どこからくるのか認知していないことが多いので、カードを使いながら、感情にラベリングを行います。言葉の入ったイラストを選ぶことで、自分の行動の裏側に隠された願いを言語化することができ、自分自身や、他者とつながる手助けになります。創造的で思いやりにあふれたコミュニケーションの手法です。

指導にあたって

01 子どもニーズカード 使い方の手順

① 感情カードを並べる
② そのときの感情について、カードから選んでもらう。「ない」「わからない」と答える場合は、聞き手が推測し、子どもにたずねる
③ 選んだカードを見て、感じることを話してもらう
④ ニーズカードを並べる
⑤ これまでの話から、そのとき必要だったものを選んでもらう。聞き手が推測し、子どもにたずねるのもOK
⑥ 選んだカードを見て、「これが大切なことだったんだね」と、共感を伝える。ニーズを満たすために、いっしょに何ができるかを考える。その中の一つとして、リクエストがあれば、サポートにつながる

02 留意点

・子どもに今ある感情と自身にあるニーズを知り、他者にわかってもらうためのツールとしてとらえる
・情報収集や説論など、トラブルの解決を目的として扱わない
・共感を心がけ、批判、分析、ジャッジや評価、取引の材料としては決して扱わない
　聞き手は評価や、決めつけではなく、自分の感情や大切にしていることに話し手自身も他者も耳を傾けることで、平和的な対話がうまれ、子どもの理解につながります。教師は対話を通して、子どもの感情やニーズをただ共感的に受け止める、それが子どもたちへの勇気づけとなります。子どもたち同士の活動へ移行していくとより効果的です。

◆共感コミュニケーションを用い、子どもをサポートした事例

教科担任制の外国語の学習。いつもリズムを崩すA児。女性教師の指導は入りにくいとの引き継ぎもありました。授業中の様子から外国語が嫌いなんだろうなということは想像がつきましたが、どんなアプローチをしても、イライラをぶつけ取り合ってくれません。糸口を探す一方で、A児の態度が他の子どもたちへ派生し、授業が成立しなくならないかと、とても悩んでいました。

調子が悪い時のA児の表現
・暴言
・寝る
・離席
・飛び出し
・活動に参加しない
・声かけに対して無反応

そこでA児、担任、教科担任の3者で子どもニーズカードを使って話をすることに。

◇外国語の時間、どんな気持ちか教えてくれる?

A児が選んだカードは3枚。気持ちの変化を話してくれました。
①英語でしゃべるから意味がわからない。
②どきどきして、どうしていいのかわからなくなる。
③イライラしてもうどうでもよくなる。→不適切行動へ

◇何か必要なものは?

「イライラする前に助けてほしい」→リクエスト

約束
◇英語指示の後には、日本語で説明を入れるね。
◇A児のところへ、何度も行くようにするね。
◇課題はいっしょにとりかかろう。

A児の表現は、「怒り」でしたが、行動の裏側には、学習への困り感、本当はやりたいけど参加できないもどかしさ、あきらめ、さまざまな感情がありました。A児と交わした約束は、それまでにも講じていたことでしたが、「そうやったんや!」という、教師側の共感が、A児に安心感を与えました。怒りを回避するための合意形成が図れたことも有効でした。その後、自分から教師を呼ぶことだけでなく、友だちに助けを求められるようにもなりました。

◆資料①

特に不快な感情の時、周囲から理解されない表現を選んでしまう。トラブルなど負の連鎖となる。

資料提供:宝本いつみ

◆資料② 子どもニーズカード

《参考資料》NVCジャパン
Facebookグループ 「子どもニーズカードを使ってみよう」
https://www.facebook.com/groups/139249607781121
《参考文献》「NVC 人と人との関係にいのちを吹き込む法」マーシャル・B・ローゼンバーグ
安納献監訳 小川敏子訳(2018)日本経済新聞出版社 宗實直樹 (2022)『1人1台端末で支える!学級づくり365日のICT活用術』明治図書出版

話す聴く指導

▶ねらい

1年間を見通した話すこと・聴くことに関する指導を行い、「人間関係の安定化」「協働的な学び」「特別活動の充実」につなげる。

▶指導のポイント

話すこと聴くことの指導は、技術的な側面（どうやって）と内容的な側面（何を）の2つがあります。これらのことは子どもの実態に合わせて、段階的に指導していく必要があります。

コミュニケーションの基礎といえる「話す聴く力」の高まりは子どもの生活や学びを豊かにします。

あらゆる場面を使って指導するとともに、一つひとつの行為の意味を説いていく必要があります。

特別活動の充実

活動にあたっての留意点

01 話す力を育てる3つのベクトル

① 慣れ

心理的な不安や緊張をほぐすには「慣れ」が必要です。緊張感をもって全体の場で話す機会と、ペアやグループといった少人数での話し合いを頻繁に行うことで量的な時間を確保することが重要です。

② 話す技術（どうやって）

相手に伝わる話し方にするためには「技術」が必要です。たとえば、声の大きさや目線、抑揚、話し出しや投げかけなどを指導します。

③ 話す内容（何を）

日々の生活の中から話題を見出す力やはじめ・中・終わりなど、話の構成を考える力が必要です。

02 聴く力を育てる3つのベクトル

① 正確なインプット

聴くという活動は主体的な行為であり、「聴こう」としなければ、情報を正確に受け取ることはできません。よって、話し手に正対する、謙虚に受け止めるといった聞く構えを育てることが第一義だといえます。

② 聴く技術（どうやって）

自分と比較して聴くと反応が生まれます。

③ 生み出す技術（何を）

自分の中にある情報と組み合わせ、新たな情報を生み出す力も大切です。比較、関係づけ、位置づけ、解釈など、どのような意識を働かせるとよいかを教えます。

人間関係の安定

伝える力・受け取る力を伸ばす

| 1学期 | 2学期 | 3学期 |

1年間通して力を伸ばす場

協働的な学び

1学期

【伝える力】
・人前で話すことに慣れる。
・構成を考えて話す。

【受け取る力】
・反応しながら聴く。
・興味のあることに質問する。

2学期

【伝える力】
・ICTやモノを準備するなどの工夫。
・興味を引くような話のネタを準備する。

【受け取る力】
・友だちの意見を広げたり深めたりするために質問する。

3学期

【伝える力】
・聞きたくなるような話し方ができる。（ユーモア、投げかけ、仮定、描写など）

【受け取る力】
・事実と意見を分けて聞き取り、自分の考えや主張を伝える。

---

03 スピーチ活動を定例化し、1年間を見通して育てる

話す力や聴く力は、一朝一夕で身につくものではありません。1年間を見通した段階的な指導が必要です（上図参照）。

たとえば、朝の会の中にスピーチ活動を組み込み、ルーティン化すると、無理なく子どもの力を伸ばすことができます。

また、子ども同士の相互理解にもスピーチ活動は有用です。人は、自分との接点を相手に見つけたとき、好意をもつといわれています。

子ども同士をつなぎ、支持的な学級風土をつくるツールとしても、スピーチ活動は機能するといえます。

04 学校生活を豊かにする「話す聴く」

子どもたちの間で起こるケンカやトラブルといった問題行動の多くがコミュニケーション不足に起因します。

自分の思いや考えを上手に伝えることができないから、暴言や暴力に頼るのです。

相手の立場で聴くことや、正確に聴き取ることができないので、思いのずれや誤解が生じるのです。

また、高学年になると、委員会やクラブといった異学年で話し合う機会も増えます。個々の「話す聴く」だけでなく、友だちの話をつなげたり、まとめたりといった合意形成をする力も必要です。

そして、協働的な学びを支えるのも「話す聴く」です。自分の学びを確かめたり、広げたり、深めたりするためには、外部と情報をやり取りする必要があります。

対話指導

▶ねらい

「みんないっしょ」を好む5年生だからこそ、対話を通して友だちと意見が異なることは当たり前であることを理解させるとともに、友だちと学び合うことのよさも実感させる。

▶指導のポイント

教師伝達型の授業に慣れている子どもたちは、対話を促しても話せません。当初は、どちらが話し出すかで困惑したり、答えだけを伝えて黙ってしまったりします。

ポイントは、子どもたちのよい姿をほめて広めることです。「笑顔で聞いていて、話をしている人もうれしいだろうね」「どうぞの合図で、1秒以内で話し出したね」など、対話で大事な要素を繰り返し全体に広めます。子どもたち自身の姿から学ばせていくのです。

算数科で解き方を説明している場面です。この姿から、以下のような対話（学び合い）のポイントを学級に広めることができます。

・自分のノートを使って説明をしている
・ペンで指し示すことで相手がわかりやすいようにしている
・相手の机に身を乗り出して聞いている
・二人の視点が同じ向きにそろっている

指導の留意点

01　小さな対話をコツコツと

いきなり授業の中で対話を促してもうまくいきません。なぜなら、「授業」＝「正解しないといけない」と認識している子どもが多いからです。まずはその認識を崩します。

そこで、たとえば、朝の時間に「対話タイム」を設けます。「理想の朝ごはんは？」「犬派？　猫派？」など、決して正解のないテーマで、「対話すること」に慣れさせます。

02　聴き手を育てることが大切

対話理論で有名なロシアの哲学者バフチンは、「ことばとは、私と他者との間に渡された架け橋である」と述べています。「橋」になるための条件は、聴き手も能動的であること。対話指導では、よい聴き手を育てるのです。

《参考文献》桑野隆『生きることとしてのダイアローグ　バフチン対話思想のエッセンス』（2021, 岩波書店）

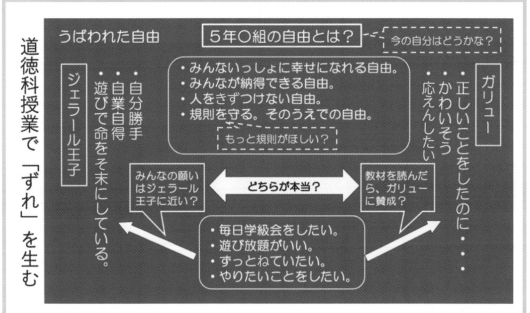

道徳科授業で「ずれ」を生む

5年〇組の自由とは?

今の自分はどうかな?

うばわれた自由

ジェラール王子

・自分勝手
・自業自得
・遊びで命をそ末にしている。

・みんないっしょに幸せになれる自由。
・みんなが納得できる自由。
・人をきずつけない自由。
・規則を守る。そのうえでの自由。

もっと規則がほしい?

ガリュー

正しいことをしたのに・・・
かわいそう
応えんしたい

みんなの願いはジェラール王子に近い?

どちらが本当?

教材を読んだら、ガリューに賛成?

・毎日学級会をしたい。
・遊び放題がいい。
・ずっとねていたい。
・やりたいことをしたい。

導入で「学校生活で『自由にどうぞ』と言われたらどうする?」と発問した時の意見と、教材を読んだ後の「決まりを守らないのはおかしい」などの感想に『ずれ』が生じさせ、「考えたい!」「伝えたい!」という意欲を引き出します。《教材》小学道徳　生きる力5「うばわれた自由」(日本文教出版)

03 対話的な道徳科授業を目指す

道徳科授業では決められたゴールを目指すのではなく、対話を通して自らの経験を見つめさせます。

授業で対話を生むには、「あれ？　おかしい」「どっちだろう？」など既習事項とのちがいを考えさせたり、「知っているつもり」に気づかせたりできる発問を用意したりします。

「えっ?」とざわざわしたらチャンスです。その瞬間こそペアトークの絶好の機会です。「今、思っていることをお隣に伝えてごらん」と声をかけると、勢いよく話し出します。「伝えたい!」という思いが一気に解放されるからです。そして、ペアトークから全体での対話につなげていきます。

04 生活指導の中での対話

友だち関係のトラブルには、必ずその背景があります。問題事案の原因を探るだけではなく、「どうなりたいか」「どうしたかったのか」という願いを、子どもとの対話で引き出します。その際、教師が大事にするのは「子どもへの敬意」です。「あなたのことを教えてほしい」という態度で、目の前の子と対話をします。

その子にとって、安心できる関係性の中で語られる願いや葛藤は、心からの訴えです。だからこそ、教師が聴き手となり、子ども自身に存分に語らせることが大切になります。

《参考文献》井庭崇・長井雅史『対話のことば　オープンダイアローグに学ぶ問題解消のための対話の心得』(2018、丸善出版)

ノート指導

② 日付、Noを書く

⑤ 友だちの発言は名前を書く

④ 自分考えや思いは吹き出しで表す

③ まとめやふりかえりは赤で囲む

③ 課題や問題は青で囲む

① 見開きでデザインする

▶ねらい

　子どもたちがノートの機能を理解し、創意工夫することで、自分自身のよりよい学びにつなげることができる。

▶指導のポイント

1　記録のためのツール

2　思考を深めるためのツール

3　学びをふりかえるためのツール

4　書く力を伸ばすためのツール

5　思いや願いをつづるためのツール

6　友だちと交流するためのツール

など、何のためのノートなのかを理解し、子ども自身が
ノートをデザインすることがポイントになります。

指導のポイント

01 子どもにとってのノート

　ノートの機能として、上記の6点のような機能が考えられます。

　記録をするためのノート機能は確かに大切です。しかし、「ノートは思考の作戦基地だ」という有田和正（1996）の有名な言葉のように、思考を深めたり書く力を伸ばしたりといった視点を意識したノートづくりが必要です。

　また、ノートを使って友だちと交流するという機能も考えられます。ノートを媒体として子ども同士がつながる視点ももっておくことが大切です。

02 教師にとってのノート

　教師サイドから見た子どものノートとして、以下の3点の機能が考えられます。

① 学習状況把握のためのツール

② 評価するためのツール

③ 子ども同士をつなげるためのツール

　子どものノートをチェックすることで、子ども一人ひとりの学習状況を把握することができます。子どもの「つまずき」も発見することができます。多くの子が「つまずき」を感じているとき、それは間違いなく授業のどこかに問題があったことが考えられます。つまり、子どもたちのノートは教師の授業内容や授業方法のバロメータとなります。

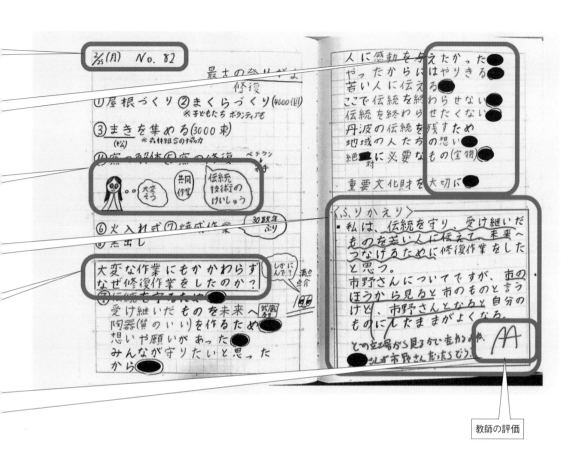

教師の評価

03 ノートづくりのルール

　4月の授業開きのときに以下のことを「ノートづくりのルール」として伝えます。
① 見開き2Pが基本
② 「日付」「No」を書く
③ 課題や問題は青囲み　まとめやふりかえりは赤囲み
④ 自分の考えや思いは吹き出しで表す
⑤ 友だちの発言は名前を書く
　これらのルールや約束があることで基本的なノートのとり方がわかり、安心感をもって授業に取り組めるようになります。そして、ノートの内容を折にふれて教師が評価するようにします。授業中や授業後など、評価のタイミングはその時に応じて変えます。

04 自分で工夫した ノートづくりを

　その他、「最初のページは空けておき、使い終わったところで、目次を書く」「最後の5ページ程度は、『資料ページ』とする」「自分がしらべたことはノートにどんどん書くようにする」など、子どもの工夫を尊重し、その子にとってよりよいノートづくりができるように促します。
　最終的には、「自分だけの」オリジナルノートをつくれるようにします。

　ノートには教師の授業観や学習観、子ども観が大きくあらわれます。教師が何を大切にしているのかによって、子どものノートが大きく変わります。

〈参考文献〉有田和正（1996）『新・ノート指導の技術』宗實直樹（2021）『社会科の「つまずき」指導術』ともに
　　明治図書出版

家庭科の授業づくり

▶ 家庭科の目標

　生活の営みに係る見方・考え方を働かせ、衣食住などに関する実践的・体験的な活動を通して、生活をよりよくしようと工夫する資質・能力を育成することを目指します。

　家庭科は、調理や製作など技能の習得だけをねらうものではありません。梅雨の季節の快適な過ごし方、家族が喜ぶ手作りの物、健康を考えた献立など、自分の生活を見つめて課題を発見することから始まります。

　家族の一員として、生活をよりよくするために実践的・体験的活動を通して考えて、工夫を見つけていきます。よりよいと判断する観点を図1に示します。

よりよい生活の具現化

家庭・地域での実践	客観的・論理的思考に基づいて判断　意思決定　自分のあり方・生き方を確立していく	生活化への意欲付け
評価・改善	科学的根拠による価値付け、知識の体系化・構造化された見方・考え方・仕方への変容「科学的概念」	まとめる
課題解決に向けた活動	よりよいと判断する観点　機能性　安全性　簡便性　審美性　実用性　効率性　耐久性　経済性　嗜好性　娯楽性　など　工夫③　工夫②　工夫①　家庭科の見方・考え方　協力・協働　健康・快適・安全　生活文化の継承・創造　持続可能な社会の構築	追究する　見通す
解決方法の検討と計画		つかむ
生活の課題発見	日常生活の中で行ってきた見方・考え方・仕方「生活的概念」現象的。外面的特質のみ把握	見つめる

図1「家庭科の基本的な学習過程」▶

基本的な学習過程と指導のポイント

01 生活をみつめ、課題をみつける

どうしてうまくいかなかったのかな？

　単に「手順を把握→実習→技能を活用」という流れではなく、生活経験や事前調査、試行活動などを通して、何だろう？　なぜ？　どのような〜？　どうすればいいか？」という問いから、よりよくしたい、できるようになりたいという思いや願いをもつことが大事です。

02 課題解決に向けて探る、考える

　観察、調査、実験などの実践的・体験的な活動を通して、健康・快適・安全の視点で、科学的な根拠を基に工夫を考えていきます。たとえば、ゆでる前後の野菜の変化を比べ、ゆでるよさなどの調理法の特性に気づきます。安全面・衛生面もしっかり指導します。

野菜をゆでるとどう変わる？

ほうれん草	キャベツ	ニンジン	じゃがいも
柔らかくなる	柔らかくなる	柔らかくなる	柔らかくなる
あくが出る	小さくなる	小さくなる	色が変わる
色が鮮やかに	色が変わる 緑が鮮やかになる	色が鮮やかに	甘くなる おいしくなる
かさが減る	甘くなる うまい 消化にいい？ 体積が減る	色が濃くなる	消化しやすくなる ほくほくする
味がしみこみやすくなる	食べやすくなる	ゆでると"より"甘くなる	皮が剥きやすくなる
食べやすくなる	栄養素が減る	食べたときの音が小さくなる	味がしみ込みやすくなる
甘くなる	臭いが気にならない		やりすぎるととける デンプンで粘り
ゆでて初めてにおいがする			

●葉菜は沸騰後
　短時間で
●根菜は水から
　時間がかかる
↓
**食材によって
適したゆで方**

やわらかくなる
かさが減る　色あざやか
甘くなる　におい
アクが出る　殺菌
ゆでるよさ

ゆでる前　温度　道具
加熱時間　水の量　火加減
加える物　混ぜる　ゆでた後
切り方　ゆでる順番　？
ゆで方の工夫

> 各自でゆでた
> 野菜について
> 気付いたこと
> をスライドに
> 書き込んだ表

ゆでる前後の野菜の変化から、「ゆでる」調理法のよさを見つけていきます。
ゆでる時に工夫したことを出し合ってまとめると、家でも何か作ってみようという意欲につながります。

---

03 対話を通して、協働的に学ぶ

　個別に選んで調べた野菜について、共通点や相違点の比較・検討により、学びが深まります。各自のゆで方の工夫を動画で共有したり、Googleスライドなどで表に整理したりと、ICT活用により、対話が促進されます。協力・協働して学ぶ学級へと育っていきます。

04 家庭や地域での生活に生かす

▲【地元の芋をゆでて作った茶巾しぼり】

　見つけた「ゆでるよさ」や「ゆで方の工夫」を生かして、家庭での実践につなげます。家庭での実践を共有する際は、家庭環境等への配慮が必要です。また、地域人材を活用して、ゆでて作る郷土料理を紹介すると、生活文化の大切さや地産地消、旬などに気づきます。

外国語科の授業づくり

▶外国語科の目標

○外国語によるコミュニケーションにおける見方・考え方を働かせ、

○外国語による聞くこと、読むこと、話すこと、書くことの言語活動を通して、

○コミュニケーションを図る基礎となる資質・能力を育成することを目指します。

外国語活動　年間35単位時間　記述で評価
・コミュニケーションの素地となる資質・能力
・聞くこと、話すこと　音声中心の学習
・外国語に慣れ親しむ外国語学習への動機付け

外国語科　年間70単位時間 教科書 3段階評定
・コミュニケーションの基礎となる資質・能力
・内容の5領域　聞くこと、読むこと、話すこと［やり取り］、話すこと［発表］、書くこと
・〜できるようにする、言語材料導入

▶英語による言語活動を通した指導

　外国語科における言語活動は「実際に英語を使用して互いの考えや気持ちを伝え合う」活動です。言語材料について理解したり、練習したりすることと区別されます。発音練習や歌、機械的に文字を書くなどは、言語活動ではなく練習です。

　コミュニケーションを行う目的や場面、状況などに応じて、得られた情報を整理しながら、自分の考えや気持ちを伝え合う活動が必要です。どのような内容を伝えればいいかを子どもが思考する活動、慣れ親しんだ語彙や基本的な表現を活用する活動を設定します。

　子どもが「英語を使って、人とやり取りするって楽しい」と思えるような、間違えてもいい雰囲気や受容と共感のやり取りから生まれる、自己開示できる心理的安全性の高い学習集団づくりが大切です。

指導のポイント

01 Small Talk を取り入れる

　Small Talkは「既習表現を繰り返し使用できるように定着」「対話を続けるための基本的な表現の定着」が目的です。まず教師がやってみせ→徐々に子どもを対話に巻き込み→子ども同士で行う→言えなかったことを出し合うという流れで、学習意欲を高めていきます。

02 読むこと、書くことを段階的に進める

　英語に初めてふれる段階であることを踏まえ、アルファベット順に文字を暗記させたり、発音と綴りを機械的に練習させたり、英文を板書して文字による指導をしたりしないようにします。
① 4年生の聞くことの活動を生かして、歌やチャンツで文字の読み方に親しんだり、発音された文字を見つけたりして慣れるようにします。
② 大文字と小文字が同じ、直線のみの線対称など、形に着目して仲間分けして写します。
③ おすすめの名物や場所を紹介するなど、文字を使いたくなるような活動を設定します。
④ This is ◯◯ に絵カード（単語付）をおきます。
⑤ 絵カードの単語や文を書き写します。

【やり取りの必然性をつくるインフォメーションギャップの活動例】

担任（T）とALT（A）の会話

T：I want to go to Kagoshima.

A：Why do you want to go to Kagoshima?

T：Kagoshima is famous for Shirokuma.
　　I want to eat a Shirokuma.

A：What?　You can't eat polar bears. 白熊

T：Shirokuma is shaved ice.かき氷

インフォメーションギャップとは、自分と相手との間に情報の差があること。双方の差を埋めるために、情報交換の必然性が生まれます。必ず英語でやりとりし、目的意識をもって定型表現や語彙を繰り返して使います。

そして、2枚の少し異なる写真を提示します。

スイカとメロンがないことに気づいたら、

T：I don't like watermeron and melon.

A：What fruit do you like?
　　What do you want to eat?

代わりに5種類の果物の中から1つトッピングできることを想定します。5種類の果物の中から好きな果物をお互いに定型表現を使って聞き取る活動で、グループごとに人気№1の果物を決めます。

What fruit do you like? What do you want to eat?

Group 3	🍎	🍌	🍊	🍇	🍓
Sayuri	○	×	○	×	○
Shinya	×	○	×	○	×
Mayu	×	×	○	○	○
Kentaro	○	×	×	×	○

03 コミュニケーションを豊かにするためにICTを活用する

・音読を録音し、自己評価・相互評価する
・憧れの人や身近な人を動画で紹介する
・好きな物の画像を家で撮ってきて紹介する
・英語の説明を聞き取りながら想像したことを描く
・Kahoot!で4択のクイズ大会　　　など

04 多様な他者と英語を使ってやり取りする

Web会議システムや、Padletなどのオンラインツールを使って、同期・非同期で、他校や外国と接続します。他国の文化について意外性や共通性を発見したり、英語でやり取りする楽しさを味わったりする体験ができます。

参考文献

○小学校学習指導要領解説　外国語活動・外国語編（平成29年告示）文部科学省

○小学校外国語活動・外国語　研修ガイドブック文部科学省 2017

○「指導と評価の一体化」のための学習評価に関する参考資料　国立教育施策研究所2020

○文部科学省YouTube　mextchannel
「Can-Do形式の学習到達目標作成」　など

席替え

▶**ねらい**

子どもたちが楽しみにしている席替えを、様々な方法で行うことで、よりよい学級づくりに生かすことができる。

▶**指導のポイント**

席替えは主に、「先生が決めるか決めないか」のどちらかになります。低学年の間は、人間関係や授業での態度などを重視し先生が席を決めることが多いですが、高学年になると「決められるのは嫌だ」と主張することもあります。子どもの主張をそのまま鵜呑みにするわけにもいきませんので、子どもの希望と教師の意図をバランスよく席替えに活かして、学級経営を進めていきましょう。

~席替えのアイデアとポイント~

○エリア決めくじ引き
・座る席ではなく、班や列をくじで決めてあとは話し合いなどで決める

○プチ席替えで気分転換
・月に一度の席替えだが、２週間後に班の中での席替えをオッケーにする

○お見合い式でドッキドキ
・まず女子が席を決めている間、男子は廊下で待つ。その後、女子が出て男子が決める。最後は、一斉に自分の席に座りご対面

○男女は混合が望ましい
・同性同士で固まることがないようにする。「多様な意見や考え方を知るため」といった理由で男女バランスのよい並びや配置にする

○子どもにやり方を聞いてみる
・「席替えのいい方法はないかな？」と聞いてみるのもよい

指導にあたっての留意点

01 決定権を、何割か子どもに

決定権がある！

よくあるくじ引き方式も、工夫次第です。たとえば、班の番号をくじで引き、その班の中でどこに座るかは班で話し合って決める。もちろんくじは引かずに、班だけ教師が指定してもいいです。高学年ですから、「自分たちにも決定権がある」ということを示すのは大切です。

02 例外をつくって、自己肯定感アップ

おそらく、視力などの都合でクラス前方の席を希望する子はそれを認められることが多いです。このような例外を、「勉強に集中したいから前に座りたい」「たくさん発表したいから、発表が多い○○さんの隣に座りたい」というところまで広げてみましょう。

子どもたちは例外というものに、意外と反応します。そして、上にある例外は「自分の弱さをなんとかしたい！」という前向きな気持ちの表れでもあります。それらを、クラスの中で「いいと思う！　僕のとなりにおいでよ！」とお互いに言えるような、温かい雰囲気に学級を育てましょう。

> **Point** 席替えで離れるときに、「ありがとう」と言いながら
> ハッピーカードを支援します。

ハッピーカード

☆席替えって、何のためにするの？☆

① 授業において、自分とちがういろいろな意見や考えに触れるため

② 今まで知っている友だちの、新しい一面を見て絆を深めるため

③ 自分が何かに取り組もうとするときに、環境を変えてやる気を出すため

席替えの意義をきちんと考えさせることが、「席替え後の納得」につながります。

03 班長選挙で 自治的レベルアップ

まず、班長を決めます。次に、「〇〇さんは～だから私の班」というように、班長と教師で班を構成します。もちろん、「いつも笑顔でいる〇〇さんを入れたい」というのもいいです。クラスの自治的なレベルが一段とアップすること間違いなしです。

04 席の配置や先生の場所も 変更

全員が前向きな席の配置から、教科や活動によって配置を変えてみましょう。コの字型やハの字型は、学活などの話し合い活動に適しています。

また、先生の机も教室の前後左右に移動することで、子どもたちの様子をちがう視点から見ることができます。

同様に、学級文庫の位置を変えたり、給食の配膳台の位置を変えたりと、模様替えをするのも学級の心機一転を図るには効果的です。

席替えは、座る場所を変えるだけでなく、子どもたちの気分や人間関係、学級全体の雰囲気も変えるという意識をもちましょう。

クラスをよくする係をつくろう

学級活動（1）イ

【意欲を継続させる一工夫】

① 活動をがんばっている係の掲示板にシールを貼る

② 活動報告会を定期的に行う

③ 子どもの活動を担保するための、時間と物を準備する。たとえば、授業が早く終わったときの隙間時間や係活動コーナーを設置するなど

▶ ねらい

子どもの願いやアイデアを大切にした係活動を行うことで、学級文化を豊かにし、有用感や充実感が味わえるようにする。

▶ 指導のポイント

係活動は学級活動（1）イ「学級内の組織づくりや役割の自覚」に位置づけられます。学級での生活が豊かになるようなアイデアを出し合い、役割を分担して行います。

係と当番のちがいを子どもに知らせ、子どもの創意工夫が導かれるような活動にしていきましょう。

活動にあたっての留意点

01 子どもの実態を見極めよう

年度当初の活動なので、子どもの実態の見極めが重要です。教師が計画委員会の仕事をすべて担い、「ロールモデルを示す1時間」にしてもよいでしょう。

本時を迎える前に、休み時間や隙間時間などの課外の時間を使って、「去年、係活動ってしてた？」「どんな係があった？」「係と当番のちがいってわかる？」などの実態調査をしておきます。特別活動の経験が浅い子どもたちであれば、以下のことを教えます。

① 当番は責任感、係活動は創意工夫が大事
②「みんなが楽しい」を生み出そう
③「友だちと一緒」に活動しよう

02 ロールモデルを示そう

第1回目の学級会なので、教師がファシリテートし、ロールモデルを示します。

司会進行する際に使用するシナリオシートなどがあれば、その話型に沿った話し方で進めていきます。

「今から、第1回、学級会を始めます。はじめの言葉を（教師）さんに言ってもらいます。（教師）さん、お願いします」

「はい。今日は、○○○をめあてに話し合いましょう」

「今日の議題は、『クラスが楽しくなる係活動をつくろう』です。提案理由を（教師）さんに言ってもらいます」

教師が一人で何役もこなしながら、学級会のイメージを共有していきましょう。

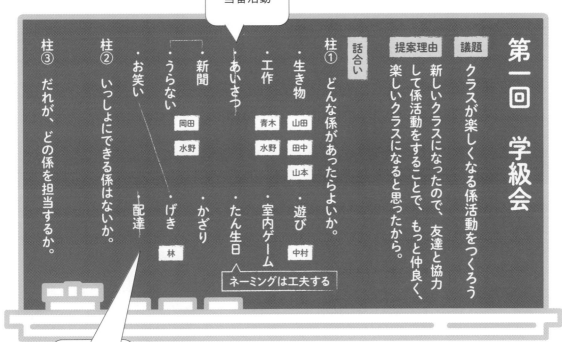

当番活動

当番活動

第一回　学級会

議題 クラスが楽しくなる係活動をつくろう

提案理由 新しいクラスになったので、友達と協力して係活動をすることで、もっと仲良く、楽しいクラスになると思ったから。

話合い

柱①　どんな係があったらよいか。

・生き物　山田・田中・山本
　　　　　青木・水野

・工作　岡田・水野

・あいさつ

・新聞
・うらない
・お笑い　げき　林
　　　　　配達

・遊び　中村

・室内ゲーム

・たん生日

・かざり

ネーミングは工夫する

柱②　いっしょにできる係はないか。

柱③　だれが、どの係を担当するか。

03　話し合いのポイント

　話し合いのステップの基本形は「出し合う」⇒「比べる」⇒「きめる」です。話し合いの柱もこの話し合いのステップを意識してつくるとよいでしょう。

> 柱1：どんな係があったらよいか。
> 柱2：一緒にできる係はないか。
> 柱3：だれが、どの係を担当するか。

　柱1では、分類したり結び付けたりして、板書で可視化するといいでしょう。

　柱2では、「どれか1つに所属すること」「2人以上が必要なこと」を伝え、人数によって係の数を調整します。

　柱3では、ネームマグネットを利用すると便利です。

04　意欲を継続させる一工夫

　「誰がどの係に所属するか」が決まったら、すぐに係のポスターづくりに取りかかります。

　八つ切りの色画用紙を用意し、左半分に「係名」「メンバー」「仕事内容」「お知らせ」を書かせます。右側は開けておきます。B5サイズの紙にお知らせや活動内容、報告などを書かせ、カレンダー貼りさせていきます。これにより、子どもの取り組みが蓄積され、教師からの評価や声かけがしやすくなります。

　活動が安定してきたら、コラボ企画やPCを使った活動を紹介します。

　活動が停滞してきたら、クラスで話し合ったり、キャンペーン期間を設けたりします。

個人目標を
たてよう
学級活動（3）ア

▶ **ねらい**

キャリア・パスポートを使って、「なりたい自分」の姿を具体的にイメージしたり、友だちの願いを知ったりすることで、自己実現に向けた意欲や仲間と高め合う態度を育てる。

▶ **指導のポイント**

キャリア・パスポートは、平成29年告示の学習指導要領の中で「児童が活動を記録し蓄積する教材」という位置づけで登場しました。

「ワークシートの空欄を埋める」という感覚で、子どもに書き込ませてしまっては、何の力もつきません。

「なりたい自分」になるための自己指導力（見通しとふりかえり）を育て、その成長の記録となるよう活用していきます。

はじめは□にしておきます。「どんな5年生になりたいか」というイメージを共有してから、書き足したり、提示したりします。

すてきな 5年生になろう

つかむ 「行事」や「すること」

- ・委員会活動　・クラブ活動
- ・代表委員会　・ペア活動
- ・自然学校　　・運動会
- ・家庭科　　　・音楽会
- ・卒業式　　　・6年生を送る会

〈気づいたこと〉

- ・学校全体のお仕事が増える。
- ・低学年や中学年の子とのかかわり。
- ・自分で考えて行動する機会。
- ・行事の準備や片付けがある。
- ・新しい教科

活動にあたっての留意点

01 1年間の活動の見通しをもたせ、5年生のイメージをつかむ

5年生に進級したばかりの子どもたち。
「5年生では、どのようなことをするのか」といった活動のイメージを具体的にもたせるところからはじめます。

子どもに問いかけて、知っていることを出させたり、1年間の行事予定を示したりして、目につきやすい活動を出し合います。

そして、5年生の活動を俯瞰して、気づきや感想を出す中で、「学校全体に関わる」「年上としての立場」「新たな取り組み」といった目に見えにくい5年生としての立場の視点をもたせ、次につなぎます。

02 どのようなことが求められるかをさぐる

高学年には、「自分や周りの人の学校生活への希望や願いをもとに、話合いを通して目標をたてる」ことが求められています（参考文献参照）。よって、ここでは校長先生や昨年度の5年生の担任に登場してもらい、周りの人の期待にも意識を向けさせましょう。

すてきな5年生になるために、がんばることをきめよう。

さぐる　どんなことが必要？

- 困ったときは助け合う。
- 目標にむかって計画的に取り組む。
- さぼらず、まじめにがんばる。
- 年下の子にもやさしくする。
- 自分だけでなく、みんなのことも考える。

みつける　自分のため　みんなのため

- 自分から進んで発表したい。
- 困っている人を見かけたら、　寄りそいたい。
- 新聞やポスターなどをかくときはきれいに
  かけるようにしたい。
- 人前で大きな声で堂々と
  スピーチできるようになりたい

> 意思決定した個人目標を明示することで、目標をもつことができない子への視覚支援とします。個別に寄り添って、問答することがあっていいでしょう。

校長先生からのメッセージ

> 進級、おめでとうございます。
> 5年生は、低学年を引っ張る立場と6年生を支える立場の2つが必要です。
>
> 学校全体のことや、初めてする仕事も出てくると思います。
>
> 高学年として頑張ってくれる姿を期待していますよ。

きめる

> 出た意見を参考に、具体的な行動目標を書きましょう。いつ、どこで、何をするのか。

> 「どんなことを話してほしいか」といった打ち合わせをしてから、メッセージをもらいましょう。

03　目指したい5年生の姿をみつける

「5年生の活動の見通し」「周りの人の期待」に気づいたところで、「どんな5年生になりたいか」という1年後の姿を思い浮かべさせます。

ここでは「素敵な5年生」「頼りにされる5年生」といった漠然とした言葉ばかりが出るでしょう。

問答により漠然としたイメージを共有した上で、「素敵な5年生になるために必要なことはなんだろう」と問いかけ、具体的な行動目標を出し合います。

とっぴな意見が出た場合は「実現可能か？」といった反問で切り返すことで、吟味したり練り上げたりしていきます。

04　自分にできそうな個人目標をきめる

03で話し合った「集団として必要なこと」を、「自分」という一人称で考えるのが04の活動です。

「あなたは、何をがんばりますか？」といった問いで個人目標を意思決定できるよう誘います。

その際、「人によって得意なことや苦手なことはちがうよね。だから、自分に合った目標にしよう」と伝え、個性を見つめさせた上で、個人目標を意思決定させるとよいでしょう。

できあがった目標はキャリア・パスポートに記入して、掲示し、ふりかえったり、共有したりできるようにします。

参考文献：小学校学習指導要領（平成29年告示）解説　特別活動編

子ども同士がつながり、
安心感を高める5月

5 月

▶【1】5月で目指す子どもの姿

　ゴールデンウィークによる連休明けには、これまでに「できていたこと」が「できなくなっていること」が多くみられます。そこで5月は、教師の積極的な指導・支援によって4月に学んだことの意味や価値を再認識し、自ら学級ルールを守ろうとする姿勢を育てることを大切にします。さらに、子ども同士がつながり、「このクラスでは安心して生活することができるのだ」という安心感をさらに高めるための取り組みを行っていくとよいでしょう。

▶【2】5月の学級経営を充実させるために

4月に設定した学級のルールを再確認する

　ルールが守れなかった行動を目にしたとき、「4月に約束したでしょ？　ちゃんとルールを守りなさい！」など、注意するのでは逆効果です。大切なのは、「なぜそのようなルールが必要か？」を今一度クラスで話し合うことにより自己決定を行い、「守らなければならないな」と子どもが自覚しようとする時間を設けることです。

　たとえば、「朝の挨拶はなぜ大きな声で元気よくするのか？」「当番活動を行うのは何のためか？」など、これまで設定したルールや教師が指導したことを話し合うとよいです。話し合うことによって、「一つひとつのルールは、安心してみんなが生活できるために大切なのだ」ということに改めて気づき、意味や価値を理解することによって、自らルールをしっかり守ろうとするきっかけにすることができるようにします。

話し合いを通じて、子ども同士をつなげる

　4月は教師と子ども一人ひとりの安心感をつなぐための1ヶ月だとしたら、5月は子ども同士をつなげるために、話し合いに力を入れましょう。

　授業の中だけでなく、朝の会などでペアやグループで話し合う機会をたくさんつくりましょう。最初はうまく話ができないかもしれませんが、回数を重ねていくごとに少しずつ深まるような話し合いができるようになってきます。テーマは「今日の朝ごはんの内容と感想」「休みの日の過ごし方」「今、はまっていること」など、気軽に話し合える内容にするとよいでしょう。

　そして、クラス全体での話し合いにおける、教師の指導も重要です。子ども同士をつなげるための指導言をいくつももっているとよいでしょう。

▶【3】5月の実践事例「話し合いにおいて、子ども同士のつながりを生む教師の指導言」

■ねらい

　教師の積極的な指導・支援によって、子ども同士が聴き合えるようになり、安心して話し合いを行うことができるようにする。

■実践例（指導言）

① 話し合いの第一歩。「聞く」をレベルアップさせる「聴く」の指導言

　話を聞くときには、「聴く」ということを大切にしましょう。「聴く」という漢字は、「耳＋目・心」と書きます。耳で聞くだけでなく、目や心も使って話を聞くことが大切だということです。

　話し合いで発表するときに「思っていたことをうまく伝えられないな」「不安だな」と思うことはありませんか？　話し合いでは、話す人より、聴く人の方が大切です。言葉だけでなくその人の表情や身振り・手振りなどを見て感じ、「この人は何を伝えたいのかな？」と心をつなげながら話を聴きましょう。だから、発表する人も上手に発表しようと思わなくても、自分が思ったことを語ってくれていいですよ。みんなで「聴き」ますから。

・ポイント

　しっかり聴いている子どもがいたら、全体の場でどんどんほめましょう。また、折に触れて、「聴く」ということを確認できるように、教室に掲示しておきましょう。

② 授業の話し合いにおける、教師の指導言（一例）

　子ども同士がかかわり合いながら話し合いができるように、タイミングのよい教師の出所が重要です。このような指導言を繰り返し教師が使うことによって、自然と子どもたちがかかわり合いながら話をすることができるようになってきます。自分の発表に繋げて、クラスの友達が話をしてくれることによって、自己有用感が高まり、温かい学級運営につながります。

〈段階１〉受容・共感など、誰の意見でも尊重されるような雰囲気をつくり出す教師の指導言

・「なるほど。太郎さんの言いたいこと、とってもよくわかったよ」

・「へえ〜そんな風に次郎さんは考えたのですね」

〈段階２〉子ども同士の積極的なかかわりを生み出す教師の指導言

・「太郎さんの発表について考えや感想を言える人？」

・「次郎さんの考えにつなげたり、自分の考えを付け加えたりできる人？」

・「花子さんの発言について、自分の考えや意見をペアで話し合ってみましょう」

・ポイント

　教師によって指導言はちがいます。先輩の授業を見に行き、授業の中で使っている発問や問い返しの言葉のメモを取り、自分の授業でも使ってみるといいでしょう。

〈参考文献〉生徒指導提要（文部科学省、令和４年）

4月　**5月**　6月　7月　8月　9月　10月　11月　12月　1月　2月　3月

学級目標

〔学級活動（3）ア〕

▶ねらい

集団づくりでの「目標」の大切さを理解させるとともに、みんなの思いの込められた学級目標を立てて達成に向けて日々意識させることで、よりよい学級づくりにつなげさせる。

▶指導のポイント

教師が一方的に決めた目標は、子どもたちの心には響きません。自分たちで目標を決めるという過程に価値があり、自らの思いや願いが込められた目標だからこそ「達成しよう！」という意欲が育ちます。

日々の教師の語りの中にも学級目標を登場させます。教師が率先して意識している姿を子どもたちは見ています。逆にいうと、掲示しただけで終わってしまうと、「目標って意味がない」という暗黙の指導になってしまいます。

学級目標のつくり方・活かし方

（1）学級に対する思いや願いを出し合う（事前に全員に考えさせておく）。

（2）特に大切にしたい言葉と、その理由を伝え合う（この話し合いの過程が大切）。

① 出し合う
（学級に〜）

② 伝え合う
（特に〜）

指導の留意点

01 学級目標は必要ですか

上越教育大学大学院の赤坂真二（2015）は、学級づくりの目的を「子ども集団を課題解決集団に育てること」としています。そのうえで、学級目標の役割を「課題解決集団の育成というゴールにたどり着くための、子どもたちと共有する道標」であると述べています。

学級目標を4月に決める学校も多いですが、5月に入ってから決めるよさもあります。学級のゴールを想像しやすくなります。4月の日々の中で学級の課題に気づくことができるので、子どもたちにとってより必要感のある学級目標をつくることができます。

02 子どもの言葉で目標をつくる

学級会の日までに、どんな目標にしたいかを全員に考えさせます（作文として書かせることもできます）。このことは、学級目標には全員の思いや願いが必要であるということ、そして、それぐらい大事なものだというメッセージにもなります。一人ずつ発表させると時間が足りない場合は、班で意見を集約してから発表させます。

子どもたちから出てきた言葉を、「同じ意味」「よく似た願い」などで分類・整理して、いくつかのキーワードをみつけます。それをもとに学級オリジナルの言葉を考えたり、複数の言葉をつないで文章形式にしたりして目標をつくります。大事なことは、「子どもの言葉」「本気の願い」で目標をつくることです。

責任・友情・笑顔があふれる
心が一つに　なるクラス

③ 決める
（出てきた〜）

④ 作成する
（決定した〜）

⑤ 活用する
（学級会で〜）

（3）出てきた言葉をつなぐことで、学級目標の言葉（文章）を考える。

（4）決定したものを教室に掲示する。一人一文字を担当したり、飾り付けをみんなでしたりすることで、自分たちの目標であるという自覚を促す。

（5）学級会の話合いで常に意識をさせたり、学級でのトラブルの際に自分たちの生活をふり返させるために活用したりする。

03　常に意識をさせよう

心が一つになるクラス

「目標が決まり、掲示物を作成する」。決してそれがゴールではありません。みんなで決めた目標を常に意識させます。毎月の学活も学級目標を意識させてねらいや活動を考えさせます（P26〜28参照）。

04　お別れのプレゼント

3月。掲示されたものを順に外していき、ジャンケンで勝った子にプレゼントします。大きく飾られた「学級目標」も、子どもたちにとって素敵な思い出の品です。担任として、「5年生の記念に持ち帰りたい！」と思ってもらえるような学級を目指します。

《参考文献》赤坂真二編著（2015）『最高のチームを育てる学級目標 作成マニュアル＆活用アイデア』（明治図書出版）

4月	5月	6月	7月	8月	9月	10月	11月	12月	1月	2月	3月

性に関する指導

▶ねらい

心身の発達の特徴を理解し、人間尊重の精神にもとづき、仲よく協力し合う態度を育てる。性に関する諸問題を知り、適切に判断し対処していく必要性を理解する。

▶指導のポイント

性に関する指導は、体育（保健領域）や道徳、特別活動など、学校の教育活動全体を通じて行います。教師は、思春期の心身の発達の特徴を理解して、個人差、個人情報、LGBTQ（性的マイノリティ）などに配慮した指導を心がけます。集団指導と個別指導の内容を区別する必要があります。性に関する指導も、自分や他者を尊重し、相手を思いやる心を醸成する信頼関係づくり、学級集団づくりにつながります。

▶5年生の心と体　第二次性徴

小学校高学年頃から思春期に入り始め、大きな身体的変化が生じます。精神的にも、学校や家族、社会からの影響を受けながら一人の大人として自分を確立していきます。

〈身体的特徴〉

・がっちりとした体つき ・変声、喉仏 ・発毛 ・性器の発育、精通	・丸みをおびた体つき ・乳房のふくらみ ・発毛 ・性器の発育、初経

〈精神的特徴〉

・敏感になりちょっとしたことで動揺する
・自分を客観的に見るようになる。外見や他人の目を気にする
・人と比べて自己評価が低くなり、劣等感や嫉妬心に悩む
・自我の発達とともに、大人への反抗や批判
・依存への欲求と独立への欲求の葛藤
・将来への不安、落ち着かない、イライラ

指導上の留意点

指導に当たって配慮すること

・関係機関との連携を図る
・教科の内容と関連づける、学校の全体計画
・発達の段階を踏まえる
・学校全体で共通理解を図る
・保護者の理解を得る　　　　　　　　（＊1）

02 科学的知識として伝える

性に関する内容は、タブーでも恥ずべきでもなく、生命をつなぐ大事なことです。教師は、科学的知識として伝えるようにします。
【4年生までの保健の学習「体の発育・発達」】
・年齢に伴う変化　・体の変化の個人差
・身体的な特徴、初経、精通など
・異性への関心
・発育・発達させる適切な運動、食事、休養及び睡眠
【第5学年及び第6学年「心の健康」】
・年齢に伴う心の発達
・心と体の密接な関係
・不安や悩みへの自分に合った方法による適切な対処
　　　　　　　　　　　　　　　　　（＊1）

【参考資料】

性のあり方は多様

体の性

心の性

好きになる
相手の性

性表現

シスジェンダー（多数派）がふつうではなく、
性のあり方は多様

性的指向　どのような性別の人を好きになるか。

L	レズビアン	心の性が女性として女性が好き
G	ゲイ	心の性が男性として男性が好き
B	バイセクシュアル	同性も異性もどちらも好き
T	トランスジェンダー	生まれもった性と性自認が一致しない

性自認　自分の性をどのように認識しているか。心の性。

Q　クエスチョニング　性的指向や性自認が定まっていない、
　　　　　　　　　　特定の枠に属さない、わからない人

児童の権利に関する条約（子どもの権利条約）
1989年11月20日に第44回国連総会において採択された。
子どもの基本的人権を国際的に保障するために定められた。

子どもの権利条約　4つの原則
・生命、生存及び発達に対する権利　　・子どもの最善の利益
・差別の禁止（差別のないこと）　　　・子どもの意見の尊重

すべての子どもは、自身や親の人種や国籍、性、言語、宗教、意見、障がい、経済状況などのどんな理由でも
差別されず、条約の定めるすべての権利が保障される。

03　変化に戸惑う心に寄り添う

　身長や体重の悩み、性的感情への罪悪感など、心や
体の変化に戸惑う子どももいます。悪いことではなく
自然なことで、個人差があり、他者と比べる必要はな
いのだと話します。
　また、月経に関する悩み（初経発来が遅い、定期的
にこない、腹痛、腰痛、イライラ）などに対し、養護
教諭や保護者と連携を図ります。生理の子への接し方
は、体調不良の友だちへの接し方と同じように、思い
やりの心をもてばよいことを学級全体で話し合います。
　子どもたちに不安や悩みを相談できる窓口について
紹介します。

04　性に関する諸問題を語る

　性に関する諸問題については、詳細でなくても、発
達段階に応じて伝え、危険から自分を守る知識と心構
えをもたせていきます。
●スマートフォンなどの通信機器やSNSアプリなどの
　活用に伴い、ネットトラブルの危険性は子どもの身
　近にあり、性行動の低年齢化も危惧されています。
●保健領域「病気の予防」で、性感染症や薬物乱用に
　ついても、実態に合わせて話します。
●LGBTQやエイズ、成長の個人差などによる差別や偏
　見を生まないようにします。
●性的虐待や性被害には早急に対応します。

（＊1）引用文献：『小学校学習指導要領（平成29年告示）解説』体育編文部科学省
参考文献：生徒指導要要（令和4年）文部科学省
参考文献：『働く女性の心と身体 FACTBOOK~ 未来のわたしに、今のわたしができること』小林味愛　発売元：明
　　　　日わたしは柿の木にのぼる（2022）

運動会

▶ねらい

運動会のねらいを子どもたちと共有することで、練習や本番を通して、個人の成長と並んで学級全体のきずなを深めていく。

▶指導のポイント

5年生での運動会は、各委員会での役割分担もあり、係や応援団など裏方に回る子どもも出てきます。また、他の学年とのかかわりもあります。「5年生として何ができるのか」という意識をもって、運動会という行事に向かう姿勢を大切にしましょう。

さらに、クラスの係活動など特別活動の面においても、様々な効果が期待できます。「子どもたちとつくり上げる運動会」をテーマに、進めていきます。

~運動会でクラスを育てる
ポイント~

○運動会は自分たちにとって、どのような行事なのかを考える。

○運動会の練習に向かう廊下での整列から真剣に取り組む。

○苦手な種目や内容にも、全力で取り組むことの大切さを知る。

○自分よりもできていない友だちを支える雰囲気をつくる。

○係活動や委員会活動で、楽しむチャンスをつくる。

○6年生には「教えてもらう」、下級生には「教えてあげる」という意識をもって行動する。

○次のことを考えて、見通しをもって行動することを習慣づける。

指導にあたっての留意点

01 運動会の意義を考える

まず、「運動会は何のためにあるのか」というテーマで話し合いましょう。その際、全校練習や競争演技などを通じて、どのような力がつくのかを考えます。運動会では、体育的な要素だけでなく集中力や忍耐力、物事に全力で取り組む力などの力がつくことを意識します。

02 練習は、あくまでも授業

運動会の練習は、れっきとした授業であることを伝えます。授業ですから、めあてやまとめ、ふりかえりなどを設定することで、「言われたからする」「なんとなくがんばる」といった受け身の運動会の練習から、主体的に取り組む姿勢を育てることができます。

また、自分が何かの種目の指導を担当する場合、学習指導案とまではいかなくても、指導の略案をつくりましょう。1時間単位や数時間単位で子どもにどのような力をつけるのか、練習の前と後にどのような変化が子どもに見られるのかを整理します。

そして、普段の授業と同様に「がんばってるね」「うまくできているよ」と前向きな声かけを忘れずにしましょう。

＼運動会の応援グッズをつくろう！／

＼ダンスの練習をしよう！／

＼勝っても負けても楽しもう！／

2年生に
走り方のコツを
教える

03 係活動で盛り上げる！

　学級集団としての成長を促すために、係活動で運動会をテーマにすすめます。たとえば、ポスターや飾りなどをつくる、また、アンケートや新聞で意見をまとめるなど、子どもたちの様々なアイデアを生かして、クラスを運動会一色にしていきましょう。

04 他のクラスや学年を意識する

　運動会で、学年の中で他の学級と勝負する場合、クラスが団結するチャンスです。苦手な種目がある子どもに対して、教え合ったり応援したりする雰囲気をつくります。

　勝ち負けにこだわる子どもがいれば、その気持ちを尊重しつつ、「勝ち負け以外にも大切なことがあり、それはこのクラスでしか味わえないことかもしれない」と、全員で取り組むことの素晴らしさも子どもたちに考えさせましょう。

　また、ペア学年である低学年に対して、手紙を書かせたり、応援メッセージを送ったりしましょう。朝の会に、速く走るコツを教えに行くのもよいですね。

作文・日記指導

【行事の後にだけ書かせる】

　何かあった時だけ書かせていると、日常のおもしろさや疑問に目を向けることができなくなります。気づいていないけれど、日々の学校生活はたくさんのドラマがある。作文指導を通して、そのことに気づかせます。

【「何ページ書きますか?」という質問】

　書くことに抵抗があると想像できます。または、ゴールを示されないと不安を感じてしまう子かもしれません。そこで、「何ページぐらい書きたい?」と尋ねてみます。

【誤字や脱字の訂正で赤字だらけになる】

　国語科「文章の書き方」の内容であれば、書き方指導も大切です。しかし、日々の日記などであれば、教師とのコミュニケーションツールととらえ、あまり厳しく指導(訂正)する必要はないでしょう。

▶ねらい

　年間を通じての作文指導を通して「書く(表現する)」ことのよさに気づかせるとともに、教師のコメントや友だちとの交流を通して自分に自信をもたせ、自己の存在を前向きにとらえさせる。

▶指導のポイント

　作文の宿題の目的は、家で作文を書かせることではなく、作文の力を伸ばすことです。しかし、宿題で作文に取り組むことに負担を感じる子もいます。そこで、帰る前に一行だけ学校で書くようにさせます。この一行が、負担の軽減となります。また、年間を通じての作文指導が教師の負担にならないよう、課題の出し方やコメントを工夫することも大切になります。

指導の留意点

01 「生活日記」と「課題作文」

　1年生から作文活動の定番は「日記」です。日々の生活を書き綴る「日記」の教育効果は大変優れています。人権教育として、児童の生活背景を理解するためにも有効です。

　しかし、いつも生活日記ばかりだと「書くことがない」という意識も芽生えます。また、5年生にもなると自分の生活を伝えることに抵抗を感じる子も少なくありません。

　そこで、教師がテーマを提示する課題作文に取り組ませます。たとえば3つのテーマを提示し、子ども一人ひとりが「何を書くか」を選択できるようにします。そうすることで、「このテーマなら書ける」という安心感や、「書いてみたい」という意欲向上につなげます。

02 ミニ作文も取り入れる

　「たくさん書くことがすばらしい」という暗黙のルールも子どもたちを苦しめます。そこで、一度にたくさん書かせるのではなく、「短い作文を積み重ねて力を伸ばす」という教師の意識変換も必要になります。

　たとえば、A4コピー用紙を裁断機で半分に切ったサイズ(A5)を教室に大量に用意しておきます(ノートを半分に切断したものでも可)。このサイズなら短時間でスペースを埋めることができます。時間も「朝の会」での5分で充分ですし、教師の準備も簡単です。

　大事なことは、書くことに慣れさせること。そして、「書くことができた!」という満足感を積み重ねることです。

ミニ作文を書こう

めあて	ミニ作文で「書く力を伸ばそう」

〜作文のテーマ〜

「春」「桜」「出会い」「5年生になって」「先生、ごめんなさい」「笑顔」
「ありがとう」「しまった！」「やったー！」「今日の理科授業の実験作文」
「○○さんへ」「○○さんのいいところ」「僕の好きな本を紹介します」
「先生を笑わせる作文」「先生を感動させる作文」「先生の名言は何？」
「今日一番うれしかったこと」「5年○組を5・7・5で表現しましょう」
「5年生になって変わったこと」「もし、自分が先生なら」「明日の自分」
「空を見上げたら」「今日のメダカさん」「私と掃除」「わたしの成長」
「調理実習物語」「今日のあいさつ」「学級目標とぼく」「好きな漢字」

など

※上記は筆者が実際に課題とした作文のテーマです。

〈参考文献〉福山憲市『〈国語ミス退治事例集〉No.3 〜作文指導編〜作文感覚を磨き作文ミスを減らす指導法』
（2006、明治図書）

03 持続可能な作文指導

作文へのメッセージは、教師と子どもをつなげる言葉の贈り物になります。文章（作文の内容）に対するコメントだけではなく、
「〜の授業でとても輝いていたね」
「あなたのおかげでみんなが笑顔だよ」
など、存在承認となる言葉も届けます。

しかし、作文を読んで全員にメッセージを書くことは、教師にとって負担にもなります。忙しい時期は、「コメントはできていないけれど、みんなの作文をきちんと読んでいるよ」と素直に伝えて返却してもよいのです。

作文指導でのポイントは「持続可能な作文指導」です。肩ひじを張らず、教師も子どもたちも無理のないように取り組みます。

04 スモールステップの 作文指導

国語科で作文や感想を書く場合、長文指導になることがあります。まずは、「1行目」「ノート半分」「1ページ」など、小さな目標を示して教師のところに持ってこさせます。そうすることで、文章の方向性を相談したり、がんばりを認め励ましたりできます。

読書指導

▶ねらい

学級での読書指導を充実させることで個人の読書活動の活性化につなげるとともに、友だちとの読書交流を通して多様なテーマの本に親しもうとする意欲を育てる。

▶指導のポイント

読書に親しむ子を育てるポイントは、多様な本と出会う機会を設けることと、読むことに慣れさせることです。そのためには、子どもと本との出会いを教師が演出することが重要になります。

また、「読書は一人で楽しむもの」という理解ではなく、「読書は人と人をつなげるもの」という認識をもたせ、読書を通して他者とかかわり、自分の興味・関心に共感してもらえる喜びを感じさせることも大切です。

【筆者の定番絵本を紹介！！】

『ぼくのジィちゃん』
（くすのき　しげのり）
→運動会前におすすめ。驚きと笑いに包まれます。

『ええところ』
（くすのき　しげのり）
→いいところ見つけの導入におすすめです。

『ねえ、どれがいい？』
（ジョン・バーニンガム）
→「選択」から自然と対話が生まれます。

『3びきのかわいいおおかみ』
（ユージーン・トリビザス）
→「3びきのこぶた」のパロディ。こぶたの予想外の行動に笑いが止まりません。

『ひまわりのおか』
（ひまわりをうえた八人のお母さんと葉方 丹）
→東日本大震災を語り継ぐために、ぜひ読みきかせてほしいです。

指導の留意点

01 漫画も読書になりますか？

「読みたい本がない」と困っている子がいます。そのような子に「漫画でもいいですか？」「迷路の本は読書になりますか？」と尋ねられたら、どのように答えますか。

まず、「本に親しみたい」という姿を認めてあげます。そのうえで、「読書の時間」のきまりは学校によって異なるので、確認をします。全体の場で主任の先生から「○○の本はよいけれど、△△の本は休み時間に読むようにしましょう」と伝えてもらうこともできます。

個人の質問を全体に返答することで、「あの子（学級）だけが特別扱いで、ずるい」という、荒れのきっかけを防ぐことができます。

02 学級文庫との出会いを演出する

学級文庫の本がほこりをかぶっていませんか。誰かが読んだ形跡はありますか。色あせて誰にも読まれていない本棚は、「本はつまらない」という隠れたメッセージを発しています。

学級文庫を魅力的なものにします。はじめは教師主導でよいですが、図書係や学級ボランティアの活動として子どもたちに依頼することもできます。「おすすめの本の紹介」や「感想コーナー」の掲示など、学級文庫にも時期によって変化があるべきなのです。教科学習に関連する書籍を置くこともできます。子どもたちの意識を学級文庫に向けさせる手立てが大切です。

定期的に図書室で本を借りる（読む）機会を設けます。その際には、自分が借りている本を紹介する時間をつくります。

紹介された本について、聴き手が感想を述べることも大事です。双方向の言葉のやりとりを通して、互いに本の魅力に気づかせます。

低学年に絵本を読み聞かせる機会をつくることも、大変有効です。たとえば、園児とのふれあい給食などがあれば、その待ち時間に読み聞かせてもよいでしょう。

読書指導とは、「読むこと」だけではなく、本に親しむこと、本を通して他者とかかわること、そして、喜びを感じることなど、様々な要素があるのです。

03 担任による読み聞かせ

読み聞かせは、担任と子どもたちとの距離をグッと縮めてくれます。担任の願いや思いを絵本が届けてくれます。担任による読み聞かせこそ、高学年の学級が一つになれる大変効果的な手立てなのです。

04 読書交流を取り入れる

子どもたちの興味は様々です。それぞれが好みの本に熱中することは素敵なことですが、その本のよさを友だちに共感してもらえることも自尊感情の高まりにつながります。

読書時間のはじめに「おすすめの本の紹介」の時間を設けます。また、オンラインを活用すれば、他の学級や学年、他校の５年生とも気軽に交流ができます。自分が紹介をした本に誰かが興味をもってくれること、これは本当にうれしいものです。その喜びを感じた子は、読書への興味・関心をさらに高めることができます。教師が読んでいる本も、子どもたちに積極的に伝えるとよいでしょう。

自主学習

～自主学習のテーマ～

- ● 学習系
  漢字　計算　歴史人物　天体
  ことわざ　四字熟語

- ● 芸術系
  イラスト　漫画　似顔絵

- ● 文学系
  詩　俳句　短歌　創作物語

- ● 暮らし系
  料理のレシピ　家事の豆知識

- ● 時事系
  新聞記事から　ニュースを見て

- ● 自分を見つめる系
  好きな◇◇について
  最近変わったこと

- ● 発信系
  ◇◇にひと言いいたい！

  など

▶ねらい

「自分で考えて学習する　自主学習」を通して、子どもたちが主体的に学ぶ力を育てる。また、自分が好きなことや将来の夢などに向き合うことで、キャリア教育につなげていく。

▶指導のポイント

宿題の一つとして自主学習を出します。理想は毎日ですが、慣れないうちは週に1回でよいでしょう。分量もノート半ページといったように、全員が続けていけるようにすることが大切です。

原則として、テーマは自分で決めますが、時には先生が設定してもよいでしょう。ドリル学習とは異なるタイプの宿題ですから、「自分で学習を進める」というねらいや効果を子どもたちに理解させましょう。

指導にあたっての留意点

01 好きなことを追究する

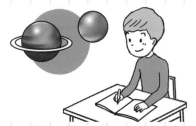

ドリルや漢字、音読の宿題は与えられた課題であり、「自分で課題を決めてする自主学習」は、主体的な学習になります。「好きなことをとことん追究する」ことで、将来の夢にも大きく近づくことがあります。まずは、自分のこだわりを学習に活かすことを目指します。

02 多様なテーマで、多様な個性を

なかなか自分でテーマを決められない子どものためにも、いくつか用意しておきます（上記を参照）。また、イラストや物語など、子どもたちの個性に応じた自主学習も認めるようにします。一人ひとりの個性を生かし、互いに認め合える雰囲気をつくりましょう。

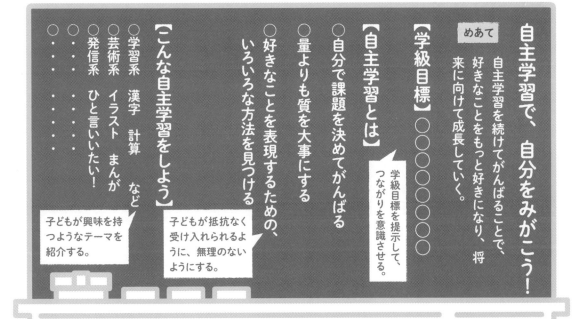

自主学習で、自分をみがこう！

めあて

自主学習を続けてがんばることで、好きなことをもっと好きになり、将来に向けて成長していく。

【学級目標】
○○○○○○○
○○○○○○○

学級目標を提示して、つながりを意識させる。

【自主学習とは】
○自分で課題を決めてがんばる

○量よりも質を大事にする

○好きなことを表現するための、いろいろな方法を見つける

【こんな自主学習をしよう】
○学習系　漢字　計算　など
○芸術系　イラスト　まんが
○発信系　ひと言いいたい！
○・・・・・・
○・・・・・・
○・・・・・・

子どもが抵抗なく受け入れられるように、無理のないようにする。

子どもが興味を持つようなテーマを紹介する。

Point

子ども達と無理なく進めていくために…

① 自主学習をするのが目的ではなく、自主学習を通して自分のことを高めていくのが目的

② 場合によっては、「ノートに書かずに実演する」のもあり

（例：暗唱や歌、ダンスもオッケーにして、様々な表現方法を認める）

---

03 時々、レポート形式で出す

　時折、「自主学習レポート」を宿題にしてみましょう。期間は1日よりも、1週間ほど与えた方がよいものができます。たとえば、恐竜が好きな子どもなら、恐竜についてレポートでまとめる、といったようにします。

　その際、タブレットなどのICTを使ってレポートをつくらせると、修正や追加が簡単で、画像や動画も入れられるため、文章を書くのが苦手な子どもも意欲的に取り組むことができます。

　そして、それらを発表したり提示したりする場を設定します。もし、動画投稿サイトのようなレポートをつくる子どもがいれば、みんなで観て盛り上がりましょう。

04 テスト調べを自主学習で

　中学校以上では「自分で計画的に学習する」という力が必要になります。自主学習で「テスト調べ」を出して、自分で取り組ませましょう。教科書をまとめたり、問題をつくって解いたりしている子どもがいれば、クラスで紹介して広めます。

学習ゲーム（社会編）

「いつでも遊べる学習コーナーをつくろう」

右の写真３枚は、マグネットと鉄板を使った手作り教材です。教室に置いて、休み時間に自由に遊ぶことができるようなコーナーを設け、遊びながら県の市町村名とその位置を理解して覚えます。鹿児島県は離島が多く、島の名前と位置を覚えるのにも役立ちます。

都道府県や世界の国々の名前と位置を覚えるための教材も市販されています。また、ICT端末で使える地図アプリもおすすめで、各都道府県の形がそのままパズルになっており、指で動かして何度も繰り返して学ぶことができます。

▶ねらい

社会科に関するゲームやクイズを行うことで、楽しくふれあう学級の雰囲気をつくるとともに、継続することで、基礎的・基本的知識の定着を図る。

▶指導のポイント

遊びながら学ぶゲームやクイズとして行います。

年度始めに教師がリードして実施し、繰り返すことで、空いた時間に子どもたちが進めることができるようにします。

慣れてきたら、子どもたち自身がクイズやゲームをつくり、楽しみながら学んだことをアウトプットしていく機会をつくります。

学習ゲーム実践例

01 古今東西山手線ゲーム

お題を決めて行う連想ゲームです。リズムに合わせて、順番にお題に答えます。都道府県名や国名、山や川の名前、魚や野菜の名前などが盛り上がります。

ご当地ゆるキャラの画像を見て、どこの県か当てるクイズも、土地の特徴がわかり、意外性もあって楽しめます。Google Earthを用いて、教科書に出てくる場所の現地の様子（地形や土地利用など）を見たり、自分の住む場所からの距離を調べたりします。タイムプラス機能で土地の経年変化を見ることもできます。

02 歌で覚える

【Google Earthの画像】

歌手の森高千里さんが作詞・作曲した「県庁所在地ロックンロール」の曲を歌いながら、地図帳のその場所を指で押さえていきます。都道府県名と場所だけでなく、県庁所在地や特産物も覚えます。

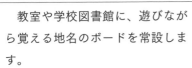

　教室や学校図書館に、遊びながら覚える地名のボードを常設します。

　マグネットやクリップを用いて、学級全員で手作りするのもおすすめです。

03 歴史人物ゲーム

○クイズアプリQuizlet（クイズレット）で、子どもが分担してデジタル単語カード（問題と答え）を作って遊びます。ネット上にある既に作成されたものも使えます。

○歴史人物の肖像画や写真を見て、誰かを当てます。人物について説明できたら、さらに加点されます。Googleレンズで画像検索をすると、答えを確かめることができて、飽きずに楽しめます。

○市販の歴史人物カルタなどのカードで遊びます。ICT端末を使って自分でカルタをつくる活動もおすすめ。自由研究で取り組むことができます。

04 ここはどこでしょうゲーム

① 社会科で学習した場所の画像のうえに、黒い形を貼り付け、一部隠した状態で、場所を当てる
② 学習したことを元に、ヒントを出す
③ 当たったら出題者を交代していく

学級シンボルを
つくろう

学級活動（1）ウ

▶ねらい

　みんなで話し合い、一つのシンボルをつくることを通して、学級としての連帯感や所属感を高められるようにする。

▶指導のポイント

　学級目標との連携をはかることが重要です。学級目標の理念や言葉を織りこんだシンボルをつくるように意識します。

　また、作成するだけでなく、作成後の活用方法も考えることで、子どもたちの意欲を高めることができます。

本時の展開

01 一人ひとりの願いや想いを大切にする

　「柱①（板書）」で「シンボルに入れたいもの」を出し合うことで、一人ひとりがそのシンボルにどのような願いや想いをこめたいのか、何を大切にしたいのかが見えてきます。
・TEAMでいられるように
・いつも笑顔でいられるように
・30人を意識（背びれと尾びれを合わせて30という数字になる）　などです。
　「クラスの人数」や「大切にしたい言葉」など、必ずシンボルに入れるものを決めるようにします。その際、自分が出した意見が採択されなくても、想いや願いを共有すること自体が学級にとって貴重な時間となります。

02 やり取りを通してシンボルを選ぶ

　「柱①」で出た意見をもとに、それぞれがシンボルキャラクターを描き、描いたものを見せ合います。
　「○○さんのキャラクターは、うちの学級らしさがいっぱいつまっている感じがするね」
　「○○さんのは、シンプルなのでみんなが覚えやすくていいな」
　「なんで魚なの？」→「やっぱり海に近い学校だし、魚は集団でいっしょに行動するイメージがあるから魚にしたんだ」
　など、質問ややり取りをしながらそれぞれの意図や思いを語るようにします。
　最終的に「柱①」で出された想いや願いがよりこめられているものを子どもたち全員で選びます。

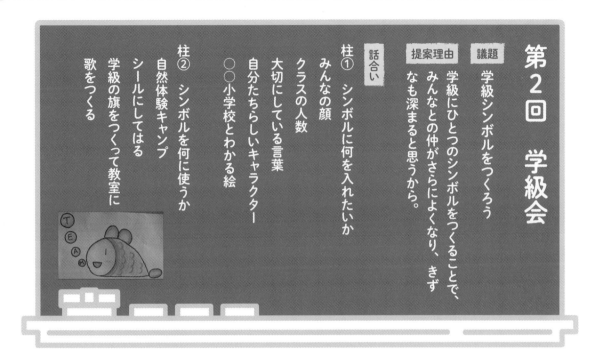

第2回 学級会

議題 学級シンボルをつくろう

提案理由 学級にひとつのシンボルをつくることで、みんなとの仲がさらによくなり、きずなも深まると思うから。

話合い

柱①　シンボルに何を入れたいか
- みんなの顔
- クラスの人数
- 大切にしている言葉
- 自分たちらしいキャラクター
- ○○小学校とわかる絵

柱②　シンボルを何に使うか
- 自然体験キャンプ
- シールにしてはる
- 学級の旗をつくって教室に
- 歌をつくる

Point

話し合いの柱①では、一人ひとりの想いや願いを共有する。柱②では、さまざまな場面でのシンボル活用法のアイデアを出し合う。

03 学級目標につなげてふりかえる

学級シンボルをつくりっぱなしにするのではなく、話し合った意味やつくった意味を学級目標とつなげながらふりかえるようにします。

そうすることでよりシンボルの意味が意識化されるようになります。

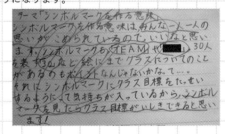

04 効果的に活用できるようにする

学級通信への記載や、マスコットづくりなど、シンボルを使った様々な日常の活動が考えられます。また、宿泊的行事など、学校行事と関連させることができます。

常にシンボルを意識して活用することで、自分の学級への愛着や連帯感が高まります。目指すべき学級の姿に近づいていきます。

※行事のしおりとワッペンをセットに。

SNSとの上手な付き合い方

学級活動（2）ウ

> 5月9日（月）学級活動ワークシート
>
> ## SNSとの上手な付き合い方を考えよう
>
> 5年　組　番　名前（　　　　）
>
> 1　SNSのトラブルに巻き込まれないようにするために、あなたが取り組むことはなんですか。「いつ・どこで・だれと」などを使って、くわしく書きましょう。
>
> 2　自分でたてためあてはどのくらい達成することができましたか。
> （よくできた…大☆　　できた…中☆
> あまりできなかった…小☆）
>
> | 日（　） | 日（　） | 日（　） | 日（　） | 日（　） |
> |---|---|---|---|---|
> | ☆ | ☆ | ☆ | ☆ | ☆ |
>
> 3　がんばったことやこれから続けていきたいことをかきましょう。
>
> 4　お家の人と話し合ったことを書きましょう。

▶ねらい

　SNSなどを使うときの問題点や留意点について話し合い、思わぬトラブルに巻き込まれないよう、上手な付き合い方を考え、自分なりの取り組み方を決める。

▶指導のポイント

　まず、「つかむ」では、アンケートなどからSNSによるトラブルが身近な問題であることをとらえさせます。

　次に、「さぐる」では、SNSによるトラブルの原因について話し合います。

　そして、「みつける」では、課題解決の方法について話し合います。

　最後に、「きめる」では、ワークシートを用いて、自分に合ったSNSとの向き合い方を意思決定します。

活動にあたっての留意点

01 SNSの問題が身近であることを「つかむ」

　事前の準備として、クラスの中のSNSの使用に関する調査をしておきます。また、文科省から様々な啓発資料が出ているので、子どもをはっとさせる資料として、提示します。

T：この間、SNSの使い方についてのアンケートをしましたね。その結果をお知らせします。

　SNSが身近であること、トラブルがあることをおさえる。

T：SNSで起こったトラブルに関する資料です。気づいたことや気になったことを発表しましょう。

　増加傾向であること、小学生でも他人事でないことを想像させ、次につなぎます。

02 SNSの問題の原因を「さぐる」

T：なぜ、SNSを使ったトラブルは起きやすいのでしょう？

　ペアやグループで意見を出させてから、全体での発表につなげてもいいでしょう。少人数のほうが、自分の経験や知っていることを出し合いやすく、リアルな問題として受け止めやすいからです。

　出た意見は、後の「対策」についての話し合いにつながるよう、分類しながら板書していきます。コミュニケーションに関すること、使い方に関すること、その他の視点で子どもの意見を聞き取るとよいでしょう。

　意見が広がりすぎた場合は、その他に位置づけ、今後の課題としておきます。

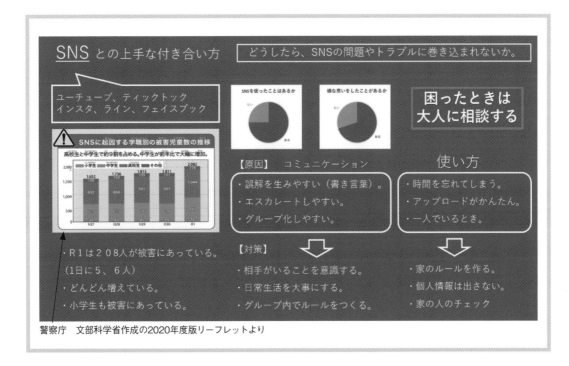

警察庁　文部科学省作成の2020年度版リーフレットより

Point

SNSは子どもたちにとってあまりに身近です。危険を認識しないまま使用している場合があります。また、自分には関係ないことと思っている子もいるでしょう。いかに子どもを「はっ」とさせ、自分事にできるかがカギといえます。

03　SNSとの上手な付き合い方を「みつける」

T：トラブルに巻き込まれないようにするには、どうしたらいいでしょう？

解決方法を出し合います。とっぴな意見や曖昧な意見が出た場合は、「それって本当にできることかな？」「もう少し、具体的に言えるかな」など、実現可能な意見のみを板書するようにします。

また、意見が偏ったり、出なかったりした場合は、「こちらの問題についてはどうかな」と促すことで、視点を広げたり、変えたりできるように支援します。どうしても、意見が出ない場合は、教師が提示してもよいでしょう。そして「大人は困ったときの窓口になれる」ことを押さえましょう。

04　SNSとの付き合い方を「きめる」

T：出た意見を参考にして、SNSのトラブルに巻き込まれないようにするための解決書をつくります。

子どもたち一人ひとりの生活環境はちがいます。

スマホを持っていなくてもトラブルに巻き込まれることがあることを伝え、一人ひとりに合った解決方法を意思決定させていきます。

決めたことは、しばらく実践し、習慣化を図ります。

通信などで家庭に連絡し、啓発することも大切です。

研究所が出している「小学校特別活動映像資料」を参考にしています。もっと詳しく知りたい方は、検索してみてください。

自分たちを見つめ
クラスの成長につなげる6月

▶【1】6月で目指す子どもの姿

　駆け足で進んだ4月と5月。出会いの喜びや学校行事での達成感を味わった一方、勉強への不安や学級への不満を感じている子もいます。その不安・不満が、集中力の欠如や言葉遣いの乱れ、人間関係の固定化など、目に見える形で現れやすいのが6月の特徴です。子どもたちの細かな変化や反応をよく観察する必要があります。

▶【2】6月の学級経営を充実させるために

6月の荒れの原因

　笑顔で始まった4月。ルールを明確に伝えることで教室に安心感を生みました。休み時間は運動場で一緒に遊び、先生への信頼を深めました。教師は子どもたち一人ひとりに気を配っていたはずです。

　しかし、5月に入って学校行事の練習が始まると、教師の視点は「行事の成功」「他学級との足並み」へと移行してしまいがちです。「整列が遅い！」「なんでできないの！」など、厳しい指導をしてしまうこともあります。また、慌ただしさの中で教室のルールが守られなくなったり、教師も「これぐらいならいい」と見逃してしまったりします。この結果が、6月の「荒れ」です。

言葉遣いを意識する

　6月の「荒れ」を防ぐために教師と子どもたちの距離感を意識します。関係が近すぎて指導しづらくないか。または、心の距離が離れてしまい、担任としての立ち位置に悩んでいないか。

　まずは、教師としての言葉遣いと、子どもたちの言葉遣いを見直します。「友だちのような先生」をイメージして教師の言葉遣いが軽くなっているのなら、授業の中だけでも丁寧で堂々とした言葉遣い（厳しい指導とは異なります）を意識します。言葉遣いが雑になっているのなら、私的な場面（休み時間）と公的な場面（授業中）の言葉遣いの違いを意識させます。言葉遣いを変えることで、関係性を変えることができます。教師の言葉（思い）を伝えやすくなり、指導もしやすくなります。

いじめアンケート

　「荒れ」は、いじめに直結します。そこで、子どもたちの不平・不満や、学級内のいじめを把握するために、いじめアンケートを実施します。そして、アンケート後に学級全員との面談の場を設けます。いじめの相談があった場合は、子どもの願いを丁寧に聞き取ります。その際、教師が一方的に判断することがないように気をつけます。

　なお、いじめ事案の相談のなかった子どもとの面談も、教師との関係を深めるために大変重要です。安心して学校に来られていることを共に喜ぶとともに、日々のがんばりを称賛したり、その子の存在を承認したりするような声かけをします。

いじめアンケートと人権教育

▶ねらい

　道徳科授業での学びを実生活につなげることで、いじめのない学級づくりを目指すための資質・能力を養う。

活動例

（１）道徳科授業〜内容項目「Ｃ公正、公平、社会正義」〜

　道徳科の学習で「いじめ」とのつながりが深い内容項目は、「Ｃ公正、公平、社会正義」です。高学年は、「傍観者」と「躊躇なくSOSを出すこと」について考えさせることが重要になります。学習指導要領解説に以下のような記載（53ｐから抜粋）があるからです（筆者下線）。

> ○いじめなどの場面に出会ったときにともすると傍観的な立場に立ち、問題から目を背けることも少なくない。
> ○同調圧力に流されないで必要に応じ自分の意思を強くもったり、学校や関係機関に助けを求めたりすることに躊躇しないなど（後略）

（２）人権教育の３つの側面を意識する

　上記のように、道徳科授業でいじめについて考えさせます。しかし、「考え（イメージ）させる」だけでは実際の行動にはつながりません。そこで、「人権教育の３つの側面」を意識した学習活動が必要になります（参照：文部科学省　人権教育の指導方法等の在り方について「第３次とりまとめ」）。

> ○態度的側面…差別や偏見を許さず、様々な人権課題を解消したいと願う心を育てる
> ○知識的側面…差別の現実や歴史についての正しい知識を知る
> ○技能的側面…差別・偏見の解消に向けて行動するための実践行動力を育てる

　道徳科授業で「善を尊び、悪を許さない心」を育むことは人権教育の態度的側面になります。そして、授業中や事後指導で「いじめの４層構造」や「いじめに関する法律」などの知識も学ばせます（知識的側面）。そして、授業後に「いじめアンケート」を実施します。その目的を「SOSの出し方を実際のアンケートから学ぶ」と設定することで、技能的側面を養います。

活動後のポイント

　いじめアンケートで自他のSOSを出すことができた子には、その行動をきちんと認めてあげます。また、いじめアンケートを実施した後は、結果を必ず学年団（管理職）と共有します。重大ないじめ事案には、担任一人で対応するのではなく学年や生徒指導の先生といっしょに対応することが原則です。

いじめ対応

～いじめ対応のポイント～

〇いじめの前兆を見逃さない
・授業中に、誤答に対して笑う
・教室にごみがよく落ちている
・グループ活動などで机をくっつけたがらない
→「こういう行動がいじめにつながるんだよ」

〇いじめられた子どもへの聞き取り
・いつから　・きっかけ　・誰から
・何を　　　・誰かに相談したのか
・見ていた友だちはいるのか
・何が一番つらかったのか
・これからどうしたいのか
→「これからは絶対に守るからね」

〇いじめた子への指導
・どうやって始まったのか
・なぜその子をいじめたのか
・どんな自分になりたいのか
・これからどうしていくのか
→「まだまだ戻れるよ。いっしょにがんばろう」

▶ねらい

いじめの早期発見と初期対応を適切に行い、被害加害両方の子どもへの指導支援、保護者への誠意ある説明などを組織的に行い、問題解決と再発防止に努める。

▶指導のポイント

いじめは、発見できた時点で8割が解決と言われるほど、発見が難しい問題行動の一つです。子どもや保護者との普段からの信頼関係も重要になります。被害のあった子どもには細心の注意を払って寄り添いましょう。

さらに、「再発防止」への具体的な対応を示す必要があります。そのためには、担任や学年団だけでなく、生活指導担当や管理職も含めた学校全体での対応が必要です。普段から、気軽に情報共有できる体制でいましょう。

指導にあたっての留意点

01　早期発見の雰囲気づくり

いじめの発見はたいていが「本人から」「周りの子どもから」「保護者から」のどれかです。効果的なのが、「いじめアンケート」です。手がかりとなることがあるので、アンケート後の子どもとの面談は丁寧に行います。また、学活や道徳でいじめ防止への意識を高めます。

02　いじめられた子へのケア

心に深い傷を負ってしまうこともあるいじめ。場合によっては命に関わります。いじめを受けた子どもの心に誠心誠意寄り添いましょう。嫌だったこと、辛かったことを丁寧に聞き取ります。そして、「これからは絶対に守るからね」と安心感を与えてあげましょう。

子どもによって、養護教諭やスクールカウンセラーの方が話をしやすい場合は、担任で抱え込まずにチームで対応します。

そして保護者には謝罪とともに、事実と再発防止策を伝えます。電話ではなく、複数の職員で対応することで、適切に伝えることができます。その際、管理職も同席できれば、学校側の誠意をより見せることができます。

いじめ対応モデル

①発覚したら、まず組織で対応し、事実確認する。

・学年団と生活指導担当に報告し、対応方針を決める。

・いじめた子どもが複数の場合、必ず個別に同時に話を聞く。

②関わった子どもへの支援と指導

・いじめられた子どもへのフォローとケアを十分に。

・いじめた子どもへの指導は新聞記事などの事例をもとに厳しく行う。

③再発防止のための学級指導と保護者への連絡

・事実を伝え、「これからどうするか」「自分に何ができるか」を考える。

・関わった子どもの保護者へ顛末を伝える。面談が望ましい。

Point

これだけは、いつも心にとめておきたい！

① いじめは、どこにでも誰にでも起こり得るという認識をもつ

② 休み時間や掃除時間などの生活場面で乱れの兆しが見えたら、要注意

③ 一人ではなく、チームで対応！　自分一人で抱え込まない

03 いじめた側への指導

いじめには、「暴力」「金品」「仲間はずれ」など、様々な形があります。いじめた側に共通することが、「ふざけ半分だった」という認識が多いということです。指導する際には、いじめが如何に許されないことかということを伝える必要があります。

そこで有効な手立てが、「新聞記事」です。いじめの新聞記事を見せることで、いじめた側にどのような非があるかを視覚的に理解させることができます。

また、複数の子どもがかかわっている場合、必ず中心となっていた子どもを確認し、いじめに至った経緯を丁寧に聞きます。そこから、再発防止の具体策を学年団で考えましょう。

04 再発防止の学級づくり

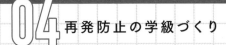

可能ならば、いじめがあったことは、学級全体に伝えます。そして、「これからクラスとしてどうしていくべきか」を考えることが大切です。もちろん、いじめに関わった子どもたちを守ることが最優先です。どんなことでも言い合える風通しのよい学級をめざしましょう。

〈参考文献〉小川真也（2021）『教師になったら読む本』三晃書房

宿泊行事

【宿泊行事（野外活動）でよくある質問】
（1）持っていってよいか聞かれるもの
・人形（寝るときに寂しくないように）
・虫除けスプレー　・虫網
・読書の本（漫画）・スーツケース
・シャンプー、リンス・ドライヤー
・日焼け止め　　　・カードゲーム

（2）おすすめプログラム
・自分たちでメニューや準備物を決める「チャレンジクッキング」。食材は限定されますが、調理方法などを調べさせることで食育にもなります。
・星空観察。強力な懐中電灯の先を黒い画用紙を巻いて筒状にすると、光が空まで届くようにできます。実際に星を照らしながら解説すると、理科の学びを深められます。
・収穫体験や川遊び、登山などを、家庭では体験できない子どももいます。それらの魅力を感じさせることも宿泊行事のポイントです。

▶ねらい

平素と異なる生活環境にあって、見聞を広め、自然や文化などに親しむとともに、よりよい人間関係を築くなどの集団生活のあり方や公衆道徳などについての体験を積む。
（学習指導要領解説 特別活動編より一部抜粋）

▶指導のポイント

5年生の宿泊行事が小学校生活で最も思い出に残る行事になる子もいます。ずっと友だちといっしょに過ごすので、トラブルが起こることは想定内だと教師は考えておきます。

また、事前に「どんな宿泊行事にしたいか」を話し合わせることも大切です。学級目標を意識させることや、集団生活でのマナーを考えさせて学級で共有しておくことも指導のポイントになります。なお、本頁では野外宿泊行事を中心に説明しています。

指導の留意点

01 班（部屋）の決め方は慎重に

子どもたちにとって、最も大きな関心ごとは「誰といっしょの班（部屋）か」です。これに関しては、宿泊行事に向けて4月の出会いの場面から「誰とでも仲よく過ごせること」を常に意識させることが大事になります。

決め方に関して「絶対にこの方法が正しい」というものはありません。教師が決めるときもあれば、くじ引きするときもあります。どのように決めるか、学年でよく相談しましょう。

班長だけを先に立候補で決めて、担任と班長で班を決めるという方法もあります。この方法では、班長以外の組み合わせを相談して決めますが、班長がどの班に入るかは担任が決めます。自分の好みの班をつくらないようにするためです。

02 ゆとりあるプログラムの組み方

たくさん体験をさせてあげたいという思いで、朝・昼・夜のすべてにプログラムを入れてしまうと、時間に追われて余裕のない活動になってしまいます。

プログラムを計画する際は、あまり体験を詰め込まないようにします。フリータイムがあると、子どもたちは自らの興味・関心で動き出します。担任にとっても、ゆっくりと子どもたちと話をする貴重な機会になります。

余裕のないプログラムだと、活動の準備や部屋の片付けが雑になります。持ち物の紛失や遅刻などが起こり、それを教師が叱責するという悪循環に陥ります。何もプログラムがない日があってもいいというぐらいの意識で計画を考えることも大事です。

6月○日　学級目標をもとに、宿泊行事をふり返ろう

学級目標
「自然と笑える正直クラス、男女仲良し、団結力は世界一の5年○組」

【宿泊行事の思い出】
- チャレンジクッキングでは、班で協力しておいしい料理ができた。
- キャンプファイヤーでは、みんなが盛り上がっていて最高だった。
- 友だちがいてくれたから、さみしさを感じなかった。うれしかった。
- 星空がとてもきれいだった。虫がたくさんいたことには困った。
- 今まであまり話をしていなかった子とも、たくさん話ができた。

→ 宿泊行事物語を書こう
- 最も思い出に残っている場面を、物語のように表現しよう。
- なぜ、その場面が心に残ったのか、自分の心を見つめてみよう。
- 学級目標の言葉を意識しよう。
- これからの学校生活に役立てられることは何かを考えよう。

Point

宿泊行事で大切なことは、事前・事後の指導です。「何のための行事なのか」を事前によく考えさせたり、「行事を通して自分の心はどのように変化しているか」を見つめさせたりすることで、行事での学びを日々の生活につなげさせます。

03 キャンプファイヤーで心を一つに

　歌や踊りで盛り上がるボン・ファイヤーと、静かに語り合うカウンシル・ファイヤーがあります。初日はにぎやかに、最終日は静かに語り合う計画もできます。カウンシル・ファイヤーでは、1人1本のロウソクを見つめながら、幻想的な雰囲気で感想を伝え合います。

04 学級目標を意識させたふりかえり

　ボン・ファイヤーを実施する場合は、レク係の子どもたちに事前に内容を考えさせます。「お笑い」「クイズ」「○○ゲーム」など、内容を子どもたちに委ねることで、「自分たちでつくり上げる宿泊行事」という意識をもたせます。

学級運動会を
しよう

学級活動（1）ア

▶ねらい

学校行事の運動会や学活（2）「クラスの絆パワーアップ」の学習活動と関連づけることで、集団としてのねらいをもった話し合いや学級集会活動にする。

▶指導のポイント

学級会の準備を行う司会グループとの打ち合わせの中で、「提案者の思い」や「学級の様子」「使える時間や場所」などを出し合い、1時間で話し合える内容に絞り込むことが重要です。

また、行事や他の学習の学びを想起させ、結びつけられないかを相談することで、学級会で話し合う必然性を高めていきます。

活動にあたっての留意点

01 学級会にむけた事前の準備と指導

学級会の成功の9割は事前の準備と指導にかかっているといっても過言ではないでしょう。当日の話し合いを進める司会グループと提案者と教師で打ち合わせをしていきます。

議題箱に議題を入れた段階では、提案理由が漠然としていたり、話し合う内容が広すぎて1時間で収まらない内容であったりすることが多いので、問答の中で提案者の思いを引き出していき、「決まっていること」と「みんなで話し合うこと」に分けていきます。

たとえば、「学級運動会で何をするか」では話が広がりすぎてしまうので、「運動会でやったつなひきをベースにして考えるのではどうか」という方向づけを行っていきます。

02 話し合いのめあてとふりかえり

学級会で意識することは、「集団としての高まり」の他に、「話し合いのスキル」を向上させることも含まれます。事前に、「1年間を通して身につけたい話し合いのスキル」の一覧を配り、「今、どの段階か」「今回の話し合いではどこをねらっていくか」を、司会グループで打ち合わせておくとよいでしょう。

はじめの言葉の中で、「前回の学級会では、発表する人が限られていたので、今日の話し合いでは、ほとんどの人が発表できるようにしましょう」と伝え、話し合いのねらいを共有します。

終わりの言葉で、今回の話し合いをふりかえり、次の学級会につなげます。

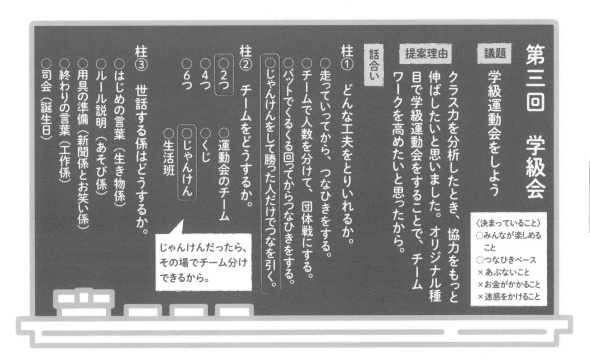

第三回　学級会

議題

学級運動会をしよう

提案理由

クラス力を分析したとき、協力をもっと伸ばしたいと思いました。オリジナル種目で学級運動会をすることで、チームワークを高めたいと思ったから。

〈決まっていること〉
○みんなが楽しめること
○つなひきベース
　×あぶないこと
　×お金がかかること
　×迷惑をかけること

話合い

柱① どんな工夫をとりいれるか。
　○走っていってから、つなひきをする。
　○チームで人数を分けて、団体戦にする。
　○バットでくるくる回ってからつなをひく。
　○じゃんけんをして勝った人だけでつなを引く。

柱② チームをどうするか。
　○運動会のチーム
　○くじ
　○じゃんけん
　○生活班

> じゃんけんだったら、その場でチーム分けできるから。

　2 つ
　4 つ
　6 つ

柱③ 世話する係はどうするか。
○はじめの言葉（生き物係）
○ルール説明（あそび係）
○用具の準備（新聞係とお笑い係）
○終わりの言葉（工作係）
○司会（誕生日）

6月

Point

活動ありきではなく、何のためにするのかという最上位目標だけは外さないようにしましょう。6月はトラブルが起こりやすい時期です。トラブルをなくすよりも、教師の前でトラブルを解決させる経験が後々効いてきます。

03 集団決定のよりどころは提案理由（ねらい）

話し合いを進めていくと、様々なアイデアが出てきます。安易な多数決で決めないようにしましょう。少数意見であっても、全体の高まりを考えているものや、学級活動の趣旨を理解した発言が出る場合があります。

重視したいのは発言の質です。発表者には、「みんなが納得するような意見や話し方を意識しましょう」と指導していきます。

子どもにわかりやすいのは、提案理由との関連です。話し合いの目的や提案者の思いを汲んだ意見は、メモをしておき、「先生からの話」の中で価値づけます。また、事前に、「みんなのことや提案者のことを考えた意見に価値がある」ことを伝えておくとよいでしょう。

04 教師が出るところ

学級会で難しいのは、教師がどこで介入したらよいかということです。教師が出過ぎてしまうと、子どもが忖度してしまい、自主的自発的な活動にならない場合があるからです。たとえば、以下のような場面では、教師が出て、指導する場面だといえます。

① 司会グループが困っているとき
② 人を傷つけるような意見が出たとき
③ 学校のルールや教育課程内におさまらない意見が出たとき
④ お金がかかる意見が出たとき
⑤ 話し合いが滞っているとき

クラスの絆
パワーアップ　学級活動（２）イ

▶ねらい

友だち関係で困っていることを出し合い、理由や背景について話し合ったり、知ったりすることで、よりよい人間関係をつくろうとする態度を育てる。

▶指導のポイント

予防的指導として、友だち関係について考える１時間を設定します。そうすることで、実際のトラブルに直面したとき、立ち返ることができます。

「いじめアンケート」や学級の集会活動と連動させていくのもよいでしょう。

ただ、道徳とはちがい、実際の生活場面の中から問題を取り上げて教材化するので、過去の事案を深掘りしすぎたり、特定の子どもが傷ついたりしないよう注意しましょう。

活動にあたっての留意点

01 子どもが共感できるような場面でつかむ

「こんな経験ありませんか？」と言って、静かにカードを貼っていきます。

カードの内容は、実際に目にした場面や前年度からの引継ぎ事項、アンケート結果を基にしてつくります。

そして、子どもに伝えるときは、教師の体験談として伝えます。

「先生がちょうど、みんなと同じくらいのときの話です。先生には、仲のいいＡさんという友だちがいました。いつも一緒に遊んでいたのですが、だんだん、その友だちの冗談がきつくなってきて、ちょっと嫌だなあと感じるようになってきました…」

02 なぜ、人は人を傷つけるのかといった原因をさぐる

体験談を語る際は、子どもの実態に照らし合わせてつくるので、共感的に聞いてもらえるようにしましょう。

そして、「なぜ、こんなことをするんだろうね」という問いかけが呼び水となり、ぽつぽつと子どもの本音や体験談が出てくるように働きかけます。

その際、教師は、丁寧に話を聞きつつも、話があまりに深く入りすぎていないか、周囲はどのような気持ちで聴いているかなどに注意しましょう。

刺激的な言葉が出てきた際は、柔らかい言葉に置き換えるようにします。

クラスの絆を高めよう　クラスの仲をよくするためにはどうしたらいいのだろう?

つかむ　友達関係で困ったこと

悪口を言われる	たたかれる
にらまれる	うわさ
仲間はずれ	無視をされる

スケープゴート
数人で一人のことをいじめている
イラストをお願いします

さぐる
なぜ、こんなことをするのだろう?

- 遊び感覚でやっている
- 仕返し
- 本人に自覚はない
- 嫌い　・共通の敵をつくる

遊びの延長
男子が女子をからかっている
イラストをお願いします

ストレスや不安
悩みを抱えている子の様子の
イラストをお願いします

みつける

- 相手のことを知る機会をもつ
- みんなで遊ぶ
- 理由を聞く(コミュニケーション)
- 相談にのる
- 決めつけない
- 大人に相談する
- 一人で抱え込まない
- 言葉づかいに気を付ける。

きめる
「される側」と「見かけたとき」とに
分けて、自分にできることをまとめよう。

Point

クラスの課題について立ち止まらせたり、見つめさせたりする1時間にしたいものです。問題は見ようとしなければ見えてきません。クラスに対する見方・考え方をバージョンアップさせることをねらいます。

---

03 理由を知り、解決方法につなげる

人が人を傷つける背景について簡単におさえておきます。脳科学や生活習慣、家庭環境などもありますが、子どもの心理的な側面に働きかけるシンプルなアプローチを心がけます。

○スケープゴート
→共通の敵をつくることで集団内の不安を和らげる
○遊びの延長
→遊びといじめの境目は難しい。されて嫌だと感じた時点で、遊びではなくいじめ
○ストレスや不安
→嫌なことがあったときに、そのモヤモヤを発散するために、人を傷つける

04 友だちと一緒に意見を出し合い解決方法をみつける

人間関係がこじれたとき、一人で解決できないことが多いと思います。そんなとき、一緒に悩んでくれたり、寄り添ってくれたりする友だちがつくれるよう、仲間づくりをねらいとした学級集会を仕組んでいきましょう。

2学期への意欲につなげる7月

▶【1】7月で目指す子どもの姿

　1学期の様々な教育活動を通して得た経験は、子どもたちにとって大切な種まきとなっています。とはいえ、夏休み直前は1学期の疲れがたまり、暑くもなり、うまくリズムに乗りきれないことがあります。この時期は子どもたちだけでなく、教師自身も成績処理や個人懇談など、学期末の慌ただしさに追われます。ゆったりと過ごすということを後回しにしてしまう時期でもあります。小さなトラブルが続き、そのまま夏休みに突入…なんてことを避けるためにも、「お互いの話を、聴き合う時間」を、意識してもつようにしましょう。成長やがんばりをふりかえり、2学期の目標を設定し直すことも7月に取り組む大切なことです。

▶【2】7月の学級経営を充実させるために

学習進度の確認

　学習内容の多い5年生は、残りの時間と学習内容の細かい確認と調整が必須です。「学期末になると、勉強が早く進む」。こんな印象は、担任への不信感を生んでしまうかもしれません。ドリルなどは、学習した範囲をやりきることが基本です。大量に宿題に出したり、手つかずのページが多いまま返したり、子どもを置き去りにした学習の進め方は2学期の学級崩壊につながることも。主任の先生と相談しながら進度を合わせるようにしましょう。教材や単元を2学期回しにするのは、子どもの負担が増します。

ふりかえり

　個人と、学級の2軸でふりかえります。生活面、学習面など視点を与えて、ふりかえります。言語化することによって、意識づけにつながります。1学期のみんなの成長を、喜び合う時間を計画します。「1学期、いろいろあったけど楽しかったな。2学期も楽しみだな」。そんな前向きな雰囲気で1学期を終えることがポイントです。個人懇談の時期でもあります。ふりかえりを通して、明らかになった子どもたちの成長やがんばりを保護者とも、共に喜び合いたいものです。

共感的に「聴く」「聴かれる」という体験

　トラブルがあった時、何かうまくいかない時、相手のことを知るために、「聴く」という方法が第一に取られます。お互いが何を思い、何を必要としているのか、ジャッジせずに耳を傾けるということを学級の文化に根付かせます。

▶【3】7月の実践事例 「共感コミュニケーション」（p.○○参照）

[ねらい] 一人ひとりにある感情やその感情が動くのは何を大切にしているからか（ニーズ）について知り、それらを表現することを通して、自分や他者を大切にし合える関係を目指す。聴く、聴かれるという経験の大切さに気づく。

活動例：

活動の約束	準備物
① パスOK　②誰のことも評価しないで最後まで聞く　③相手を尊重する	子どもニーズカード

ＳＴＥＰ１※２人組、もしくは班で活動します。

◇１学期をふりかえって、今どんな気持ち？

感情のイラストから選ぶ。エピソードを添えて語る。

↓感情カード　↓ニーズカード

> →人間には様々な感情がありますが、子どもたちはまだそれらをうまく言語化することができません。
> 　でもイラストカードを選ぶことで、自分の感情を豊かに表現することができます。

ＳＴＥＰ２

◇その感情が湧いたのはどんなニーズが満たされた／満たされていないから？ニーズのイラストから選ぶ。

> →ニーズとは、どんな人にとっても大切なもので、生きるためのエネルギーにつながります。
> 　解決を目指さず、ニーズにつながることを大切にします。

ＳＴＥＰ３

◇ＳＴＥＰ２のニーズを満たす方法はある？　お互いに何ができるか、みんなで考えよう。

◇何があれば、自分らしく２学期を過ごせそう？

活動後の留意点

　ことあるごとに、自分の中にある感情とニーズをキーワードに立ち止まります。子どもたち自身が、落ち着いて自分の感情を言語化し、ニーズに気づくことができたら、セルフコントロールにつながります。自由で思いやりにあふれ、お互いを尊重し合える豊かな関係が学級の中で育まれていきます。

〈参考資料〉Facebook グループ「子どもニーズカードを使ってみよう」 https://www.facebook.com/groups/139249607781121/announcements、NVC ジャパン

個人懇談会

～マイナスをうまく伝えるコツ～

〇課題を終えるのが遅い
「時間がかかっても、丁寧に頑張っていますよ。あとは、速さだけですね」

〇友だちとトラブルが多い
「友だちのことが大好きなんですよね。ただ、お互いに距離が近すぎて、それでもめてしまうことがあるみたいです」

〇なかなか言うことを聞かない
「お家ではどうですか。言うこと聞きますか？　やっぱり… いや、学校でも、実は困っていまして…」

〇集中が長く続かない
「読書ってしますか？　しないんですね。実は、授業に集中していないときがしばしばあるんです。読書をすると集中力がつくんですけどね」

▶ねらい

子どもの学校での様子や成長、課題などを丁寧に伝え、保護者の子どもへの思いを聞き取る機会とする。保護者と信頼関係を築き、長期休業や次学期に向けて前向きな気持ちを抱いてもらえるようにします。

▶指導のポイント

個人懇談は、開催時期や希望制であるなど、学校間で異なりますが、共通していえることは、「短時間の中で、たくさん伝えないといけないし、保護者の話も聞かないといけない」ということです。そして何より、「その子の課題」も伝えないといけません。

5年生ともなれば、人間関係が複雑化していたり、中学受験の話題も出たりします。保護者と良好な関係を築くためにも、誠意をもって面談しましょう。

指導にあたっての留意点

01 「大好きです」からスタート

たいていの保護者が、「何を言われるのだろう…」と思っているので、開口一番、「〇〇さんは、いつも元気でいいですね。大好きなんですよ！」と伝えましょう。「うちの子のことを認めてくれている」と思ってもらわないと、何を話しても伝わりにくくなります。

02 勉強と友だち関係に焦点化

高学年の保護者は、我が子の学力と友だち関係に強い関心があります。中には自分の教育観を熱く語る先生もいますが、それよりも子どもの具体的なエピソードを伝えましょう。特に、休み時間の「誰とどこで何をしているか」をチェックしておきましょう。

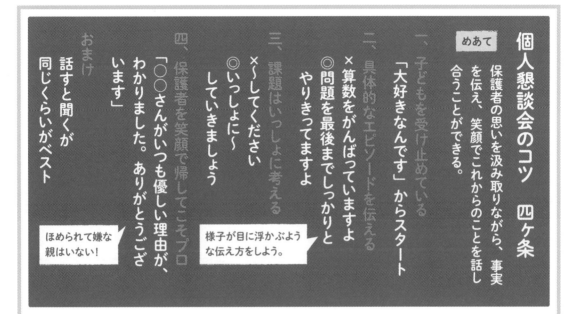

個人懇談会のコツ　四ヶ条

めあて

保護者の思いを汲み取りながら、事実を伝え、笑顔でこれからのことを話し合うことができる。

一、子どもを受け止めている
「大好きなんです」からスタート

様子が目に浮かぶような伝え方をしよう。

二、具体的なエピソードを伝える
×算数をがんばっていますよ
◎問題を最後までしっかりとやりきってますよ

三、課題はいっしょに考える
×〜してください
◎いっしょに〜していきましょう

四、保護者を笑顔で帰してこそプロ
「○○さんがいつも優しい理由が、わかりました。ありがとうございます」

ほめられて嫌な親はいない!

おまけ
話すと聞くが
同じくらいがベスト

Point

「来てよかった!」と思ってもらえるために…

① 明るい表情で、ハキハキと答えて和やかな雰囲気に

② 保護者と担任が手を取り合って、子どものために話し合う

③ 褒めるネタを用意しておく。他の先生に聞いてみるのも効果的

7月

03　課題は、一緒に考えてから提案する

子どもの課題を伝えるときは、まず家庭での様子から入ります。たとえば、低学力の場合、宿題に時間がかかっていることがよくあります。その状況を話す中で、学力を上げていく方法を保護者と一緒に考えていく姿勢を見せたうえで、学校側ができることを提案します。

また、保護者によっては過保護であったり、放任主義であったりする場合があります。まずは、話を聞く中で「きちんとお子さんのことを考えていらっしゃるんですね」と肯定しましょう。そこから、「以前にこのような保護者の方もいましたよ。その方は〜」と、経験談のひとつとして子育ての助言をするようにします。

04　家に帰ってから、ほめるネタ

家に帰ってきた親が、「先生、すごくほめていたよ。学校でがんばっているんだね。お母さんうれしかったわ」と言ってくれたら、子どももうれしいものです。懇談の最後は、よい印象で終われるように、ほめるネタを準備しておきましょう。

1学期の終業式

▶ねらい

日常とは異なる緊張感のある儀式的行事を行うことで、1学期の終わりを意識させ、自分の成長や課題を確かめようとする態度を育てる。

▶指導のポイント

終業式では、校長先生の話や夏休みのくらし、児童代表の言葉など、様々な話を聞きます。「なんとなく聞く」では、頭に何も残りません。予告とふりかえりで、「注意して聞く」態度をもたせましょう。

また、全体へ向けた話では、他人事になりがちです。主語をクラスに置きかえることで、自分事にさせていくことが大切です。

活動にあたっての留意点

01 板書で意義や予告を行う

子どもが登校してくる前に、黒板に終業式の意義や1日の流れを書いておきます。

全員が揃い、健康観察を終えたタイミングで板書を使って、終業式の意義や予告を行います。

「今日で、1学期も終わりですね。終業式はその節目の式です。竹は節目があるから、しなやかで、折れにくいのだそうです。私たちも、自分の成長したところや課題をふりかえって、よりよい2学期につなげていきましょう。また、終業式では、いろんな先生が話をされます。どんな話があったのか、後で聞くからね。自分のことだと思って聴きましょう」

02 子どもの聞く姿を見取る

全校生が揃った場面では、不適切な行動をしている子に目がいきがちです。注意をする前に、一生懸命、話を聞いている子を見取り、肯定的な評価をしていきましょう。

たとえば、近くに行って「しっかり聞いているね」「うなずきや反応があるね」「よい立ち姿だね」といったがんばりを認める言葉をささやきます。また、グッドサインや合格サインなど、非言語コミュニケーションで、努力を評価します。不適切な行動をしている子には、「少し疲れたかな？　どのくらいならがんばれそう？」「少しだけ休憩する？」「静かに話を聞きたい友だちもいるよ」と心配していることを伝えたり、周囲の気持ちを代弁したりします。

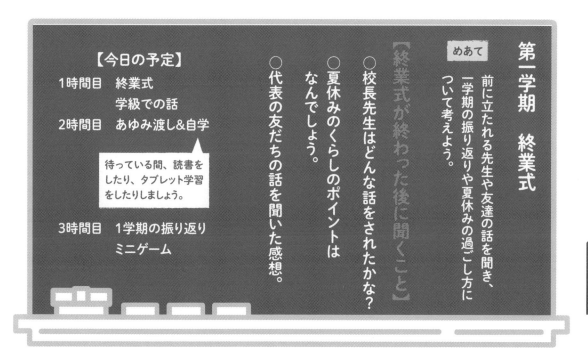

第一学期　終業式

めあて

前に立たれる先生や友達の話を聞き、一学期の振り返りや夏休みの過ごし方について考えよう。

【終業式が終わった後に聞くこと】

○校長先生はどんな話をされたかな？

○夏休みのくらしのポイントはなんでしょう。

○代表の友だちの話を聞いた感想。

【今日の予定】

1時間目　終業式
　　　　　学級での話

2時間目　あゆみ渡し＆自学

待っている間、読書をしたり、タブレット学習をしたりしましょう。

3時間目　1学期の振り返り
　　　　　ミニゲーム

Point

教師自身の「見る」「聞く」感度を最大限に高めましょう。前に立つ先生の話をよく聞けば、意図が汲みとれます。子どもの姿をよく見ておけば、子どもの心の機微に気づけます。たしかに掴んだことをクラスに返していきましょう。

03 様々なふりかえり活動

事後のふりかえりで、曖昧な情報を確かな知識にしていきます。たとえば、次のような方法で行います。

「校長先生のお話をまとめると3つありました。どんなお話をされましたか？　近くの人につぶやいてみましょう。」

数人指名し、個々の記憶をみんなの記憶にします。

「『夏休みのくらし』クイズをします。いくつ正解できるかな？」

○×クイズや3択クイズ、3ヒントクイズなどにして出題します。クラスの実態に合わせて作問するとよいでしょう。話の内容を思い出そうと意識を向けるだけでも効果があります。

04 全体に向けた話を教室でも取り上げ、自分事にさせる

全体に向けた話は、情報をみんなで共有できるというよさはありますが、自分事にしにくいというデメリットもあります。全体での話を学級や個人に落とし込む活動は、学級担任の大事な仕事です。それにより、学級の安定化にもつながるので、大いに全体での話を利用しましょう。

学級で話すときのポイントは、「あなた」に向けて話し、当時者意識をもたせることです。

「夏休みは水難事故が増えるという話がありましたね。もし、『あなた』が事故や事件に巻き込まれたら、みんなが悲しい思いをするよ。きまりを守って楽しい夏休みにしましょう」

水泳指導

▶ねらい

　学び合いを重視した水泳指導を通して、助け合って運動するよさを味わわせるとともに、着衣水泳の学習で水難事故を防ぐポイントを理解させ、生涯にわたって運動に親しもうとする資質を養う。

▶指導のポイント

　笛の合図で順番に泳がせる、いわゆる一斉授業を見直します。学習指導要領解説（右参照）によると、水泳指導は泳力を伸ばすことが目的ではなく、自己の課題を見つけることや、練習方法を自ら選択する力を養うこと、仲間と助け合って課題解決に取り組もうとする人間性の育成が求められています。

　また、注目したいのは、「命」を守るための安全確保につながる運動です。ここに、着衣水泳に取り組む意義があります。

> 学習指導要領（平成29年告示）解説
> 体育編」
> D　水泳運動の指導事項（一部抜粋、筆者編集）
> （1）知識及び技能の例示
> ・25〜50m程度を目安にしたクロール、平泳ぎ
> ・安全確保につながる運動
> 　10〜20秒程度を目安にした背浮き、3〜5回程度を目安にした浮き沈み（だるま浮き）
>
> （2）思考力、判断力、表現力等
> ・学習カードや提示物を活用したり仲間の動きと照らし合わせたりして自己の課題を見付ける。
> ・能力に応じた記録への挑戦の仕方を選ぶ。
> ・ペアやグループで陸上や水中から動きを見合ったり、互いに補助をし合ったりすることで、仲間の課題に適した練習方法を伝える。
>
> （3）学びに向かう人間性
> ・練習場所やレーンの使い方、補助の仕方などの約束を守り、仲間と助け合う。

指導の留意点

01 安全確保につながる運動の重視

　体育科の目標は「生涯にわたって心身の健康を保持増進し豊かなスポーツライフを実現するための資質能力を育成する」ことです。

　小学校での学びを「生涯スポーツ」につなげる意識が大切になります。安全にスポーツを楽しめる（命を守る）よう、水泳運動領域では「背浮き」や「だるま浮き」が例示されています。高学年では泳力の向上を重視しがちですが、「背浮き」や「だるま浮き」は泳力向上のための水中感覚を養うために効果的な練習になります。

　そこで、毎時間の授業の始まりを、帯タイムとして繰り返し「浮く」練習に取り組ませることで、安全確保の技能と水泳運動の基礎感覚を養います。

02 学び合う水泳授業のよさ

　2人（3人）組で泳ぎ方のコツを教え合う時間を設定し、それぞれの課題に合った練習方法を自分たちで選択させます。補助具なども自由に使えるようにすることで思考力・判断力の育成につなげるとともに、仲間と助け合うことの喜びも感じさせます。

7月○日　水の事故から命を守る方法を考えよう

『もし、川や海に落ちたら？』

●じっとして、浮いて助けを待つ

▲岸に向けて泳ぐ
　→波や川の流れで上手に泳げない。

▲大声を出して助けを求める
　→大声を出すと肺から空気が出て沈みやすくなる。

▲手を上げて合図する
　→水面に手を出すと、他の部分が沈んでしまう。

> どんな浮き方がいいかな？
> ・背浮き　　・大の字浮き　　など
> 浮き輪の代わりになる、身近にあるものはなんだろう。
> ・ペットボトル？
> ・ランドセル？
> ・サッカーボール？
> ・水筒？
> ・傘？
> ・ゴミ袋？　　　　　　　　　試してみよう！

Point

着衣水泳は「服を着て泳ぐ練習」ではないことを学校全体で共通理解しておくことが大事です。子どもたちにもその意識をもたせるために、事前に教室で学習しておくことも有効です。

03　着衣水泳に取り組む際の注意点

　着衣水泳の目的は、「あわてず、浮いて、待つ」ことが大事であると経験を通して学ぶことです。「背浮き」「ちょうちょ泳ぎ（エレメンタリー・バック・ストローク）」のよさを知ったり、ペットボトルを補助具として浮き続けられるということを実感したりします。

04　水泳指導で配慮すべき事項

　『学校における水泳プールの保健衛生管理（平成28年度改訂）』（日本学校保健会）に、「光線過敏症のある児童生徒は、（中略）日焼け止めクリームやラッシュガードを使うなどの工夫が必要です」という記載があります。ゴーグルも同様、一律に禁止と設定するのではなく、柔軟な対応が求められます。

　また、自分の性に違和感を感じている子にとって、ラッシュガードは安心して授業に参加できるための支援の一つになります。顔をつけることを怖がる子どもには、耳栓やノーズグリップも補助具になるときがあります。

　規律を守らせることも大事ですが、誰もが安心して水泳の授業に参加できる環境を整えることも大事になります。

4月　5月　6月　**7月**　8月　9月　10月　11月　12月　1月　2月　3月

1学期の
ふりかえり

▶ねらい

　1学期の生活をみつめ、ふりかえりを行うことで、自分の課題を自覚させ、よりよい2学期につながるようにする。

▶指導のポイント

　ふりかえりシートを作成する際は、様々な場面で活用できることを想定します。

ここをがんばった！

① 通知表や懇談会の参考資料として
② 子どもの学習や生活の見つめ直しとして
③ よりよい行動の方向づけとして
④ 適切な自己評価の指導として
⑤ 教師の知らない子どもの姿を知るためのツールとして
⑥ 子どもの悩みを相談する場として

活動にあたっての留意点

01 行動の記録を具体化する

【基本的な生活習慣】自他の安全に努め　礼儀正しく行動し　節度を守り　節制に心掛ける

⬇

【基本的な生活習慣】校舎内で走ったり暴れたりせず、相手に応じた言葉づかいや挨拶ができましたか。

　通知表（あゆみ）の行動の記録は、曖昧でとらえにくい文章で書かれていませんか。
　子どもがわかる言葉に置き換えて問うことで、日常の言動を見つめ直す手立てとします。
　その際、子どもの姿と照らし合わせ、増やしたい姿をイメージして文章化するとよいでしょう。

02 見えるところの記録　見えないところの見取り

　通知表や懇談会は「事実」をもとに準備をしていきます。その際、子どもの実感と教師の評価が一致したほうが、教育的効果は高いです。
　教師にとって見えにくいことも文章化することで個人内評価につなげやすくなります。

【1】学期をふりかえって

ICTを活用し、データベースで管理したり、キャリアパスポートにファイリングしたりすることで、過去の自分の意識の変化や成長に気付かせることにもつながります。

※よくできた◎　できた○　もう少し△

5年　組番　名前

		先生	
1	校舎内で走ったり暴れたりせず、相手に応じた言葉つかいや挨拶ができましたか。		
2	休み時間は外に出て遊んだり、自分から進んで運動したりしましたか。		
3	自分にあった目標を立て、最後までねばり強く取り組むことができましたか。		
4	委員会や当番の仕事を責任をもってやりとげることができましたか。		
5	学級会や係活動などで新しい考えを出し、クラスがよりよくなる活動を進めることができましたか。		
6	友達の意見や考えをみとめた上で、自分なりのやり方を伝えることができましたか。		
7	動物や植物を大切にし、進んでお世話することができましたか。		
8	そうじ時間では時間いっぱい、最後まで熱心に取り組めましたか。		
9	だれに対しても同じような態度で接することができましたか。		
10	学校のきまりを守り、規則正しく生活できましたか。		

授業や学習で頑張ったこと

学校生活の中でがんばったこと

総合的な学習の時間でがんばったこと

委員会	
クラブ	
係	
当番	

休み時間「だれ」と「どんな遊び」をしていますか？

お願いや聞いてほしいことがあれば書こう。

初めてできたこと、うれしかったこと、心に残っていること

03　自己指導力を育てる手立て

　子どもと1対1で話す個人面談の時間をとることをお勧めします。

「いじめアンケート」「通知表の成績」「ふりかえりシート」をもとにして、以下のようなことを伝えます。

① 困っていることはないか
② 学習評価の説明
③ 行動の記録の説明

「ふりかえりで△にしていたけど、もっと自信をもっていいよ。授業中、丁寧な言葉で発表していたし、自分から挨拶もできているからね」

適切な自己評価を指導する機会にします。

04　素直に思いを表現できる環境に

　子どもが正直に自分の思いや悩みを表現できるよう、周囲から推察されないような場や時間の設定を心がけましょう。

・テストの机配置で行う。
・教師が回収する。　　　　　　　　　　　　　　　など

　子どもの願いと教師の願いが一致していれば、子どもとの関係性もよくなりますし、保護者も安心します。

　子どもの素直な思いや願いを見取り、今後の教育活動に生かしていくことは非常に重要な視点です。

　せっかく、勇気を出して「いじめアンケート」「ふりかえりシート」に書いたのに、リアクションがなければ不安に思うので事後の指導に活かしましょう。

学習ゲーム
（自由研究）

けてつながり、活動を広げることができます。

▶ご当地ものは教材の宝箱

地サイダーは、日本各地で中小企業などが製造・販売しているもので、地酒や地ビールに似ています。地域限定で希少性があったり、まちおこしや特産物の持続可能な生産・販売が目的であったりします。土地の自然や歴史、人々のくらし、抱えている課題などに着目できます。

みんなで楽しむ活動としてだけではなく、総合的な学習の時間などにおいて、探究学習のきっかけにもなります。

▶ねらい

地サイダーから得られる情報をもとに、問いを見つけて自主的に調べたり、グループで共同編集したりして、集めた情報（事実）から見えることを話し合って深める。

▶指導のポイント

地サイダーをきっかけにしたゲームの要素を含んだ楽しい活動を通して、学び方を身につけて、夏休みの自由研究につなげます。

また、テーマについて学びながら、同時に、子どもたちも教師も、一人一台端末を使ったデジタルツールの操作も理解し、慣れていくようにします。（ロイロ・ノートやGoogleスライド、Googleドキュメント、画像検索など）

全国の知人や学校関係者などに協力を呼びか

活動例

01 ご当地サイダークイズ

Q1　本当にあるサイダーはどれでしょう。
　わさび、みそ、茶、牛タン、カレー、醤油
Q2　何県のサイダーでしょう。
　Googleスライドに日本地図と地サイダー画像を貼る。グループで画像を動かしながら話し合う。

02 各自で調べて、Googleドキュメントで共同編集し、レポート作成

調べたことを書き込もう
エイリアンとは有明海のワラスボのことでした。

ワラスボの仲間を調べたよ。

6　研究のまとめ

地サイダーを次のように分けてみました。

＜地サイダーの材料＞

農産物	さくらんぼ,ゆず,かぼす,甘夏,日向夏,温州みかん,たんかん,新姫,茶,わさび,しそ,すいか,いちご,うめ,ドラゴンフルーツ,むらさきいも,マスクメロン
特産品	塩③,しょう油,さとう,黒糖
名物	海軍カレー
水	走水,九頭竜川,ままの水,銀川,富士山蓑笠水,九重,伊江島わじウォーター

＜有名なものを使っている場合＞

伝統	塩づくり(揚浜式,枝条架流下式),伝統野菜ちゃ,棒茶
歴史	ペリーの黒船来航,長崎貿易港,尾道造船所
場所	よこすか海軍基地,金沢湯涌温泉,九重夢大吊橋,関門海峡,皆宿温泉
昔からのサイダー	さわやかローヤル,スワンサイダー,BANZAI
キャラクター	カープぼうや,いきこ,みやざき犬,にいひめちゃん
人など	竹久夢二画家,広島東洋カープ

集めた地サイダーについてインターネットで検索したり、ラベルに記載された情報を調べたりすると、作成した地域の人々の地サイダーに込めた思いなどが分かってきます。

また、材料やネーミングから仲間分けすると、農作物などの特産物や名物、川や山の名水、歴史、著名人など、その土地の特徴が見えてきます。

03 サイダーのラベルをみんなで集め、日本地図に場所を書き込む

わさびジンジャーエール（静岡）

新姫サイダー（三重）

スペースサイダー（種子島）

04 夏休みの自由研究で広げる

地サイダーの材料の天日塩や黒糖作りを見学したよ。
地サイダーは地元の材料が使われることが多いです。

サイダー作りに挑戦。松の葉と黒砂糖に水を入れ、2日間日光に当てた後、塩を加えます。

ジャンボしゃぼん玉大会をしよう

学級活動（1）イ

▶ねらい

「仲間と協力して達成感を味わう」というミッションを通して、1学期の学級としての成長を確かめ合い、喜び合う時間をもつことで、集団としての所属感を高める。

▶指導のポイント

子どもたちは、1学期の教育活動を通して、みんなで活動する楽しさやおもしろさを、共有することができました。一方で行事や、やるべきことに追われ、慌ただしく過ぎる毎日で、楽しいことを一から自分たちで企画するまでにはもう少し時間がかかりそう…そんなときに教師の提案と助言で場づくりを行うのも1つの方法です。1学期楽しかった！　2学期も楽しみ！　となるような、成功体験で終わる学級活動で1学期を締めくくります。

指導にあたって

01 事前指導

教師は、この活動を体験させたいと思っても、子どもたちがうまくのってこないことがあります。そんなときは、ちょっとした種まきをしてみます。子どもたちとの雑談の中で、しゃぼん玉を話題にあげ、「去年のクラスで、しゃぼん玉大会したけど、みんなはどう？やってみない？」と投げかけてみたり、卒業文集などの「過去の人気学級集会ランキング」を紹介したり、子どもたちに、おもしろそう！やってみたい！と思わせることがポイントです。話し合いにつながるしかけづくりが教師によるものであっても、子どもたちのやる気に火がつけば、話し合いの必然性が生まれます。

02 話し合いの助言

今回の目的は、「仲間との協力、達成感で終わる」と明確に決まっています。提案理由に対して、大切にしたい自分の考えや思いを積極的に出し合うことに指導の重点を置きます。事前に自分の考えを付箋に書いたり、それらを小グループで分類し、整理し、グループの意見として出し合います。全体での話し合いでもまた同じように繰り返します。話し合いの場をスモールステップで設定すると、意見がつながり始めます。教師も、積極的に介入し支援します。意見が出にくい場合は、子ども役になって意見を添えるのもよい方法です。全体での話し合いの立ち止まらせたいポイントや深めさせたいポイントでは、流れを止めて具体的に助言や称賛を繰り返します。

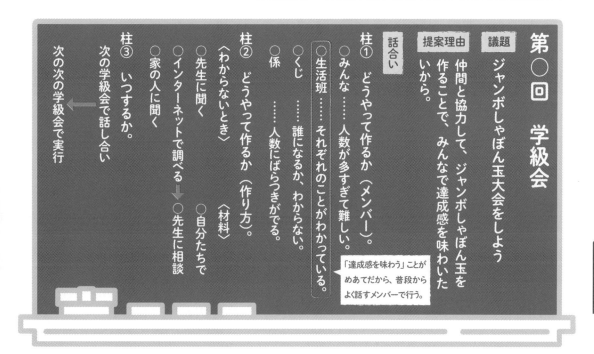

第○回　学級会

議題　ジャンボしゃぼん玉大会をしよう

提案理由　仲間と協力して、ジャンボしゃぼん玉を作ることで、みんなで達成感を味わいたいから。

話合い

柱①　どうやって作るか（メンバー）。
○みんな……人数が多すぎて難しい。
○生活班……それぞれのことがわかっている。
「達成感を味わう」ことがめあてだから、普段からよく話すメンバーで行う。
○くじ……誰になるか、わからない。
○係……人数にばらつきがでる。

柱②　どうやって作るか（作り方）。
〈わからないとき〉
○先生に聞く
○インターネットで調べる → ○先生に相談
○家の人に聞く
〈材料〉
○自分たちで

柱③　いつするか。
次の学級会で話し合い
次の次の学級会で実行 ←

7月

Point

夏休み直前、自分たちで話し合って「やってみた！」「やってみると楽しい」「大成功」。この成功体験で１学期をしめくくることが大切です。

03 しゃぼん玉の
おすすめポイント

　しゃぼん液のことや道具などジャンボしゃぼん玉のつくり方を調べると、様々な情報が簡単に手に入ります。誰でも簡単に取り組める教材です。失敗がないので、成功体験にもってこいの活動です。
　「しゃぼん玉割れない選手権をしよう」
　「いろんな道具でたくさん飛ばそう」
など、展開の応用が可能です。「どうしてしゃぼん玉は丸いんだろう」と、問いを立てると、理科の学習につながり、夏休みを前に自由研究への興味づけにもなります。
〈体験活動の例〉
◇サマーフェスティバルをひらこう
◇水でっぽう対決をしよう
など、季節感のある活動もおすすめです。

04 準備物

・洗濯のり　・食器洗い洗剤
・砂糖　・水　・針金ハンガー
・モール（毛糸や布切れも可）
　材料費がかかるので、学年での活動が望ましいです。
（一人あたり　100円程度）

4月　5月　6月　**7月**　8月　9月　10月　11月　12月　1月　2月　3月

夏の暑さに負けない過ごし方

学級活動（2）ア

▶ねらい

　夏の自分の生活を見つめて、体調不良の原因や、健康で安全に過ごすための方法を理解し、自分で取り組むことを決める。

▶指導のポイント

　熱中症や長期休み中の不規則な生活習慣などは、どの子にも共通の問題です。一人ひとりが課題に気づき、よりよく解決するために考えることを大事にして、実践につなげるようにします。

　また、家庭科の「季節に合った快適な過ごし方」について、衣食住において総合的に考える学習と関連づけることで、実践的・体験的な活動ができます。

つかむ

　だるい
　疲れやすい
　食欲がない
　お腹の調子が悪い
　熱中症
　昼間も眠い　　など

・起きる時間は？
・寝る時間は？
・朝ご飯を食べているか？
・おやつや飲み物は？
・運動しているか？
・テレビ、ゲーム、
　インターネットの時間は？

本時の展開

01 アンケートで課題を「つかむ」

　子どもは、一時的な体の不調については特に気にしていないことが多いです。そこで、自分の生活を見つめて、課題に気づくことができるように働きかけます。

　健康のために大切な生活習慣として、「睡眠・食事・運動をバランスよく続けること」を示し、生活を見直す視点にします。睡眠・食事・運動の実態についてGoogleフォームなどを使って、Webアンケート調査を行います。

　（質問は、上段の板書の「つかむ」部分に例示）

　回答結果は、すぐに文字やグラフで可視化できるので、モニターに映して全体で共有します。睡眠時間や食事の摂り方などについての実態から、自分の生活の課題を把握します。

02 問題の原因を「さぐる」

　グループや全体で話し合うことで、自分では気づきにくい、自分の行動がなぜ問題かについてさぐり、解決策の追求につなげます。

① だるいのはなぜか→睡眠不足
② 睡眠不足はなぜだめか→疲れがとれない
③ なぜ睡眠不足になってしまうのか→長時間のゲームや動画視聴、熟睡できてない
④ 自分の生活をどう変えればよいか。
●朝食抜きは熱やエネルギー源の不足、おやつばかりでは栄養が偏り、お腹が空かない。
●外での運動不足は暑さに慣れず、冷房の効いた室内との温度差で体の負担が大きい。
●冷たい物ばかり摂ると、お腹が冷えて血流に影響し、胃腸の消化機能が低下する。

夏の暑さに負けないように過ごすには、どうしたらよいか？

さぐる

- ・心と体を休める
- ・成長ホルモン
- ・疲れをとる
- ・元気に動く

- ・血や肉や骨をつくる
- ・熱や力となる
- ・体の調子を整える
- ・頭や体の動きのもと

- ・外の暑さに慣れる
- ・汗をかいて体温調節
- ・夜、よく眠れる
- ・血液の流れを促進

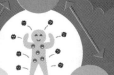

暑さ 温度
強い日差し
温度差

病原体

睡眠

抵抗力

運動　　食事

バランスがくずれると…
自律神経が乱れる → 心と体の不調
体の抵抗力が低下 → 病気の原因の一つ
熱中症の原因にもなる

みつける

- ・寝る前にテレビやゲーム、スマートフォンを使わない。

- ・休日も同じ時間に起きる、寝る。

- ・毎日3食ちゃんと食べる。

- ・偏った食事やお菓子の食べ過ぎに注意する。

- ・毎日、運動する。

きめる

- ● 夜 21 時には寝る。
- ● 野菜も食べる。
- ● 縄跳びを 15 分する。

03 解決策を「見つける」

　ICT端末を用いて、各自で解決策を調べる時間を確保します。既に家庭で実践していることや知っていること、聞いたことなども併せて、グループで情報交換します。養護教諭とのＴ・Ｔや、専門家とWeb会議システムでつないで情報収集や質問をするのも効果的です。

04 具体的な個人目標を「決める」

　つかむ・さぐる段階の自分の生活の課題や問題の原因を再確認して、自分の生活で取り組む目標・内容・方法を決めます。夏休み明けに体調不良を感じる子どもも多いので、板書を撮影して掲示するなど、継続して意識づけを行っていきます。

8月 2学期の再スタートを切るための8月

▶【1】8月で目指す教師の姿

　研修や水泳指導、職員会議など、追われる仕事が多くあり、気づいたら夏休みが終わってしまったということがしばしばあります。夏休みが終わる間際になって、「あれもしなきゃいけなかった」「これも足りていない」など、慌てるのではなく、計画をしっかり立てて、余裕をもって仕事に取り組むことが大切です。加えて、趣味の時間や健康を保つための体のメンテナンスなどのプライベートを充実させ、心と体のエネルギー補充を行うことが大切です。仕事とプライベート、両方を充実させ、実りある夏休みを送れるようにしたいと思います。

▶【2】2学期からの学級経営を充実させるために

スタートダッシュが勝負！　夏休みを計画的に過ごすために

　子どもたちと離れる時間が長ければ長いほど、何をしようにも思い出すことが難しくなります。そこで、夏休みが始まったらまず1学期のふりかえりをし、2学期の戦略を練りましょう。夏休みの前半に戦略を練ることによって、始業式までにしなければならないことやしておいた方がよいことが出てきます。時間をかけて、ゆっくり準備をするとよいでしょう。

　次に、時間をかけて自己研鑽をするとよいです。書籍や論文を読んだり、教材研究のためにフィールドワークに出かけたりするとよいです。

休むときと働くときのメリハリをつける

　教師という仕事は、課業中はなかなか休みが取れないことが多いです。夏休み中は子どもが登校することも少ないので、比較的、休みは取りやすいです。そこで、平日にしか行けないランチやショッピングなど、休みをエンジョイする日を設けましょう。同じ学年の先生や同世代の同僚と食事に行くなど、親睦を深めることも大切です。また、夏休みは子どもがいないので、緊張感が薄れているのか、午後のデスクワークとなると集中力が切れて、睡魔に襲われることもあります。思い切って、頭が働く午前だけの出勤にして、午後からは休みを取ることもよいでしょう。学年団の先生方との打ち合わせのためにわざわざ出勤しなくても、今の時代は気軽にオンライン会議ができます。活用してみるのもよいでしょう。他の教職員が出勤するのが少ない日もあります。（お盆前など）そこで仕事をすると、プリンター待ちもありませんし、無駄話も少なくなり、集中して仕事をすることができます。

　休むときと働くときのメリハリをしっかりつけ、1日1日の価値を高めることで、有意義な夏休みを過ごせるように工夫することが大切ですね。

▶【3】8月の実践事例「will」と「must」に分類したTo doリストの作成

■ねらい

　充実した夏休みにするために、仕事とプライベートについて計画を分類化する。

■方法

① will（したいこと・できるならやっておきたいこと）must（しなければならないこと）に分けて、
　仕事やプライベートで夏休みにすることを分類する

② 仕事に関しては締切を明記する

③ 実際に行ったものにチェックをする。完了日を書き加えておくとよい

④ 夏休み終了時に、次年度の夏休みにしたらよいと思うことをまとめ、メモに残しておく

	must（しなければならないこと）	will（したいこと）
仕事	・学校行事の準備（運動会のダンス、学習発表会の台本） ・2学期の授業の準備（教材、プリント） ・指導案作成、模擬授業、教材づくり ・学年の先生と打ち合わせ ・気になる子どもに連絡する ・生き物・畑の作物のお世話 ・備品の整理 ・校外学習（社会見学）先への連絡・下見、バスの手配 ・ゲストティーチャーとの連絡・調整 ・校務分掌のファイル整理、書類の分類・ラベリング、校務用パソコン内のデータの整理 ・夏休みの宿題の集配の段取り	・職員室の机を整理・整頓する ・学級目標の掲示物をグレードアップ ・（温泉のついでに）○○資料館に行く ・2学期の学年便りを作っておく ・子どもたちに暑中見舞いを送る ・ICT関係のセミナーに参加する
プライベート	・車検に行く ・部屋の掃除をする ・歯医者に行く ・実家に帰る ・町内会の役割	・家族で温泉に行く ・海外に行く ・教師ではない友達と一緒に過ごす ・読書をする ・映画を見に行く ・美味しいスイーツを3つ食べる

■ポイント

　仕事とプライベートをしっかり分類することが大切です。旅行のついでにフィールドワークに足を運ぶのも一石二鳥でよいでしょう。また、夏休みの自分の出勤の予定や休みの予定を必ず学年団の先生に伝えておきましょう。そうすれば突然の予定変更などが少なくなると思います。

　このTo doリストは、データに残しておき、次年度以降の夏休みの計画を立てるときの参考にするとよいです。

教材研究・
フィールドワーク

▶学び続け、進化する教師の営み

変化の激しい社会において、子どもの本質的な深い学びを実現するためには、教師自身のブラッシュアップが重要です。普段より教材研究やフィールドワークの時間が取りやすいこの時期を有効活用して、専門性を高めていきましょう。

教材研究は、教材に関する研究を行い、専門的知識や技能を深め、ねらいに向けて、子どもの実態に即して授業を考えていくことです。

フィールドワークは、現地で観察や聞き取り調査、史料・資料の採取などを行う実地調査です。ただ見聞するのではなく、同僚などに同行し、実際の人・もの・ことから、何を感じ、学んだかを語り合うことで、「みる」眼を磨いていきます。たとえば社会科では、現地で教師自身が、位置や空間的な広がり、時期や時間の経過、事象や人々の相互関係に着目して、事象の意味や特色を考えたり、相互に関連づけたりしていきます。

潜伏キリシタン関連遺産
熊本県天草市の﨑津集落
仏教、神道、キリスト教が共存する空気感に
驚く。
地理的位置や地形、気候、歴史と漁村特有の
信仰形態等、現場を見て初めて、いろいろな
知識が結びつく。

地域の人と郷土料理づくり
自然環境に合わせたくらしと知恵

教材研究・フィールドワークの例

01 現地で、五感で感じるリアリティ

フィールドワークでは、文字では伝わりにくい大きさ・形・速さ・位置関係などの空間認識ができます。埴輪の実物の大きさに驚いたり、金閣寺の美しさに感動したり。本物は迫力があります。また、自分の思い込みに気づく意外性や、当事者の生の声の切実性に出会うこともあります。視覚、聴覚、味覚、臭覚、触覚を通して、新たな問いが生まれます。

・地域のスーパーや道の駅に行く。特産品の外に、ご当地ならではの物に出会えます
・年中行事、祭り、農林漁業、伝統芸能、料理、陶芸などを体験してみる
・教科書に出てくる場所や人に会いに行く
・観光パンフレットやご当地雑誌を集める

02 現地に行けなくてもできること

情報技術の発展で、文字や画像、動画、音声だけでなく、同期型・非同期型のコミュニケーションができるようになり、方法の選択肢が広がりました。

・Web会議や電話でインタビュー取材
・オンラインセミナーに参加、意見交流
・Google Earthで地形や土地利用を俯瞰して見る。距離を調べる。ストリートビューで現地の様子、タイムラプスで時間の変容を見る
・YouTubeの動画で操作方法などを知る
・バーチャル見学できる工場や美術館あり
・リモート操作でスマート農業体験もある
・新聞、雑誌、自治体統計や総合計画を読む
・テレビ番組、映画、DVD、SNSなどを観る

牛舎飼いと放牧の違いやその背景、兼業で成り立つ人々の生活の営みなどが見えてくる

自然が生み出した地形の迫力と人々の営み

セリ市場の活気　牛を売る人の思いを聞く

０３ 教材研究で専門性を高める

- 学習指導要領解説を読み込む、教科書研究
- ネットで授業動画、指導案を集める
- 引用文献や参考文献、関連図書を読む
- 図鑑、専門書、教育書で調べる
- 論文で先行研究を探す。論文検索エンジン
  （CiNii Articles、Google Scholarなど）
  各教科特有の教材研究の仕方があります。
　たとえば理科では、事前の予備実験により危険性をあらかじめ体験しておくことで、適切な指導ができたり、不足する点に気づいたりします。
　算数では、算数教育原論等の文献で数・量・図形の概念の形成過程を学ぶことで、子どものつまずきを分析して支援内容を考えます。

０４ 公共施設、専門施設を利用する

- 公立図書館、県教育センター、大学図書館
- 市役所、商工会
- 美術館、博物館、科学館、民俗資料館
- 専門施設
- コンサート、舞台（能、歌舞伎、落語等）

参考文献：「社会科教材の追究」佐藤正寿監修　宗實直樹編著　東洋館出版社（2022）

4月　5月　6月　7月　**8月**　9月　10月　11月　12月　1月　2月　3月

2学期準備

▶ねらい

2学期を迎えるにあたり、事前準備を十分にしておくことで、子どもと関わる時間を増やしたり、ゆとりをもったスタートにつなげたりする。

▶指導のポイント

学級経営を充実させるうえで、「期の始まり」は重要です。「2学期こそは…」と思って登校してくる子もいます。

子どもとかかわる時間を確保するためにも、事前の準備をしっかり行い、ムダ、ムラ、ムリのない活動を目指しましょう。

また、時間のある夏休みの間に、2学期の教材教具の準備をしたり、学級経営の目標を見直したりしておくことも大切です。

活動にあたっての留意点

01 気持ちよく迎えるための環境整備

しばらく使っていない教室はほこりっぽくなっています。子どもの机や椅子、ロッカー、棚など触れるところは、拭き掃除をしておきます。

気持ちのよい2学期のスタートになるよう教室以外の廊下、階段、トイレもきれいにしておきましょう。

忘れがちなのが、エアコンのフィルターや黒板消しクリーナーの掃除などの家電類の手入れです。

子どもが使う手洗い場の水も、5分ほど出しっぱなしにしておきます。長期間使用していない水道の水は濁っていたり、古くなっていたりすることがあります。

02 宿題や作品の回収の仕方

宿題や作品類は、担任の指示のもと提出させたほうがよいでしょう。無記名であったり、不備があったりするからです。

特に夏休みの宿題処理は膨大です。少しでも手間を少なくするため、子ども同士の点検や教師の声かけによる確認作業を経てから提出させるようにしましょう。

夏休みの作品は、一度、仮置き場に置かせますが、再度、記名や規定を確認させます。B4サイズの白紙に事前に注意点や〆切日を書いておき、子ども自身で確認できるようにしてもよいでしょう。

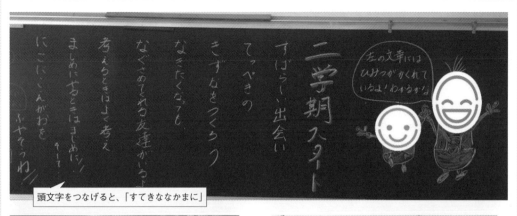

頭文字をつなげると、「すてきななかまに」

事前に配って、時間を生み出す

具体的な指示や予定を明記

03 2学期の教材作成と準備

子どもの生活や授業・学習に使うものは事前に準備をしておきます。

【子どもの生活に関わるもの】
・9月の席替え
・給食当番表
・生活当番表
・新たな係活動で使う用紙など

【授業や学習で使うもの】
・音読カードや読書カードなど
・ノートのコピー
・空き時間にできる学習プリント
・様々な大きさの画用紙
・貸し出しグッズの補充、点検

04 学級経営方針の見直し

1学期を共に生活してきた子どもは、担任のキャラクターや授業の進め方、許容範囲などを把握しているはずです。

よって、2学期は、1学期に学んできたことを足場にして、自分たちで取り組んだり、創り出したりする機会を意図的に仕組みます。

つまり、子どもの成長に合わせて、学級経営のねらいをアップデートしていく必要があります。

1学期の子どもの育ちをふりかえり、新たな学級の目標設定と年間指導計画の見通しを行うようにしましょう。

夏休み中の子どもとのつながり方

▶ねらい

長期休み中において、工夫しながら直接的・間接的なつながりを大切にし、子どもや保護者との信頼関係を築く。

▶指導のポイント

夏休み中に子どもとつながる目的を改めて理解しましょう。以下の点に留意します。
○学年や管理職に相談して進める
○子どもに過度なプレッシャーを与えない
○計画的に、無理なく進める
○家庭の理解と協力を得る

子どもが、つながっていることに喜びや安心感を得て、2学期をスムーズにスタートできるようにしていきます。

▶つながりを必要とする子どももいる

まずは子どもの安否確認が重要です。特に、気になる子への関わりを大事にしましょう。

不登校や病気療養中などで長期欠席の子、家庭の事情などで生活面が気になる子、1学期中に不安や悩みを相談してきた子などについて、1ヶ月間放っておくのではなく、電話や家庭訪問や教育相談等、状況に応じたかかわりをします。独断で動かないで、生徒指導係や養護教諭、管理職などに相談しながら進めましょう。

問題に対しては、担任一人で抱え込まず、必ず複数で対応します。教育委員会やスクールカウンセラー、放課後児童クラブ、民生委員などの関係機関と連携を図りながら対応していきます。夏休み中には、警察と連携した街頭補導や、保護者や地域と連携した校区内生活環境・危険箇所点検が行われます。

学力面で補充学習が必要な場合は、学年の同僚や管理職に相談して、保護者の理解と協力を得ながら、実態に応じて取り組みます。

実践事例

01 オンラインツールでつながる

ICT端末の持ち帰りを行う学校も増えました。長期間、直接顔を合わせなくても、ZoomやTeamsなどのWeb会議システムを使ってリアルタイム（同期型）の交流が可能です。

たとえば、健康観察や近況報告、チャットなどを行います。オンラインホワイトボードなどのツールを使った話合いや共同編集もできます。ゲームやKahoot!を使ったクイズ大会の日などを設けると盛り上がります。

参加できない子への対応や長時間利用をしないという健康面への配慮などが必要です。つなぐ日を限定して、全員参加の形にこだわらず、グループ単位にしたり、各自の都合に合う時間（非同期型）にしたりして、参加形態や時間を工夫します。

同期型・非同期型

夏休みの課題や自由研究、作文、図画工作の作品などに取り組む過程で、助言がほしいと困っている子どもや保護者は少なくないようです。課題を出して回収するだけでなく、希望者にはオンラインで助言の機会をもつとよいです。教師自身もリフレッシュする充電期間なので、お互いに負担にならない程度にします。

動画や音声、画像を撮り、PadletやFlipなどWebブラウザで使える無料の掲示板アプリに投稿してコメントし合うのがおすすめです。読書記録や一言日記、自由研究の中間発表会などで、互いに学び合うことができます。

調理や体力づくり、星の観察、夏休みの発見、町の紹介など、自由なテーマで取り組みます。

ずっと会えない友達とクイズをしたり、おしゃべりしたりするのは楽しいな。学校では、あまり話したことない人とも、仲良くなれて、うれしいな。

Kahoo！でクイズ大会

02 絵手紙や葉書でつながる

　デジタルの技術が進んできたとはいえ、やはり手書きの手紙や絵は、その人の感性や思いが伝わってくるような温かみがあります。朝顔や茄子やクワガタムシなど夏らしい絵に、メッセージを一言添えた葉書が自分宛に送られてくると、子どもはうれしいようです。

03 地域の行事に参加する

　地域によっては、早朝のラジオ体操やボランティア活動、防災訓練、夏祭りなどを行う所もあります。地域行事に参加したり、地域の人々とふれ合ったりするのは、子どもの新しい一面を知るよい機会です。校区内を散歩して校区を知ると、得るものが大きいです。

2学期のスタートと見通しをもつ 9月

▶【1】9 月で目指す子どもの姿

　夏休みを経て、久しぶりに登校して来た子どもたちの中には、生活リズムの乱れがある子もいれば2学期を楽しみに待っていた子もいます。1学期に身についたルールや習慣がリセットされていることや、気候もまだまだ残暑が厳しいこともあり、新学期のスタートを気持ちよく迎えることは一見難しいかなと感じるかもしれません。

　そこで、「生活リズムをもどす」「2学期の見通しをもつ」ことを目指します。自分たちが1学期に 身につけていたことを再確認し、2学期のたくさんの行事を乗り越えていくというイメージをもつようにします。子どもたちが希望をもって2学期のスタートが切れるよう、教師は明るい展望を示すようにしましょう。

▶【2】9 月の学級経営を充実させるために

自分たちで学校生活のリズムを取りもどす

　たとえば、「整列が早くできない」「忘れ物が多い」など、1学期にできていたことができていない場合、子どもを責めてはいけません。「夏休みが長かったからね」と今の学級の状況を受け止め、「これからどうしていこうか？」と子どもたちに考えさせます。そうすることで、「みんなで互いに声を掛け合って、1学期のように早く生活を戻そう」という、集団で取り組む姿勢が生まれます。

　また、夏休みの課題が終わっていない子どもがいる場合、その子の実態に合わせた対応をとります。もし、日頃から宿題をやり切ることが難しい子なら、無理矢理全部させるのは教師も子どもも大きな苦痛を伴います。そこで「いつまでに、どこまでできるか」を一緒に話し合い、期間を決めて取り組ませてそこで終わりにするのがおすすめです。そして、「2学期はがんばる！」という意識をもたせましょう。未提出の夏休みの課題をどこまでやらせるかは、学年団で相談し保護者と連携します。

人間関係の変化にも注目

　高学年では、夏休み中に生活習慣や友だち関係が変化することもあります。たとえば、習い事の夏季講習で睡眠時間が減ったり、友だちとのグループ構成が変わったりする子どもが見られることがあります。また、スマホやゲームなどに費やす時間が増えている子もいます。その場合、「最近、ちょっと疲れてないかい？　大丈夫？」と声をかけたり、保護者に連絡を取ったりしましょう。子どもの様子から変化を感じ取ることが難しい場合は、「夏休みを経て変わったこと」といったテーマで作文の宿題を出すことで、自分の悩みを書いてくることもあります。小さな変化も見逃さないよう、しっかりと子どもを見つめることが大切です。そして、それを学年団で共有し対応します。

▶【3】9月の実践事例「夏休みの思い出＆2学期未来作文」

ねらい

　夏休みの思い出を作文にしつつ、そこから2学期の自分について未来作文を書くことで、自分が2学期にどのように過ごすのか具体的な生活のイメージをもたせることができる。

活動例

①【夏休みの思い出トップ3】

　夏休みにしたことを羅列するのではなく、ランキングをつけることで、伝えたいことを焦点化することができます。特に書くことがない子には、「来年はこんな夏休みにしたい」でもよしとします。

②【2学期未来作文】

　行事に向けて自分はどのような毎日を送っているのか、クラスはどのような雰囲気なのかといったことを作文に書きます。

【○○の夏休み＆未来作文】

　私の夏休みの思い出トップ3は…。（略）

　来週はいよいよ音楽会です。リコーダーの指づかいが難しかったけど、友だちの○○さんが教えてくれて、休み時間も練習してなんとか吹けるようになりました。合奏はなかなかそろわなくて、いつも同じところで失敗してしまいます。でも、同じ木琴チームで練習して本番までに完璧にしたいです。5年生は他の学年の楽器や舞台の準備もあるので、みんなで協力して最高の音楽会にしたいです。がんばるぞ～

ポイント

　「自分やクラスがこうなっていたい」という思いをもたせることが大切です。毎年経験している行事であるからこそ、「今年は5年生、高学年として」という意識が芽生え、行事に向けて自分がどのように成長していくのかをイメージさせます。行事というものは、きちんとねらいや目的があって設定されています。未来作文が上手く書けない子どもには、「音楽会って、何のためにあるのかな」「きみはそこでどんな風に成長するのだろうね」と問いかけることで、行事を与えられたものではなく自分事としてとらえることができます。子どもたちが具体的にイメージできるように、行事における5年生や委員会活動の役割をあらかじめリストアップし示せるようにしておきます。こうすることで、子どもたちに明るい展望をもって2学期のスタートを切らせることができます。

休み明けの
始業式

▶ねらい

　緊張感のある始業式を演出することで、休み中の気分を一新し、新たな気持ちでがんばろうという意欲を高める。

▶指導のポイント

　1学期の始業式と異なり、長期休暇明けの子どもたちの姿は様々です。

　豊かな体験活動を通して、心身共に充実した子もいれば、生活リズムを崩した子もいます。

　少しピリッとした雰囲気をつくることで、新学期のよいスタートにつなげるとともに、子どもたちの体調や心の変化をしっかり見取り、一人ひとりにあった指導を心がけます。

> **Point**
> ・子どもの様子に変化はないか
> ・しんどそうにしている子はいないか
> ・よく聞けている子はだれか
> ・目の動きや表情から集中できていない子はだれか

活動にあたっての留意点

01 始業式の意味を伝える事前指導

　事前指導は必ず行っておきます。
① 意味
　始業式は、休み気分に区切りをつけ、リスタートする上で大切な式であること
② 見通し
　「だいたい何分くらいなのか」「どのような流れで、誰が立って話をするのか」など
③ 予告
　始業式が終わった後に、校長先生がどんな話をされたのか、生徒指導の先生がどんな話をされたのか聞くことを事前に伝える
※事前に話をする時間が十分にとれない場合は、事前に板書しておくのもよいでしょう。

02 子どもたちの見取りと支援

　休み明けの子どもたち。次のようなことに注意しながら見取ります。
【体調面】
・具合の悪そうな子やしんどそうな子はいないか
　→近くに行って声をかけ、適切な処置をする。
【生活指導面】
・髪の色が変わったり、ピアスやミサンガなどをしたりしている子はいないか
　→理由を聞いたうえで、学校のきまりを一緒に確認する。その際、きまりの意味も伝える。
【不適切な行動】
　→周りからどのように映っているか伝える
　　終わりの見通しをもたせる、許容範囲を伝えるなど

【校長先生の話】
・目標をもって。
・自分からチャレンジ
・友達と仲良く

写真が撮れるので
あれば、式中のがんばって
いる姿を写してもいい
でしょう。

【生活指導の先生の話】
・外遊びは帽子をかぶって
・水分補給はしっかりと
・時間のめりはり

【新しい友達】
小倉秀志さん
おぐらひでし

・鹿児島から
・野球が好き
・おすしが好き
・ワンピースが好き

03 教室でのふりかえり

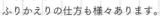

ふりかえりの仕方も様々あります。
・ペアトークやグループトーク ・クイズ
・板書でまとめながら ・写真を映して
できていないことを伝えるよりも、がんばっていた
ところを伝えて、気持ちのいいリスタートにします。

04 転入生の受け入れ

　新学期のスタートでは、転入生がいることがありま
す。4月とは異なり、人間関係ができているところに
入るので、様々な配慮が必要です。
・迎えに行く子を決めておく
・教室に帰ってから自己紹介
・転入生がどんな子か配慮をして、インタビューをし
たり、クイズをしたり、クラスの子から質問を受け付
けたりすることで、接点をさぐる
・教師が積極的につながり合うような声かけをする。
　「野球が好きなんだね。このクラスでは、〇〇さんが
　詳しいよ」
・教師が一緒に遊んだり話したりする

学期びらき

▶ねらい

① 子どもたちをよく観察し、必要な手立てを早めに繰り返し投じる。

② 活動を通して規律ある生活の切りかえを目指す。

▶指導のポイント

　心の成長に合わせて様々な変化があらわれるのが2学期です。1学期から何か変わったことがないか、個へのかかわりは丁寧に慎重に、継続して見守っていきます。学級での変化も起こります。集団の雰囲気を見取ることのできる活動を入れます。できたことをほめて称賛しながら曖昧さは修正する。これを一定期間繰り返します。粘り強くルールの再構築を徹底します。

　夏休みに、子どもたちに「秘密の暗号」(暑中見舞いの片隅に、ロイロノートで配信など)を送り、始業式まで覚えておくようにお願いします。夏休みに、どんなミッションなんだろうと始業式へのわくわく感を届けることが一つ目のねらいです。始業式、登校してきた人から自分の秘密の暗号を黒板に書かせます。黒板を見ながら、メッセージの予想が始まります。暗号を忘れてしまった子がいても大丈夫です。前後の文脈から推測することもできますし、友だちが助けてくれたりもします。みんなで力を合わせ、先生からのメッセージが完成したことを喜び合います。これが2つ目のねらいです。「みんなで力を合わせること」から2学期を再開します。

2学期はじめの教師の心構え

01　アウトプットとインプット

　長期休業明けで、「聞くこと」の質が上がらないときは、アウトプットを前提にインプットさせると必要に迫られて内容把握の質が高まります。活動の中で1学期に定着させた学習の約束に立ち止まらせ、できたらほめるを繰り返します。

〈例〉

・校長先生クイズを出題させることを予告して、始業式に参列させる

・新しく配布したドリルや教科書の短い文や詩を暗記し、超高速読みする　など

　活気のある楽しい雰囲気で、授業のリズムを取り戻します。

02　意図的に活動を取り入れる

◇夏休みビンゴ

・かき氷を食べた　・お祭りに行った

・本を読んだ　・1組の子と会った　・○○県から出た

(内容については、配慮する)

　などの項目と、聞き取った友だちの名前を書いたビンゴカードを持って活動。ペアでじゃんけんをし、勝った人が質問します。

　「隣の人同士からスタート」と条件をつけると、参加しにくい子も全員で始められます。自由に立ち歩いて活動する時間をとることで、友だち関係の変化や、集団の雰囲気をじっくり観察します。

《参考文献》齋藤孝　(2020)「アウトプットする力」ダイヤモンド社

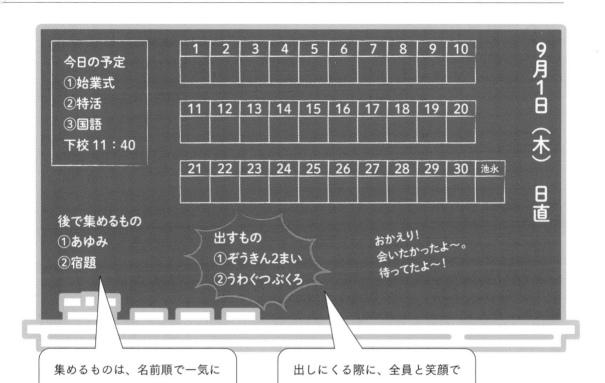

今日の予定
①始業式
②特活
③国語
下校 11：40

後で集めるもの
①あゆみ
②宿題

出すもの
①ぞうきん2まい
②うわぐつぶくろ

おかえり！
会いたかったよ〜。
待ってたよ〜！

9月1日（木）日直

集めるものは、名前順で一気に回収すると、出し忘れや内容がすぐチェックできてgood！

出しにくる際に、全員と笑顔で言葉を交わす。態度や表情を観察する。

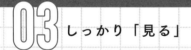

9月

03 しっかり「見る」

《子どもを見る視点》
◇登校時や授業中、眠そうにしていないか
◇朝ご飯を食べてきているか
◇授業中の取り組みの姿勢に変化はないか
◇イライラしたり、気分のムラはないか
◇服装や頭髪に乱れがないか
◇給食を食べる量に変化がないか
◇友だち関係に変化はないか
◇家庭環境の変化はないか
　2学期のスタートを不安に思っている子、生活リズムが崩れている子、夏休み中に友だち関係や家庭環境に変化があった子など、うまく学校生活に適応できていない子がいるかもしれません。ていねいに観察します。

04 しっかり「つながる」

　1学期のスタートと同じように、子どもたちに「安心」と「居場所」を保障します。子どもたちの想いや、ニーズを丁寧に「聴く」ことを心がけます。説諭やアドバイスではなく共感がポイントです。毎日短時間でも全員とつながります。直接話す以外にも、日記の宿題や夏休みの一行日記などから変化を探っていくのも方法です。宿題などは回収したらできるだけ早くに目を通します。ちょっとした変化が、不登校につながる場合があります。どんなに些細なことでも学年や生活指導部、管理職などと共有します。関係機関との連携が必要なケースもあるので、それぞれのケースに合った対応や支援をチームで検討します。

4月　5月　6月　7月　8月　**9月**　10月　11月　12月　1月　2月　3月

避難訓練
安全・防災指導

> ～安全で安心な毎日を目指して～
>
> ○係活動で盛り上げる
> ・ケガ0週間の設置
> ・安全スローガンの募集
> ・校内安全クイズ大会
> ・安全ポスターの掲示
> ・ストップケガ！の動画作成
> ・養護教諭のインタビュー動画
> 　など
>
> ○避難訓練を充実させる
> ・過去の災害を題材にする
> ・市町村の災害対策室などとオンライン対談
> ・教室にカメラを設置し、後ほど検証その訓練時刻を伝えて、臨機応変に対応させる
>
> ○登下校での責任感を育てる
> ・登校班長としての意識
> ・班長会議で意見を聞く
> ・安全であることをほめる
> ・下級生との交流会を実施
> ・あいさつや交通ルールを大切にしている班を表彰する

▶ねらい

　高学年ともなると安全に過ごすことへの意識は日常化してしまい、注意を払うことは少なくなる。そのために、安全への「再確認」と「新しい視点」を与えることで意識を高めていく。

▶指導のポイント

　まず、「自分の命は自分で守る」という意識を、再確認します。次に、高学年として、「低学年の命も守る」という視点をもたせます。
　その際、効果的なのは数値です。
・校内でのケガの発生件数
・市町村内の交通事故や火災の発生件数など
　具体的な数値をもとに、身近にある危険を再確認します。
　年間を通じて実施する避難訓練や登校指導に合わせて、学級や学年で指導しましょう。

指導にあたっての留意点

01 校内全体を見渡して考える

　日頃からいかにケガや事故が多いのかを、「校内発生件数」から理解させます。そして、「なぜこんなに多いのか」「自分たちに何ができるのか」を考えさせることで、学校全体に対して、主体的に行動しようという意識をもつことができます。その際、委員会や係活動と連携することで、より具体的な行動へと移すことができるようにしましょう。

02 防災学習は、社会科と関連づけ

　高学年ともなれば、避難訓練に対して緊張感をもつことが難しい子どももいます。たとえば、東日本大震災での「釜石の奇跡」を題材として、高学年として下級生を守るために大切なことを考えさせることもできます。
　また、これらの学習は、社会科の「国土の自然災害」と関連づけることができます。社会科では災害に対する国や自治体の働きを学び、避難訓練等では命を守る方法といったように異なる視点をもって指導します。
　実際に身近な地域であった地震や風水害をテーマにして話し合わせると、さらに具体的に考えることができるので、防災担当や安全担当に相談するのもよいでしょう。

~教師から、子どもへのメッセージの例~

【避難訓練】

「訓練だからといって力を抜いてはいけない。訓練だからこそ本気でやろう。実際の災害現場で、正しく迷いなく行動できる人は、訓練を本気でやった人だけだ。君たちに、そんな人になってほしい。そして、自分の命だけでなく、人の命まで守ることができる人にもなってほしい」

【ケガが発生したとき】

「このケガは防ぐことができたかどうかを考えてもらいたい。ケガをした○○くんだけの責任だろうか。学級として、仲間として、普段の生活はどうだったか。ここで考えて、ここで変わろう。○○くんがケガをしてまでみんなに教えてくれたことを、しっかりと受け止めよう。」

9月

03 「守られる側」から「守る側」へ

高学年ともなれば、登校班で班長をする子どもも増えてきます。「自分が班員の安全を守っている」という意識をもたせるために「登校班長会議」を昼休みなどに開催します。

学年や学校全体での取り組みが望ましいですが、学級の中だけでも十分に効果は望めます。会議で話し合った内容を、帰りの会などで全体に報告することで、責任感や自主性が高まっていきます。

また、交通立ち番や安全協会、警察官など登下校の安全を見守ってくれている人たちとの交流会をもつことも効果的です。子どもたちのもつ、「高学年として下級生の安全を守るぞ!」という意識を高めていきましょう。

04 「できて当たり前」を評価する

そこで、係活動などを通して「安全大賞」などを設定し、ケガなく事故なく過ごしている子どもやグループを表彰しましょう。ささやかでも、教師がひと言ほめるだけで、子どもたちの意欲は高まっていきます。

4月　5月　6月　7月　8月　**9月**　10月　11月　12月　1月　2月　3月

夏の思い出を
カルタにしよう

学級活動（1）ウ

▶ねらい

　それぞれの夏の思い出をもとにしたカルタをつくりみんなで遊ぶことを通して、互いの思い出を共有し楽しむことで2学期もがんばっていこうという雰囲気をつくる。

▶指導のポイント

　夏休み明けの9月は、残暑も厳しいので室内でのイベントが適しています。そこで、各自の夏の思い出をカルタにすることで、自分の思い出を話すこともでき、また、遊びを通じて楽しく盛り上がることもでき、準備も少ない時間でできます。

　「夏休みの思い出があまりない…」という子どもには、「夏といえば…」というお題でカルタをつくるなど、全員が楽しめるようにすすめましょう。

〜カルタづくりのポイント〜

○思い出を伝え合おう
・スピーチや俳句づくりで夏の思い出をふりかえる
・思い出があまりない場合、夏休みにがんばったことや取り組んだことを出させる

○50音に合わせて読み札づくり
・グループで分担してつくる
・思い出にこだわらず、「夏」をテーマにしてもよい

○他教科と連携する
・国語の時間に読み句づくり
・書写の時間に読み札づくり
・図工の時間に絵札づくり

○原本つくって大量生産
・画用紙に印刷して、色塗りを分担することで、少ない労力に

○いろいろな遊び方で楽しむ
・カルタ
・神経衰弱
・作者当てクイズ

指導にあたっての留意点

01 思い出を伝える手段がカルタ

　2学期の最初に、夏休みの思い出を話す場面を設定することはよくあります。朝の会のスピーチもその一つです。そこで、「夏休みの思い出を交流する、いい方法はないかなあ」と子どもたちに投げかけます。国語と関連づけて、俳句づくりから入ることもできます。

02 いろいろな楽しみ方を考える

　カルタといっても、つくり方や遊び方など、いくらでも工夫することができます。それも、子どもたちに「どんな方法があるかな？」と考えさせるために、事前に司会グループと打ち合わせをしておきましょう。

　具体的には、柱①②では「カルタのつくり方」を話し合い、柱③では「カルタの遊び方」について話し合います。その際、カルタをすることはあくまでも手段であって、目的はお互いの夏の思い出やがんばったことを共有し、互いを認め合う雰囲気づくりになるように、話し合いの中で随時確認しましょう。

　役割分担を決める際には、無理のないように、できるだけ簡単な準備でできるように助言します。

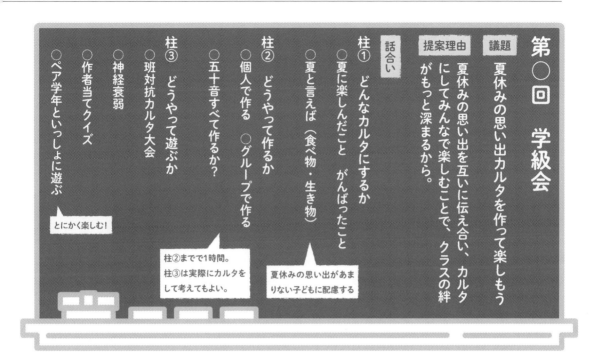

第◯回　学級会

議題　夏休みの思い出カルタを作って楽しもう

提案理由　夏休みの思い出を互いに伝え合い、カルタにしてみんなで楽しむことで、クラスの絆がもっと深まるから。

話合い

柱① どんなカルタにするか
○夏に楽しんだこと　がんばったこと
○夏と言えば（食べ物・生き物）

夏休みの思い出があまりない子どもに配慮する

柱② どうやって作るか
○個人で作る　○グループで作る
○五十音すべて作るか？

柱③ どうやって遊ぶか
○班対抗カルタ大会
○神経衰弱
○作者当てクイズ
○ペア学年といっしょに遊ぶ

柱②までで1時間。
柱③は実際にカルタをして考えてもよい。

とにかく楽しむ！

Point

時間をかけずに取り組むためには…

① カルタづくりに関する単元（国語や図工など）があれば、連携する

② つくるよりも、楽しむことを目的にするので、簡単なつくりでよい

03 実態に合わせて柔軟に

　学校によっては、運動会が秋に実施されることもあるので、カルタづくりの余裕がない場合もあります。そのときには、一部を家庭学習にして、時間を有効に使い子どもの活動に負担が出ないようにしましょう。また、「運動会カルタ」に変更しても、問題はありません。

04 遊んだ後は、掲示物に

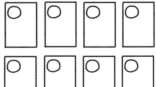
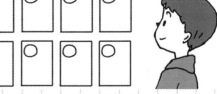

　遊んだ後は、模造紙に貼り掲示物として活用しましょう。また、「またやりたい！」という意見が子どもたちから出た場合、「どんなバージョンアップができるかな？」と問いかけましょう。5年生の終わりに、「思い出ジャンボカルタ大会」へと発展しても面白いです。

学級目標
を見直そう

学級活動（3）ア

▶**ねらい**

学級目標に対するふりかえりをみんなで行い、客観的に自分たちを見つめ直すことで、学級目標をアップデートする。

▶**指導のポイント**

「自分たちは自分たちをどう見ているか」という経験を、子どもたちはあまりしていません。今の実態を、数値化や可視化して示すことで、客観的なデータとなり、「なぜ、このような結果になったのか」「どうすれば、もっとよくなるのか」という思考にもっていきやすくなります。

客観的データから具体的な姿を導き出し、これからの課題と取組を明確にしていきましょう。

クラスの実態をデータ化するには…

エクセル入力

思いやり	8
チャレンジ	6
考えて行動	4

「項目をドラッグ」
→「挿入」
→「グラフ」
→「レーダー」
→好みの形式
　を選択
→タイトル入力

グラフの挿入

おすすめグラフ　**すべてのグラフ**

↺　最近使用したグラフ
▭　テンプレート
⊪⊪　縦棒
🗠　折れ線
◔　円
☰　横棒
📈　面
▦▦　散布図
◉　マップ
🏙　株価
📈　等高線
⛦　**レーダー**

活動にあたっての留意点

01 事前アンケートで実態をつかむ

学級目標　Well -Being　みんなが居心地いいクラス

① 思いやり　　　　4　3　2　1
〈理由〉

② チャレンジ　　　4　3　2　1
〈理由〉

③ 考えて行動　　　4　3　2　1
〈理由〉

事前に「どうしたら学級目標に近づけるか」といった具体的な行動目標を立て、自己評価します。集計したものを上図のようなレーダーにまとめ可視化します。

02 具体的な場面を想起して、原因をさぐる

アンケート結果の証拠となる「いつ」「どこで」「どんな行動」があったのかをさぐっていきます。

アンケートに書かれてある理由について、名前を出さずに、短冊などに書いて示すのもよいでしょう。

ここで注意したいのが、個人攻撃にならないようにすることです。

「誰だって失敗することがあるよ。それを責め立てるのではなく、どうしたらうまくいくかを考えていこうね」と適切に助言しましょう。

原因をわかりやすくまとめます。

学級目標を見直そう

「考えて行動」するクラスにするためにはどうしたらいいのだろう?

つかむ クラスの達成度は???

学級目標達成度

思いやり
8
6

考えて行動　　　チャレンジ

○困っている人がいたら、声を
　かけあい、助け合えた。
○運動会にむけて前向きに取り組めた。
△先生がいないときにふざけてしまった。
△先のことを考えて行動できなかった。

さぐる 原因はなんだろう?

いつ	行動
先生がいないとき	ふざけてしまう
休み時間	授業の準備ができていない
専科の時間	裏表がある
授業時間	ついおしゃべり

心の弱さ
声かけ△
すなお
アンテナ

みつける 自分の課題はどれ?

・ふざけてしまう ‥‥‥‥‥ 5人
・声がかけられない ‥‥‥ 10人
・受け入れられない ‥‥‥ 10人
・気付かない ‥‥‥‥‥‥ 7人
・その他 ‥‥‥‥‥‥‥‥ 8人

きめる
友達の注意を受け入れる
素直さをもとう
注意するときの言葉を考えよう
アンテナを高くもとう

Point
導入で、いかに「つかむ」かが、本実践のポイントです。そのために有効なのが「ズレ」。予想とのズレ、友だちとの「ズレ」、感覚との「ズレ」を生かし、「あれ、このままじゃいけないぞ」と感じさせて探る活動につないでいきます。

03 今の学級の課題をみつける

　学級の課題を設定するにあたり、以下の2つの方向性があります。
○できていないことをできるようにする
○できていることをもっとできるようにする
　どちらのアプローチでクラスをよりよくしていくか、子どもから意見を求めるのもよいでしょう。
　また、学級目標を見つめ直し、「今の自分たちに必要なこと」について、話し合ってもよいでしょう。
・焦点化（どこに重点をおくか）
・具体化（評価できる目標になっているか）
・必然化（子どもに切実性があるか）
・適切化（目標の高さはちょうどよいか）

04 掲示物で評価の可視化をきめる

もっと
考えて行動するクラスに

──○友達の注意を受け入れる素直さをもとう
★ ★ ★ ☆ ☆

──○注意するときの言葉を考えよう
★ ★ ☆ ☆ ☆

──○アンテナを高くもとう
★ ★ ★ ★ ☆

　子どもたちのがんばりやよさを掲示物として貼り出し、可視化していくことも子どもたちの意欲喚起につながります。
　上集団としての高まりが見られたら☆を増やしたり（上記）、付箋などでがんばった姿を書いて貼ったりしてもよいでしょう。

行事をこなすから
行事で伸びる10月

▶【1】10月で目指す子どもの姿

　10月は、4月から積み上げてきた学びの成果が見え始める時期。子どもには、これまでの学びを足場に、教え合ったり支え合ったりして、目標達成に向けて集団で取り組む姿を期待したいものです。そして、共創することの大切さや援助を求めることの必要性を感じさせ、集団としての高まりを実感させる取り組みにしていきます。学校行事は、日々の生活に変化を与え、みんなで目標を設定し、みんなで取り組むのに適した活動です。この機会を利用して、クラスの力をワンランク上げていきます。

▶【2】10月の学級経営を充実させるために

【目標設定】思いや願い、ねらいを練りこんだ目標をつくる

　まず、集団としての目標を設定します。その際、大切にしたいのが、子どもの思いや願いを十分にくみ取ることです。そこに教師のねらいを練り込み、学校行事を成功させるためのクラスの目標をつくります。「楽しい音楽会にしよう」という抽象的なものよりも「一人ひとりの成長が実感でき、仲間との絆が深まる音楽会にしよう」のように、目指す姿が具体的に浮かぶような目標のほうがよいでしょう。

　そして、「集団目標を達成するために何ができるか」といった個人目標を設定させていきます。個人の強みや弱み、個性をみつめさせ、集団の中の自分の立ち位置や役割を自覚させるのがポイントです。

【具体的な取り組み】プロセスイメージをもたせるために、ロードマップを描く

　目標達成に向かうプロセスを具体的に描くことが重要です。たとえば、音楽会の場合「個人の技能を高める段階」と「集団で演奏を仕上げる段階」があります。子どもには、このような目標の段階や取り組みの見通しをもたせます。模造紙などに目標達成に向かうロードマップを描き、これから歩む道のりをみんなで確認できるようにするとよいでしょう。その際、「もし、いくら練習してもうまくいかなかったときはどうする？」「友だちが真面目に取り組んでくれないときはどうする？」といった、困難に出合ったときの乗り越え方もイメージさせておきます。

【自己評価】現在の立ち位置を確認し、個人の目標を意思決定させる

　帰りの会や作文などの機会を使ってふりかえりを行います。「なぜ、うまくいかなかったのか」といった悪い面ばかりでなく、「なぜ、うまくいったのか」といったよい面の原因も追究します。活動の様子を写真に撮って掲示したり、子どもから出た言葉を紹介したりして、意欲が継続するようにします。

▶【3】「音楽会　成功にむけたロードマップをつくろう」

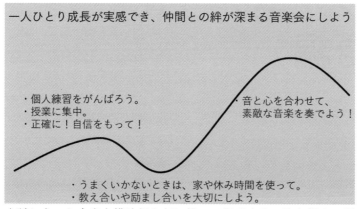

一人ひとり成長が実感でき、仲間との絆が深まる音楽会にしよう

・個人練習をがんばろう。
・授業に集中。
・正確に！自信をもって！

音と心を合わせて、
素敵な音楽を奏でよう！

・うまくいかないときは、家や休み時間を使って。
・教え合いや励まし合いを大切にしよう。

↑話し合った内容を模造紙などに描いて掲示する。取り組みの経
　過なども記録していく。

ねらい

音楽会にむけたゴールやプロセスを可視化し、日々の活動のふりかえりや動機づけにつなげる。

活動例

①課題の提示

> 教師「高学年として臨む初めての音楽会です。どんな音楽会にしたいのか、音楽会を通してど
> 　　　んな仲間になりたいのかについて話し合います。どんな音楽会にしたいですか？」
> 子ども「素晴らしい音楽会」「見ている人に喜んでもらえる音楽会」「感動できる音楽会」

※このときの子どもの意見からは、抽象的な意見が出てくることが予想されます。「なぜ、そう思
　うの？」「誰に喜んでもらいたい？」「音楽会が終わったとき、どんな気持ちになったらいいのか
　な？」といったように５Ｗ１Ｈを駆使して具体的なものにしていきましょう。

> 教師「うまくいかないことだってあると思うよ。もし、友だちが上手に演奏できなかったらどう
> 　　　しよう？もし、練習しても練習してもうまく弾けなくて、へこたれそうになったらどうしよう？」

※予想される困難な場面を想像させ、それに対する対処や手立ての打ち方をイメージさせます。
　決意を短冊に書いて表明させます。その際、書きにくい子のために、文例を示します。

> 「私は○○○な音楽会にしたい。そのために、……なことを頑張る。もし、（困難な状況）が
> あったら、……して乗り越えたい」

※「集団目標を達成するために自分は何をがんばるか」といった個人の目標を意思決定させます。ふり
　かえりは「取り組む姿はどうだったか」というプロセスを自己評価させるとよいでしょう。

学習ゲーム（国語編）

▶ねらい

国語に関するゲームやクイズを行うことで、楽しくふれあう学級の雰囲気をつくるとともに、語彙を豊かにしていく。

▶指導のポイント

遊びながら学ぶ言語活動をゲームやクイズとして行います。

年度始めに教師がリードして実施し、繰り返しながら、子どもたちが進めていくようにします。子どもたち自身でルールや内容を変えて工夫することができます。休み時間や家庭でも自由に取り組むことで、言葉に親しむ機会をつくっていきます。

〈授業の準備運動としておすすめの活動〉

★早口言葉

早口言葉を掲示して、早く正確に発声する練習を行う。それぞれがインターネットで検索した早口言葉を紹介し合い、チャレンジして楽しむ。たとえば『寿限無』（じゅげむ）は、落語の代表的な前座噺。長い名前を言い立てる早口言葉で知られる。

★暗唱

たとえば宮沢賢治の『雨ニモマケズ』などを全員で暗唱する。文を見てもよいことにする。毎月ごとに暗唱する文を変え、名文に親しむ。

★音読リレー

授業の始めに、教科書を音読する習慣をつける。音読係が指示し、一文ずつリレー読み、早読み、役割分担読みなど、毎回、変化をつけて慣れ親しむ。

★へんとつくり漢字パズル

へんのカードとつくりのカードを用意する。カードを組み合わせて漢字を完成させる。

学習ゲーム実践例

02 伝言ゲーム　短文、俳句づくり

① 紙を三つ折りにする。
② 1人目が5文字の言葉を書いて、次の人に見えないように折って渡す。
③ 2人目は7文字書いて渡し、3人目は5文字書く。（交代で季語を入れる。）
④ 紙を開き、できた句を紹介する。

03 ウェビングマップで言葉当て

① グループに分かれ、それぞれにちがうテーマを配布する。テーマを中心の円に書く。
② テーマについて連想する言葉をグループ全員で出し合い、周りに書き足していく。
③ テーマの言葉を隠す。他のグループは、周りの言葉を見てテーマが何かを当てる。

Jamboardで「熟語づくりゲーム」

真ん中に、漢字一文字を書いたカードを並べる。1人1台端末上で、カードを自由に組み合わせ、ペアで協力し合って熟語をつくる。時間内にできた熟語の数で勝敗を決める。

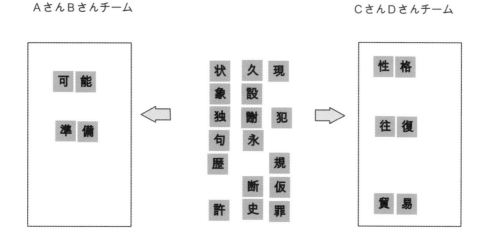

04 **読書クイズ**

【本の紹介をクイズで】
① 好きな本からクイズをつくる
② クイズを出題する
③ 当たったら、本の紹介をする
【いつ、どこでクイズ】
① 課題となる本を読む
② ○○の場面はいつ、どこでの話か当てる
【本の題名当て】
① 本の一部分を読む
② 本の題名を当てる
【想像しながら読もう】
① 読み聞かせをして途中で止めて、先を予想し合う。
② 続きを読み、さらに話の結末を想像する。

05 **テーマ読書**

○あるテーマに沿って、1人が複数の本の内容を紹介する。
　紹介を聞いて読みたい本を選ぶ。
　読んだ感想を交流する。
○共通のテーマに沿って、各自が読んだ本を紹介する。
○本の表紙の写真と、ひとことコメントをPadletなど学級限定公開のオンラインツールに投稿して共有する。お互いの紹介した本にコメントを書きこむ。

4月　5月　6月　7月　8月　9月　**10月**　11月　12月　1月　2月　3月

社会見学

▶ねらい

　子どもたちが社会的事象に直接触れたり働きかけたりする体験的な活動を通して、社会認識を深められるようにする。

▶指導のポイント

　社会科学習の大きな流れ「つかむ段階」「調べる段階」「まとめる段階」のどの段階で行うのかを考えます。そのタイミングや社会見学を行う目的を教師が明確にすることで、子どもの学習をより深く豊かなものにすることができます。

　見学中だけでなく、事前と事後の活動も見通しをもって指導することが重要です。

社会見学を行う理由

社会的事象に直接触れたり働きかけたりできる機会となる

→社会的事象がより身近になる。

→ホンモノにふれることで思考が促進される。

→五感で学ぶことで、理解が深まる。

→追及の仕方を学ぶことができる。

→学習の充足感を得ることができる。

活動においての留意点

01 見学の事前指導の基礎基本

○できるだけたくさんの情報を与える
→見学先への情報が集まれば集まるほど、見学先への興味がわいてくる。
○問いを引き出し、見なくてはわからない状態にする
→「見たい！」「知りたい！」という気持ちをもたせることで、子どもは徹底して調べようとする。
○見学先の方々への感謝の気持ちやルール・マナーの指導をする
→公の意識をもった行動を意識できるようにする。
→インタビューをするときは自分たちで調べてもわからなかったことをまとめて訊くようにする。「きっかけ」「苦労」「よろこび」などを中心に訊くことで「工夫」が見えてくる。

02 見学メモのとり方

○持ち物＝ノート＋鉛筆2本＋下敷き
（もしくはタブレット端末）
○目についたものすべてをメモする
※後で気づきを書き込めるように、一つ書くごとに1行空ける。
※「〜の工夫を見つけてきなさい」という指示はメモの数が激減するので控える。
○メモは簡条書きで書く
※見学前に、事前にメモしそうな事項や通し番号をあらかじめ書いておく。
○聞いたことすべてを記録する
※特に数字は重要。臭いや音など、五感を使って書く。
※タブレット端末で写真が撮れるものは撮っておく。

《参考文献》長谷川康男（2011）『活用す

社会見学のタイミングと目的

タイミング	目的
つかむ 段階	**「問い」をもつため** ▶ より多くのものを見て感じることで「問い」をもたせる。
調べる 段階	**「問い」を追究するため** ▶ 立てた学習問題を解決するために調査する。
まとめる 段階	**追究したことを確認するため** ▶ 問題解決してきたことをより実感的に定着させる。

03 見学後の整理

　見学中はメモをとることに徹しますが、見学後はメモをとった情報を整理します。

① 授業のねらいに即して情報の絞り込み、整理をする
　※情報は整理してはじめて価値をもつ
　（例）・メモの中から「速くつくるための工夫」を見つけて○をつける。
　・次に、「速くつくるための工夫」の中で特に大切だと思う３つに赤で○をつける。

② 整理したものの全体像を見渡し、それぞれを比較や総合したり、関連づけたりしながら再構成する

04 見学のまとめ

　社会見学のまとめを行う際、ねらいに即したフォーマットを与えておくことで、全員が書けるようになります。
　（例）○月○日に自動車工場の見学をしました。ここでは、たくさんの自動車を速く安全につくるための工夫がありました。
　１つ目は〜。
　２つ目は〜。
　私は、自動車工場を見学して、こんなに多くの人が協力しながら仕事をしていることに気づきました。人ができないところはロボットが作業するなど、分担しているところもすごかったです。AIも入ってきて、これからの工場も大きく変わってくるだろうと感じています。（得た学びや感想を書く）

る力を育てる学習活動事典』東洋館出版社 pp.140-147。藤岡信勝（1991）『社会認識教育論』日本書籍 pp.17-21

仮装パーティーを
しよう

学級活動（1）イ

【仮装パーティーの注意点】

- 「仮装」は目的ではなく、学級が仲よくなるための手段です。学級集会の目的が何なのかを事前に確認します。
- 仮装パーティーの場合、「仮装をどうするか」と、「出し物をどうするか」の二つの議題があるので、話合いが長引いてしまいます。事前の計画委員会で大枠を決めさせておく必要があります。
- メイクや爪の装飾など、学校のルールで禁止されていることは、非日常を演出する仮装パーティーでも認めることはできません。「それは学級活動の範囲を超えています」と教師が伝えることもできますが、自分たちで「自由の範囲」を定められるようになることも大切です。

▶ねらい

固定された人間関係をやわらかくし、学級生活をより楽しく豊かにするための方法を自分たちで話し合って集団決定するとともに、友だちと役割を分担して協力し合える力を養う。

▶指導のポイント

仲のよい友だちと楽しく過ごすことができているけれど、何か少し物足りない。そう感じるのは、固定された人間関係が原因かもしれません。

そこで、仮装パーティーのような、みんなが一つになれる学級集会を計画します。仮装をすることでいつもとちがう雰囲気ができるので、様々な出し物でとても盛り上がります。

なお、クリスマス会やハロウィンなどは、宗教の関係で参加できない児童がいる場合があるので配慮が必要です。

指導の留意点

01 高学年の恒例集会「仮装パーティー」

「仮装パーティー」は非日常を味わえることが魅力です。ただし、いつもとちがう自分になることを嫌がる子もいます。「全員仮装」に居心地の悪さを感じる子がいることを事前に提案者や司会グループに伝え、不安を解消できる提案内容を考えさせておきます。

02 事前に連絡・相談をする

「お金をかけた仮装はダメ」という決まりを設けても、家庭によって様々な仮装グッズを持っているので、集会当日は教師が驚くような仮装をする子も出てきます。

いきなりその姿を見ると、他学級の先生や児童は驚いてしまうので、事前に伝えておく必要があります。

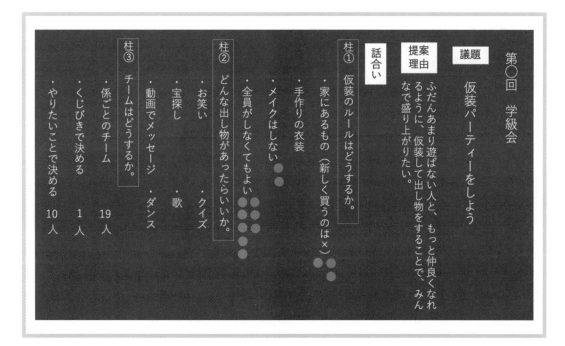

第○回　学級会

議題　仮装パーティーをしよう

提案理由　ふだんあまり遊ばない人と、もっと仲良くなれるように、仮装して出し物をすることで、みんなで盛り上がりたい。

話合い

柱①　仮装のルールはどうするか。
・家にあるもの（新しく買うのは×）
・手作りの衣装
・メイクはしない　●●
・全員がしなくてもよい　●●●●●●

柱②　どんな出し物があったらいいか。
・お笑い　・クイズ
・宝探し　・歌
・動画でメッセージ　・ダンス

柱③　チームはどうするか。
・係ごとのチーム　19人
・くじびきで決める　1人
・やりたいことで決める　10人

Point

提案理由や話し合いの柱は、事前に黒板に書かせます。また、「今どこを話しているのか」「何時までその柱について話し合えるか」を視覚的にわかる工夫も効果的です。

左記で「自由の範囲」を定められるようになることも大切だと書いています。たとえば、道徳科での学習（p.76－77参照）と関連させ、「自由」について考えさせることもできます。

03 「先生も仮装しますか？」

「先生も仮装をしますか？」と子どもたちは聞いてきますが、その場の勢いで決めてしまわず、じっくりと考えてから判断します。

教師の言動からは、自身の意図はなくても、非言語のメッセージが子どもたちに届きます。ある児童が、「仮装をしたくない」と思っているとします。教師が配慮なく「もちろん」と発言すると、その子は自分の判断に不安を覚え、疎外感を感じてしまったり、学級集会を喜べなくなってしまったりするかもしれません。逆に、仮装をすることで学級を盛り上げることもできます。

教師がどの立ち位置にいることで、どの子を救うことができるのか。仮装をするかどうかは、その判断の後でも遅くはありません。

04 折り合いのつけ方を学ぶ

話し合いの場面では、多数意見でまとめていくことが基本になりますが、賛成や反対を述べ合うだけの「数の理論」だけで決めてしまうことは危険です。そこで、それぞれの意見を比べ合いながら「折り合いをつける力」を育てることが大切です。

【折り合いのつけ方の例】
・学級目標や提案理由から根拠を考える
・それぞれの意見を合わせる
・いくつかの意見のよいところを取り入れながら、新しい考えをつくる
・優先順位をつける（今回はAをして、次回にBをする）

《参考》『特別活動 指導資料 学級・学校生活をつくる特別活動　小学校編』（文部科学省国立教育政策研究所）

4月　5月　6月　7月　8月　9月　**10月**　11月　12月　1月　2月　3月

もっと本に
親しもう

学級活動（3）ウ

> ### ▶ねらい

読書に関するクラスの実態や全国の読書時間をもとに話し合ったり、自分の読書習慣をみつめたりすることで、今よりたくさん本を読もうとする意欲を高める。

> ### ▶指導のポイント

子どもたちのメタ認知を働かせるには、他者との比較を用いるのが有効です。今回は、他学年や全国との比較を使って、今の自分たちの読書習慣が適切かどうかを判断させます。

次に資料を用いて、読書の効果を探ることで、読書の有用性に気づかせます。

「みんなでどうしていくか」という集団目標を設定してから、今の自分にできることを意思決定させていきます。

10月11日（火）　学級活動ワークシート

もっと本に親しもう

5年　組　番　名前（　　　　）

1　今のあなたの「読書時間」や「読書の仕方」についてふりかえってみましょう。

2　授業で話し合ったことや、ふりかえりをもとにして、読書に関する目標をきめましょう。

（よくできた…大☆　　できた…中☆
あまりできなかった…小☆）

日（ ）	日（ ）	日（ ）	日（ ）	日（ ）
☆	☆	☆	☆	☆

3　1週間を終えて、頑張ったことやこれから続けていきたいことを書きましょう。

4　特に印象に残った本の題名とあらすじを書きましょう。

活動にあたっての留意点

01 読書に関するクラスの実態をつかむ

「インパクトのある資料提示」で子どもの心に火をつけます。今回は、他学年との比較というリアルな数字と向き合わせることで、今の読書の仕方についてみつめさせます。図書委員に調査を依頼したり、司書の先生の協力を仰いだりするのもよいでしょう。

たいていの学校では、おそらく、低学年のほうが本を借りる数が多くなるでしょう。その原因を分析することで、今の学校生活の中でいかにして読書時間を見出していくかということに意識をむけていきます。

そして、「本の冊数」ではなく「本の内容」や「読書時間」に目を向けさせ、次につなぎます。

02 全国との比較や読書の効果をさぐる

「ベネッセ教育総合研究所」が読書に関する詳しい調査を行っています。また、「全国学校図書館協議会」や「全国学力学習状況調査」のホームページにも読書に関する調査が掲載されています。

今回は、「全国の5年生の読書時間と比較して自分の読書時間はどうなのか」をふりかえらせることにしました。

そして、読書の効果に関する資料を配布したり、複数の資料を関連づけたりして読書の大切さをさぐっていけるようにします。

図書室へ行こう

もっとみんなが本に親しむには、どうしたらいいか。

つかむ 図書の本貸し出しランキング　　**さぐる** 1日の読書時間　　**みつける** どうしたらいい？

月に借りた本の平均

1位　2年生 ････ 10冊
2位　1年生 ･････ 9冊
3位　3年生 ･････ 8冊

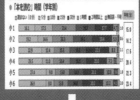

◆「本を読む」頻度（学年別）

- ・低学年のほうが図書室にいく機会が多い。
- ・委員会などで忙しい。
- ・低学年の読む本は薄い。
- ・家にある本を読んでいる。

↓

読書時間の効果

- ・考える力がつく。
- ・いろんな体験ができる。
- ・心が落ち着く。
- ・学力があがる。

○朝の時間を活用する。
○イベントを企画する。
○スピーチで伝える。
○読書記録をつける。
○みんなで目標をきめる。
→みんなで100冊

きめる
今の読書習慣を振り返って、
自分なりの目標をきめよう。
（読書時間、冊数、ジャンル
など）

Point

高学年になると委員会の仕事や行事の準備などがあり、図書室に行く時間がなくなるくらい忙しくなることがあります。「忙しいから行けない」ではなく、「忙しくてもなんとか協力、工夫して行く」というマインド変換してあげたいものです。

---

03 読書をしたくなるような方法をみつける

中心課題となる「もっとみんなが本に親しむにはどうしたらよいか」を提示します。ここでのポイントは、主語を「みんなが」にすることです。クラスの中には、読書が好きな子もいれば、苦手な子もいます。主語を「みんなが」にした集団目標にすることで、集団への自分なりのかかわりを考えさせます。

ただ、ここで注意したいのは「集団目標を個人に押しつける」のではなくて、「集団目標を達成するために自分に何ができるか」を考えさせることです。

得意な子も苦手な子も今より少しがんばれることやみんなで楽しく取り組めるようにしていきます。

04 自分なりの本との向き合い方をきめる

意思決定のポイントは、「少し背伸びしたら届く」くらいの目標を設定することです。また、数や時間といった量的なものだけでなく、種類や読み方といった質的なもの、集団や苦手な子に対しての関わりといった関係的なものであってもよいと思います。

意思決定が困難な子への支援として、例示したり、早く書けている子の目標を読み上げたり、個別に関わったりすることで適切な個人目標を立てさせます。

読書を促す期間としてワークシートの活用や、学活（1）と連動させてイベントを企画するのもよいでしょう。みんなのがんばりを可視化する掲示の工夫もいいと思います。

「読書は知識と思考力の両方を伸ばす」ベネッセ総合教育相談所　https://berd.benesse.jp/special/bigdata/ebookanalysis

学び合いを楽しむ11月

▶【1】11月で目指す子どもの姿

11月は「勝負の月」です。この頃になると、学びの積み重ねが明らかになります。日々の小さな変化や成長を教師が認め続けていたら子どもたちは見違えるように成長しています。逆にいうと、担任と子どもたちの歯車が噛み合っていなければ、「担任への不信感」が強く現れるのも11月の特徴です。3月のゴールをイメージして、改めて学級への安心感や学習意欲を高めることが大切です。

▶【2】11月の学級経営を充実させるために

子どもたちの様子を客観的にとらえる

休み時間、担任のそばにいつも寄ってくる子がいます。担任の近くだけが、その子の心理的な安全地帯になっているのかもしれません。休み時間に座席から離れずじっと座っている子も同様で、学級の人間関係からはじかれている可能性があります。これらは、「学級の荒れ」によって子どもたちの安心安全な学校生活が阻害されることで引き起こされます。

学級の荒れの種類	特徴	よくある失敗
目に見える荒れ	暴言・離席・ふざけ	さらに大きな声で子どもたちをコントロールしようとすることで、陰口や物隠しなどちがう形での荒れを誘発してしまう。
目に見えない荒れ	無気力・無反応・無感動	「なぜできないの？」と子どものせいにしたり、「隣のクラスはできているよ！」と比べたりすることで反発を生んでしまう。

授業の中でほめる、認める、つなげる

11月は比較的行事が少なく、落ち着いて授業に取り組めます。そこで、日々の授業で子どもたちをほめる（認める）ことを意識します。たとえば、学級名簿を用意して、1日の中で全員をほめることができたかをチェックしてみます。すると、自分で思っている以上に、声をかけた子が少ないという事実に気づきます。教師は「みんなが同じように大事」と思っているけれど、実際にはみんなに同じように接することができていないのです。しかし、名簿にチェックしていると、翌日はチェックをしていなかった子のがんばりを必死に見つけようとできます。このような取り組みを地道に続けると、教師の「子どもを観る眼」が育ちます。また、発問に対する一人ひとりの反応もよく観るようになるので、授業力の向上にもつながります。

また、ペアでの対話やグループ活動を積極的に取り入れることで子ども同士を改めてつなげる（既存の人間関係を変化させる）ことも、11月の荒れを防ぐ手立てになります。

学び合うことで「みんなでわかる授業」をつくる

▶ねらい

　授業の中で様々な友だちとつながることのよさを自覚させ、安心して学び合える学級風土を育てる。

▶活動事例（1）体育科

　タブレットで「開脚跳び」をしている様子を正面から撮影させます（動画や連写モードも可）。その際、カメラに視線を向けるよう指示すると、ケガの防止にもなります。

　その写真を使って友だちの跳び方のよさ（技のポイント）を説明させます。「足先がピンと伸びている」「頭の高さまでお尻が上がっている」などです。そうすることで、自分のがんばりを認めてもらうことができ、友だちとのつながりも感じられます。

　授業の最後に「友だちの励ましでうれしかった言葉を教えてください」と尋ねることで、他者への意識を高めます。授業のふりかえりを「跳び箱作文」とすることで、器械運動領域で大切な「身体感覚」を言語化させるとともに、友だちの声かけや喜びを共有させることもできます。

▶活動事例（2）算数科（4月「対話指導」も参照）

　得意・不得意の子が混在しているのが「教室」という空間です。教師の一方的な説明だけでは退屈をする子もいれば、理解が難しい子もいます。そこで、子どもたちの力を借り、みんなでわかる授業を目指します。特に有効なのが、ペアトークです。

ペアトークの目的	指示の例
答えを確認させることで、安心して発表できるようにする。	「お隣と答えがいっしょか、確認してごらん」
解き方を言語化させることで、記憶の定着を図る。	「この問題の解き方をお隣に伝えましょう」
インプットしたことをアウトプットすることで、確実に理解させる。	「今の先生の説明がわかったか、お隣に確認してくれる？」
多様な考え方を引き出し、学ぶことのおもしろさを感じさせる。	「○○さんの解き方と同じかどうか、お隣に伝えましょう」

　ペアトークの中で理解できていないところを隣の子に教えてもらうことで、苦手な子も学習内容を確実に理解できます。「わからない」「教えて」を言いやすくなるのも、ペアトークのよさです。また、45分間の集中が難しい子にとっても、ペアトークという活動を定期的に取り入れることで気分をほぐし、改めて授業に集中させることもできます。教師の一方通行的な指導から脱却し、子どもたちが活躍できる授業をつくる。これこそ、荒れを防ぐ最大の手立てといえます。

文化祭・音楽会

▶ねらい

　互いに努力を認めながら協力して、美しいもの、よりよいものをつくり出し、発表し合うことにより、自他のよさを見つけ合う喜びを感得するとともに、自己の成長を振り返り、自己のよさを伸ばそうとする意欲をもたせる。

（学習指導要領解説 特別活動編より一部抜粋）

▶指導のポイント

　5年生になると「恥ずかしさ」が先行してしまう子が多くいます。器楽合奏では、技能的に困難さを感じている子もいます。

　練習の中で苦しさを感じている子はいないか。全体を視野に入れながら、いかに個々の心に配慮できるかがポイントになります。必要に応じて休み時間等の特別練習も計画します。それは、技能向上だけを目的とせず、苦しんでいる子の「心」を救うための時間とします。

> やる気に火をつける言葉がけ
> 『ペップトーク』
> 　PEP（ペップ）は「元気・活気」という意味です。ペップトークとは、試合前のロッカールームで緊張し身震いする選手たちに向かって、監督が選手の心に火をつける言葉がけのことを言います。ポジティブで短く、わかりやすい言葉を使い、下記の4ステップで励まします。
> （1）受容（感情や状況の受け入れ）
> （2）承認（自分たちにあるものを承認）
> （3）行動（ネガティブな言葉を一切使わず、成功をイメージさせる）
> （4）激励（熱い言葉、優しい言葉で激励）
> 　文化祭・音楽会当日、子どもたちはとても緊張しています。教師のポジティブな言葉がけや黒板でのメッセージが、子どもたちのやる気に火をつけ、本番で最高の力を発揮できる原動力になるのです。

指導の留意点

01 「もっと歌いたい！」を育てよう

　「もっと歌いたい」「もう一回観てほしい」という気持ちをもたせることが大切です。

　たとえば、学級で合唱の練習をします。「1人から3人ほどのチームでこのフレーズを練習して、大丈夫というチームから聞かせてください」と指示をします。そして、歌いに来た子たちを個別でほめていきます。「透き通るような声だね」「高音がとてもきれいだね」「歌うときの表情がとても素敵です」と、一人ひとりの声質や歌い方に合わせて励ますことで自信をもたせます。

　音楽や演劇は怒られ注意されると萎縮してしまうので、一人ひとりの「できる」「歌える」という自信を育てることが大切です。個々の輝きの先に、全体のきらめきが生まれるのです。

02 楽器（配役）決めでの配慮

　劇の配役や合奏の楽器を決める際は、細心の注意が必要です。学年でよく相談をして、選考日程や方法をいつ伝えるのか、選考当日に欠席がいたらどうするのか、譜面のどこからどこまでが範囲になるのかなどを、明確に決めておきます。これが曖昧だと、後日強い不信感を生んでしまいます。

　選考当日は、希望が叶わなかった子どもへの配慮を忘れてはいけません。自ら挑戦できたことをしっかりと称賛します。

　もし、選考基準の問い合わせがあった場合、担任が対応するのか、どのように説明をすればよいのかも、事前に確認をしておきます。大切なことは、保護者や児童に不信感を抱かせない、組織としての対応力です。

音楽会　当日

五年○組のみんなへ

いよいよ、この日がやってきました。たくさんの人が会場にあつまります。

あなた達は、素晴らしい音楽を届けたいという強い思いのもと、自らの力を伸ばそうと必死に練習をしてきました。先生は、その様子をいつもうれしく思っていました。一生懸命に頑張る姿を見せてくれて、ありがとう。

心に響く美しい歌声。観ているだけで引き込まれる素敵な表情。会場が震えるほど迫力のある合奏。あなた達の練習の成果を今日ついに発表することができます。

さあ、楽しい音楽会の始まりです。最大の拍手と歓声があなた達を待っています。会場に感動という二文字を届けに行きましょう！

| 激励 | 行動 | 承認 | 受容 |

Point

行事当日は担任も様々な役割があり、ゆっくりと教室で話をする時間がありません。そこで黒板に担任の思いを書いておくことで、子どもたちにメッセージを届けます。その際、「失敗しても」「緊張するかも」などのマイナスをイメージさせる言葉を使わないことが「ペップトーク」のポイントです。

03 他教科で培った力を生かす

体育科の表現運動や国語科での音読発表会で、他者（観客）に観てもらうという経験を重ねておくと、子どもたちの心理的プレッシャーも少なくなります。日々の学びと学校行事をつなげることは、子どもたちの負担を軽減するカリキュラム・デザインになります。

04 他学年のよさを感じる

鑑賞をすることを通して、「他者のがんばりやよさを見つけようとする力」を育てます。たとえば、「鑑賞した感想を、ペアの子に手紙に書いて届ける」という学習活動を設定します。事前に意図を伝えておくことで、子どもたちの意欲を高めることができます。

《参考文献》浦上大輔『たった1分で相手をやる気にさせる話術 PEPTALK』（2017、フォレスト出版）

4月　5月　6月　7月　8月　9月　10月　**11月**　12月　1月　2月　3月

体力づくり

▶ねらい

　高学年になると外で遊ばなくなる子どもが増える中で、楽しみながら体力づくりをすすめていける学級をつくる。

▶指導のポイント

　外遊びをしなくなる子どもの理由として、「しんどい」「暑い（寒い）から」「教室でしゃべっている方が楽しい」などが挙げられます。学校のルールで「昼休みは全員外で遊ぼう」というのでもなければ、教室で係活動や読書をする子どもを無理矢理外に出すことは難しいです。また、それで外に出ても、楽しく過ごせません。子どもたちが「外に出た方が楽しそうだ！」と思えるような手立てを考え、進めていきましょう。

指導にあたっての留意点

01 みんな大好きランキング

　「のぼり棒てっぺんまで何秒」「二重跳び連続何回」といった遊具や外遊びをテーマにしたランキングをつくります。教室に掲示することで子どもたちの意欲は高まります。他にも、一輪車や竹馬なども盛り上がります。

　外遊びが苦手な子どもが、「これなら自分も挑戦できるかも」と思えるようなイベントを係活動を中心に考えてみましょう。

02 他の学年や教科とコラボする

　ペア学年というシステムがあれば、いっしょに遊ぶ時間をとることが可能です。その場合、運動場にこだわらずに体育館を開放してもよいでしょう。「今日は特別！」というのに、子どもたちはテンションが上がります。

　また、他の教科とも関連づけて外に出る機会をつくります。体育でリレーやダンスの学習の場合、授業は週に数時間しかありませんから、グループで練習することをすすめます。

　他にも、理科の「植物のつくり」や「大地のつくり」などの単元も、「また休み時間にでも運動場で探してみてごらん」と外に出る機会をつくりやすいです。当番や係の担当に考えてもらっても面白いですね。

~たくさんあるドッジボールの種類~

王様ドッジ　隠れ王様ドッジ
王様を決めて、王様を当て
れば勝ち

アメリカンドッジ
外野なしで、当たれば相手
チームに入る。

アイテムドッジ
盾や剣を持っていて、防御
に使える（段ボール製）。

じゃんけんドッジ
自分を当てた相手とじゃん
けんをして勝ったらセーフ

03 外で「遊ぶ」と「過ごす」

　小学生ですから、心身の健全な発達のためには適度な運動は必要です。左のページを参考に「外遊び」を進めても、どうしても外遊びが苦手な子どもには、「外で過ごす」ことを目標にしましょう。
　たとえば、
「春や秋なら木陰で読書をする」
「教室に飾る花を摘んでくる」
「うさぎや鳥など、動物を見に行く」
　など、子どもたちが「それなら外に出ようかな」と思えるものにしましょう。学校によっては中庭にベンチやテーブルがあり、そこで過ごすこともできます。気分転換に外に出ることをすすめましょう。

04 学校行事は団結のチャンス

　運動会はもちろん、「大縄大会」や「マラソン大会」といったイベントは、学級全体で取り組めるチャンスです。苦手な子どもも「自分なりにがんばった！」と思えるようなかかわり方を、学級で考えましょう。場合によっては、「少しは参加するけどあとは応援団としてがんばる！」も、学年団で相談して認める柔軟さをもつことは大切です。

1年生と秋を
楽しむ会をしよう

学級活動（1）ウ

▶ねらい

異年齢交流を通して、かかわり合う楽しさや喜びを味わう。高学年としての自分の立場を理解し、行動することで望ましい人間関係の育成をはかる。

▶指導のポイント

5年生がリーダーシップをとることができる活動を設定することで、下級生の気持ちを考えた活動の大切さを学び、高学年としての立場や意識を明確にすることができます。

これまでの取り組みを通して、学びの積み重ねが感じられるこの時期に異学年交流を計画することで、高学年らしい優しさと面倒見のよさが育まれます。子どもたちの自治的な取り組みの力を、より加速させます。

指導にあたって

01 異学年交流のよさ

進んで1年生とのかかわりをもとうとする意識は、まだまだ低いです。1年生と楽しく活動できる内容や工夫を考えさせます。高学年としての意識を高めることができるように助言します。交流会を通して、相手を思いやる気持ちや、みんなで助け合っていくことの大切さを実感し、他者意識を育みます。1年生も、活動を通して、「人とかかわることが楽しかった」と喜びを経験することで、上級生に対して、感謝の気持ちや憧れの感情を抱きます。この下級生からの眼差しが、「小さな子をいたわり、大切にする」という、上級生の使命感に火をつけてくれるのです。

02 活動内容の精査

1年生に内容を合わせるのではなく、5年生にとっても「お仕事」ではなく、楽しみや喜びがあるものでないと、5年生の主体性が発揮できません。活動内容のポイントは子どもたちが楽しいと感じられる「遊び」です。楽しく活動するためには、役割分担やルールが必要です。そこに、「主体的に参加し、主体的に役割を担い、その大切さを実感する」という必然性が生まれます。自分たちの経験をもとに、必要なことを出し合います。5年生が主体的に取り組める活動になっていることに加え、十分に準備や工夫ができる時間を確保することも大切なポイントです。

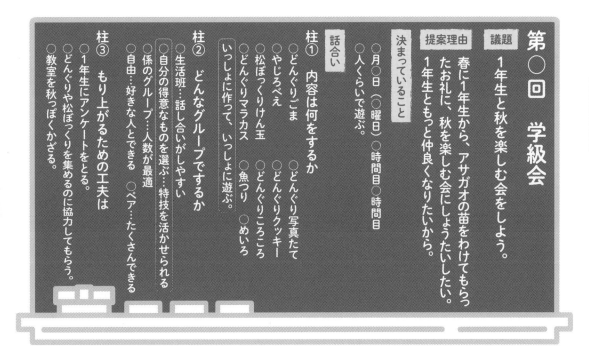

第〇回　学級会

議題　1年生と秋を楽しむ会をしよう。

提案理由
春に1年生から、アサガオの苗をわけてもらったお礼に、秋を楽しむ会にしようたいし。1年生ともっと仲良くなりたいから。

決まっていること
○月○日（○曜日）○時間目〜時間目
○人くらいで遊ぶ。

話合い

柱①　内容は何をするか
○どんぐりごま　　○どんぐり写真たて
○やじろべえ　　　○どんぐりクッキー
○松ぼっくりけん玉　○どんぐりころころ
○どんぐりマラカス　○魚つり
　　　　　　　　　○めいろ
いっしょに作って、いっしょに遊ぶ。

柱②　どんなグループでするか
○生活班…話し合いがしやすい
○自分の得意なものを選ぶ…特技を活かせられる
　係のグループ…人数が最適
　自由…好きな人とできる
　　　　　　○ペア…たくさんできる

柱③　もり上がるための工夫は
○1年生にアンケートをとる。
○どんぐりや松ぼっくりを集めるのに協力してもらう。
○教室を秋っぽくかざる。

Point
相手意識をもち、活動内容や配慮すべきことを話し合う中で、子どもたちの顔つきがグッと大人びてきます。高学年だからこそ気づけることであり、できることなのだと、一つひとつの発言や行動を認めフィードバックしてあげましょう。

03　ふりかえりを通して

　活動後には必ずふりかえりを行います。うまくいったこと、いかなかったことを出し合います。すべてがうまくいかなくても、今後の布石となり、その経験は6年生になったときに生かされます。1年生からのお手紙を、（事前に教師同士で打ち合せをし、手紙を書いてもらう）ふりかえりの材料に役立てます。自分たちが一生懸命したことが、1年生のよいお手本となったり、喜びにつながったり、役に立てたと感じられたりすることは、何よりも自分たちの自信につながります。

04　教師の立ち位置

　異学年交流の経験が、十分ではない場合、活動を通して、子どもたちのかかわり合いが設定されているか、子どもたちがやりたいと思える活動が設定されているか、助言します。異学年交流を、「ただ、やっている」「やらされている」と、子どもたちにとらえさせるのではなく、「何のための交流なのか」を明確にし、話し合いを見守ります。
　教師は1年生の学年団とよく話し合い、お互いの学年の子どもたちにとっての学びを明確にし、環境を整えます。子ども中心の取り組みになるよう見守ります。

《参考文献》子どもの社会性が育つ「異年齢の交流活動」〜活動実施の考え方から教師用活動案まで〜　文部科学省

バランスのよい食事をしよう

〔学級活動（2）エ〕

▶ねらい

栄養のバランスがとれた食事の大切さを理解し、自分の食生活を見直して、望ましい食習慣を実現するために自分で取り組むことを決める。

▶指導のポイント

食に関する指導は、学校教育全体で行います。各教科等の学習を関連づけて、教科横断的な取り組みができますが、単なる「食」つながりにならないように、各教科等の目標や内容を理解しておく必要があります。

学活（2）では、食生活の課題を自覚し、集団での話し合いを通して、自分の目標を決めて望ましい食習慣を実現していきます。

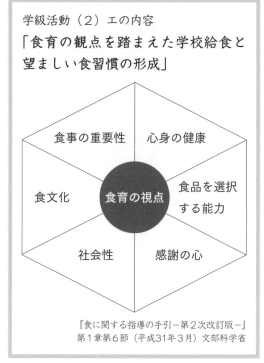

学級活動（2）エの内容
「食育の観点を踏まえた学校給食と望ましい食習慣の形成」

食事の重要性　心身の健康
食文化　食育の視点　食品を選択する能力
社会性　感謝の心

『食に関する指導の手引－第2次改訂版－』
第1章第6節（平成31年3月）文部科学省

給食時間の指導は、特別活動の授業時数には充てません。特に指導を必要とする内容については、給食時間の指導と関連づけて、学級活動の時間でも計画的に取り上げて指導します。

本時の展開

01 他教科等との関連を把握する

授業の計画を立てる際は、各学校の「食に関する指導の全体計画」を見て、第4学年までの学習や、各教科等の学習、給食指導との関連について把握しましょう。
〈各教科等との関連〉

家庭科「食事の役割」「栄養を考えた食事」、保健「健康な生活」「体の発育・発達」「病気の予防」、社会科「我が国の食料生産」、理科「人の体のつくりと運動」、道徳科「節度、節制」「感謝」「生命の尊さ」「伝統と文化の尊重、国や郷土を愛する態度」、総合的な学習の時間「米作り体験」、給食指導「好き嫌いせずに食べよう」「バイキング給食」、児童会活動「農家さんや調理員さんに感謝する集会」など。

02 自分の食生活の問題をつかむ

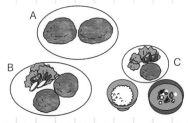

A
B
C

自分の食生活を見直すきっかけをつくるために、「6つのこしょく」（図1）の話をします。

そして、3枚の写真（ハンバーグだけ、添え野菜付き、定食）を提示して比較させます。偏った食事への気づきから課題意識をもつように働きかけます。

バランスのよい食事をしよう

つかむ 自分の食事のとり方はどうか？

6つのこしょく
個食 孤食 固食
小食 粉食 濃食

乳製品 果物 主菜 主食 副菜

課題 朝ご飯を抜く 偏った食事 無理なダイエット

さぐる 栄養のバランスのよい食事とは？

体をつくるもとになる エネルギーのもとになる 体の調子を整えるもとになる

〈給食の食品〉
米
牛肉
牛乳
豆腐
小松菜
しいたけ
味噌
みかん

みつける
・主食・副菜・主菜

| 主食−米、パン、めんなど |
| 副菜−汁物、サラダなど |
| 主菜−魚、肉、卵、豆腐など |

・赤、黄、緑のグループ
・五大栄養素

〈栄養教諭の工夫〉
・地域の特産物、旬、行事
・よく噛む食品
・彩り、好み、鮮度、安全、値段、量

きめる
・朝ご飯には、パンだけでなく、サラダや牛乳を加えよう。
・苦手な野菜の代わりに、同じ栄養がある別の野菜を食べよう。

図1

Point
・つかむ→さぐる→みつける→きめるという学習の流れを構造化して板書することで、学びの過程を意識してふり返りやすくなります。
・絵カードを動かして　試行錯誤しながら考えることができます。

03 バランスのよい食事をさぐる

　全員で共通に考えられる給食を教材にし、栄養のバランスのよい食事について具体的に調べます。栄養教諭とのT・Tを行い、当日の給食の写真や献立表、使う食品の実物等を提示して、実感的に考えられるようにします。

　食品の栄養的な特徴の3グループの表を板書し、食品の絵カードを貼っていきます。子どもは1人1台端末で、板書と同じ表を使って食品の絵カードを動かす操作をしながら考えます（図1）。

　学級通信で知らせる、授業参観で保護者とともに学ぶ機会をつくるなど、家庭との連携をはかります。また、Web会議システムを使って、専門家の話を聞く、農家の畑をバーチャル見学するなどの工夫もできます。

04 自分で取り組むことを決める

　バランスのよい食事かどうかを判断するために、習慣化しやすい方法をグループで話し合い、自分の取り組みを考えるヒントを得ます。一人ひとりの実践を考える際には、家庭の個人情報やプライバシーなどの問題に十分留意します。

3学期に向けてエネルギーを貯める12月

▶【1】12月で目指す子どもの姿

　楽しい冬休みが近づき、子どもたちはどこかそわそわ落ち着かない雰囲気が続きます。1学期と同じように2学期のふりかえりを行います。個人や学級の成長を再確認できるでしょう。自分たちでやってみようとする風土も育ってきています。「みんなでやってよかった。楽しかったといえる活動」を話し合う中でも、学級の成長が感じられるはずです。これまで育んできた様々な習慣が定着しているかの細かい観察も大切なポイントです。いじめにつながるような気になる雰囲気はないか、目を離さず、丁寧に見取っていきます。必要があれば修正をかけていきましょう。雰囲気がよくないときに、ついつい強い指導に頼ってしまうことがありますが、それは逆効果になることが多いです。常に自分のことをふりかえる習慣をつけたいですね。

▶【2】12月の学級経営を充実させるために

自治的に進める学級会

　子どもたちが大好きな季節行事が近づきます。華やかな雰囲気を教室にもたくさん取り入れます。掲示板を彩ったり、カウントダウンをしたり。また、お楽しみ会の計画と実行を、子どもたち自身で行うことも大切です。学級会で議題提案し、内容や、工夫、役割分担などを話し合います。出された意見の共通点や相違点を確かめたり、比べ合ったりしながら、よりよい意見を模索し、合意形成を目指します。「自分たちで話し合ってつくったものが、こんなにも楽しくて喜びに満ちている」という経験は、3学期の6年生の卒業に向けた取り組みへつながっていきます。2学期も1学期と同様に、成長やがんばりを讃え合い、「楽しかった！　3学期もがんばろう！」という経験で終わることがポイントです。そこに自分たちでつくり上げたという経験が重なると、さらに成長が感じられるはずです。

人権の視点から

　教室で安心して暮らせる居場所があるか、一人ひとりがお互いのちがいを認め、お互いの人権が大切にされているか、事あるごとに立ち止まり、クラスで考える時間をとってきました。そうすると、教師自身も、子どもたちの意見をきちんと受け止めて聞いているか、明るく丁寧な言葉で声かけができているか、子どもたちの大切さを自覚し、一人の人間として接しているか、ふりかえることも大切です。12月10日は世界人権デーです。日本でも人権習慣が設けられています。この時期に、子ども権利条約を紹介したり、いろいろな話題にふれたり、身の回りの差別や偏見について考えたりして、一人ひとりの安心と安全が保障されているか話し合ってみるのもよいでしょう。

▶【3】12月の実践事例 「うわさやかげぐちについて考えよう」

絵本の表紙 ひぐちともこ著 『あの子』 （エルくらぶ）	「あの子」は、一人の子どもが、いろいろな子どもに「あのな、聞いてんけどな」「あの子といっしょにおらんほうがええで」と言われ始めて、どんどんその噂が広がっていく。「それってほんまやのん」と尋ねる子が出てきて…というお話。

▶ねらい：

　うわさや、陰口によってつらい思いをする人がいなくなるように、自分は何ができるのか、クラスの仲間とともに何ができるのかを考え、行動しようとする力を育む。

▶学習の流れ：

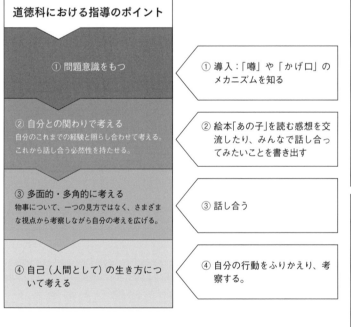

道徳科における指導のポイント

① 問題意識をもつ

② 自分との関わりで考える
自分のこれまでの経験と照らし合わせて考える。これから話し合う必然性を持たせる。

③ 多面的・多角的に考える
物事について、一つの見方ではなく、さまざまな視点から考察しながら自分の考えを広げる。

④ 自己（人間として）の生き方について考える

① 導入：「噂」や「かげ口」のメカニズムを知る

② 絵本「あの子」を読む感想を交流したり、みんなで話し合ってみたいことを書き出す

③ 話し合う

④ 自分の行動をふりかえり、考察する。

ポイント1
「噂やかげ口はどうして広まるの？」
話を受けた人の興味の有無や、よい話か悪い話かで印象は異なります。記憶に残る部分だけトリミングしたり、元の話を脚色したり伝えられ方は様々です。元の話からいろんな部分が省かれて、新しい事実が付け加えられ、広がります。噂や悪口を交わすのは「仲間」とです。お互いが持っている規範や、考え方がはっきり見えるので、仲良くなれると錯覚が起きます。思春期でゆれる子どもたちは、仲間とつながるためにそれらを、コミュニケーションの話題として簡単に選んでしまうことがあります。

ポイント2
「どうすればみんなの安心につながるか」
言う人、言われる人、傍観している人、止める人４つの立場を知り、「あの子」に出てくる言葉や人物の立場を考えます。かげ口を止めることができなかったのは、傍観している人だということを知り、止めようとする行動を邪魔している物を明らかにします。みんなの安心の守られ方に視点を置くと、自分にできることの行動が見えてきます。

解決策を一つに絞るのではなく、できないことがあっても大丈夫。これだったら自分にできそう！と思えることが見つけるられるとよいです。

◇ふりかえりより（無記名で学級通信に掲載し、家庭でも話題にあげてもらいます）

> ・ぼくは、その場で言っている人を止めることはできないと思った。相談されたどうしたらスッキリするかをいっしょに考えることはできる。だれかを傷つけるうわさを言わないこともがんばろうと思う。
> ・かげ口を言う人もいるけど、言わない人もクラスにはいます。欠点や失敗は誰にだってある。相手を傷つけない方法を探したい。自分は言わない人でいたい。

冬休み前の
指導

▶ねらい

２学期をふりかえって、自分や学級の成長を認め合うとともに、安全に充実した冬休みを過ごすための心構えをもつ。

▶指導のポイント

冬休み前の指導に当たっては、次の点を考えて、子どもたちや他の職員と分担しながら、無理のないように計画的に進めましょう。

○学びの成果を実感する
○冬休みの安全な過ごし方を考える
○日本の伝統・文化に親しむ
○自分で学ぶ態度を育成する
○計画的に整理や大掃除をする

▶12月の学級担任の主な実務

☐ 作品整理、集めた物（ノートなど）の返却
☐ 評価資料の整理、通知表の作成
☐ 学級懇談会、個人面談（資料、環境整備等）
☐ 冬休みに向けた準備（課題、便り等）
☐ ふりかえり（学校評価、学級経営案等）
☐ 公簿の確認
　（指導要録、健康診断票、歯の検査票、出席簿）
☐ 学級会計（会計簿、会計報告）
☐ 大掃除（計画的に持ち帰らせる物等）
☐ 冬休みの過ごし方の指導
☐ 長期休み中のICT端末活用に関する指導
☐ 3学期の準備

指導上の留意点

01　学びの成果を実感する

１年で最も長い２学期。子どもたちは行事を通して大きく成長します。自分や学級の成長を実感できる場づくりを工夫しましょう。

【学習のふりかえり】
学習ノートやデジタルポートフォリオ展示会、探究学習発表会、各教科のまとめの紹介。
【学校行事のふりかえり】
運動会、陸上記録会、学習発表会、宿泊学習などを画像でふりかえり、過程や成果を語り合います。
【学校生活のふりかえり】
係活動・委員会活動・クラブ活動などを一人ひとりがスピーチやプレゼンで紹介します。

02　計画的に整理や大掃除を進める

終業式の日に大掃除をする学校も多いですが、普段から少しずつ行います。持ち帰る物は一遍にではなく安全に無理なく進めます。図工などの作品は、持ち帰りや片付けの前に写真を撮り、子どもの説明や感想もつけて、二次元バーコードで閲覧できるようにします。

図1 【年末年始の秘密調べ　テーマの例】

各地の雑煮

○おせち料理の食材の種類と意味

昆布巻き－よろこぶ

数の子－子孫繁栄

黒豆－まめに働けるように

田作り－豊作祈願

鯛－めでたい、鰤－出世魚

海老－腰が曲がるまで長生き　など

○大掃除の意味と体験

○除夜の鐘とは

○年越しそばの意味と調理体験

○門松の材料

○しめ縄の意味

○全国お雑煮の具のちがいマップ

○鏡餅の意味

○初日の出と初夢の意味

○お正月遊びの聞き取りと体験

○書き初め体験

○年賀状、干支の話

○地域行事（七草粥、成人式、鬼火焚き）

門松　　　　　　鬼火焚き

03 冬休みの過ごし方を考える

　休み中も心と体の健康のために、睡眠・食事・運動の大切さ（本書p134、p174）をふりかえって、5年生では自分で意識して生活のリズムを崩さないようにします。

　特にLINEやTwitter、TikTok、YouTube、Instagramなどのアプリに関連するネット社会の危険性を再確認し、個人情報や肖像権・著作権などに注意させましょう。

　また、家族や地域の一員として積極的にかかわる絶好の機会です。大量の宿題を出すことは避け、手伝いや家族とのふれあい、地域行事への参加を大切にします。課題を出す場合は、個人差や量を考慮し、解答を配布・デジタルドリル活用等の工夫をして、必ず見届けます。

04 自分で学ぶ態度を育成する 日本の伝統・文化に親しむ

　冬休みは、昔から大切にされてきた生活の知恵やものの見方・考え方を学ぶよい機会。自分のテーマに沿った学習がおすすめです。（図1）たとえば、雑煮の具について全国各地の人にGoogleフォームで回答してもらったり、画像を集めたりと、工夫した活動ができます。

12
DECEMBER

読書クイズ
大会をしよう

学級活動（1）ウ

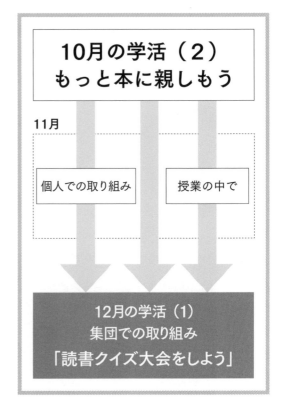

10月の学活（2） もっと本に親しもう

11月

| 個人での取り組み | 授業の中で |

12月の学活（1）
集団での取り組み
「読書クイズ大会をしよう」

▶ねらい

　10月の学活（2）の中で話し合ったことや個々の取り組みを生かす活動を行い、個の高まりが集団としての高まりにつながることに気づく。

▶指導のポイント

　学活（2）で話し合ったり、意思決定したりしたことを学活（1）と連動させることがポイントです。

　特に学活（2）の話し合いの中で「みんなで〇〇したい」という意見が出た場合、それをストックしておき、適切なタイミングで子どもに投げかけることで、個々の取り組みが集団で行う活動に結びつくようにしていきます。

活動にあたっての留意点

01 学活（2）の話し合いを想起させ、投げかける

　学活（2）で読書活動の推進をねらった授業をしたとします（P165参照）。

　その中で、「イベントを企画する」など、みんなで取り組む意見が出ていた場合、これを学活（1）につなげられないかと考えます。

　朝の会や給食の時間などの教育課程外の時間を使って、「10月に読書活動の取り組みについて話し合い、それぞれ取り組んできたよね。その成果を確かめるようなイベントをしてみない？」などと問いかけます。

　指示ではなくて、あくまでも「提案者」というスタンスで、子どもたちに投げかけたほうがよいでしょう。

02 計画委員会との打ち合わせの中で、目指す姿をイメージする

　計画委員会で集まって事前の打ち合わせをする際、「この活動を通して、どのような高まりを期待したいか」を意識した話し合いにします。
① なんのためにするのか
② 活動後、どんな姿が増えてほしいか
③ どのようなことに留意すべきか

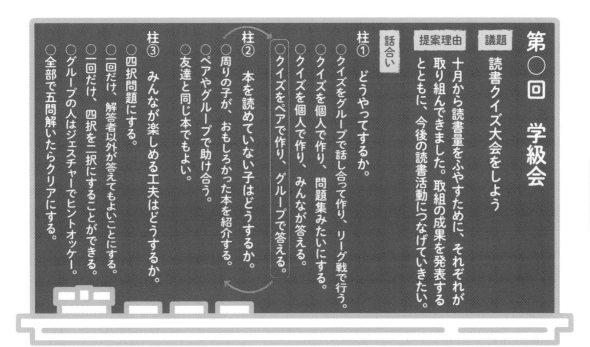

第○回　学級会

議題　読書クイズ大会をしよう

提案理由　十月から読書量をふやすために、それぞれが取り組んできました。取組の成果を発表するとともに、今後の読書活動につなげていきたい。

話合い

柱①　どうやってするか。
○クイズをグループで話し合って作り、リーグ戦で行う。
○クイズを個人で作り、問題集みたいにする。
○クイズを個人で作り、みんなが答える。

柱②
○クイズをペアで作り、グループで答える。
○友達と同じ本でもよい。
○ペアやグループで助け合う。
○クイズをグループで話し合って作り、おもしろかった本を紹介する。
○本を読めていない子はどうするか。

柱③
○みんなが楽しめる工夫はどうするか。
○四択問題にする。
○一回だけ、四択を二択にすることができる。
○一回だけ、解答者以外が答えてもよいことにする。
○グループの人はジェスチャーでヒントオッケーにする。
○全部で五問解いたらクリアにする。

Point

p.165で話し合った内容を実現するのが本実践です。0からアイデアを生みだすことは難しくても、今ある何かをアレンジさせるという発想をもつと広がることがあります。子どもがひらめく環境づくりや教師の出場が重要です。

---

03 小数意見を集団決定に生かす

かたくなに「反対意見」を主張する子がいます。多数決などの数の論理で決めてしまうことは可能ですが、それでは、合意形成する力はつきません。

少数意見に寄り添い、「なぜ、したくないのか」を丁寧に聞き取ったうえで、代案や納得解を探っていきます。

たとえば、「本が嫌いだからしたくない」という意見が出た場合、「どうしたら少しでも本に親しんでもらえるのか」を考えます。

少数意見に寄り添うことで、工夫や独自性が生まれ、みんなが楽しめる活動にします。

少数意見の子にも、みんなの思いを伝え、意固地になりすぎない指導も必要です。

04 実践の経緯を可視化して残す

読書クイズ大会をしよう

話し合いのふりかえり	学級集会のふりかえり
○ほとんどの子が進んで発表できた。	○準備を協力してできた。
○つなげる意見が言えた。	○マイナス発言がなかった。
○支える意見が言えた。	○みんなが楽しめた。
○折り合いをつけた。	△ルール確認が弱かった。
△時間配分	△一部の子がふざけてしまった。

これまでの活動のふりかえりを画用紙などにまとめ、教室に掲示しておくと、学びのプロセスがわかり、次の話し合いの目標が導かれてきます。

学校ピカピカ大作戦をしよう
清掃指導

学級活動（3）イ

▶ **ねらい**

「やったつもり」になっている掃除の実態や「うまくいかない」原因について話し合い、学校をきれいにするために必要な視点や心構えについて考え、積極的に掃除をする意欲を高める。

▶ **指導のポイント**

5年生にもなると、掃除の必要性については理解しています。しかし、「なぜするのか」「どんな力がつくのか」といったことを深く考えたり、自覚したりしている子は多くはないでしょう。取り組み方について立ち止まらせることで、意識を高めていきます。

また、「働く意義を理解する」という学活（3）の目標のほかに、「グループでめあてを立て、協力して取り組む」という集団としてのめあても意識させたいところです。

<table>
<tr><td colspan="5">1　グループで決めためあて（どこまでめざすか）を書きましょう。</td></tr>
<tr><td colspan="5"></td></tr>
<tr><td colspan="5">（よくできた…大☆　　できた…中☆
あまりできなかった…小☆）</td></tr>
<tr><td>日（　）</td><td>日（　）</td><td>日（　）</td><td>日（　）</td><td>日（　）</td></tr>
<tr><td>☆</td><td>☆</td><td>☆</td><td>☆</td><td>☆</td></tr>
<tr><td colspan="5">2　1週間を終えて、「がんばっていた友達の姿」や「大切にしていきたいこと」をかきましょう。</td></tr>
<tr><td colspan="5"></td></tr>
</table>

活動にあたっての留意点

01 掃除後の現状をつかむ

「掃除をすること」が目的になっている子どもたちは、「掃除時間を過ごしたこと」で満足してしまいがちです。「掃除の取り組み方」や「掃除の意義」に迫ることで、内面的な変革をねらっていきたいものです。

まず、子どもたちにとってわかりやすい「掃除後の写真」を提示します。「掃除の後なのに、なぜ、汚いのだろう」「こんなに汚れているんだろう」といった疑問や気づきを引き出します。

「なぜ、掃除後なのに、ごみや汚れがあるのだろう」という問いから、普段の掃除に対する取り組み方をふりかえらせていきます。

02 掃除の意義についてさぐる

「掃除が嫌だな、面倒くさいなという人の気持ちもわかります。では、なぜ、日本では昔から学校で掃除をするのでしょう」と、子どもの立場や思いを引き受けてから、投げかけます。「汚いから」「汚れるから」といった現象面だけの意見が出た際は、「他国では、清掃業者にお願いしているところもあるんだよ。きれいにするだけだったら、それでもよくない？」などと切り返します。

また、一生懸命掃除している姿を提示して、「この子にはどんな力がつくと思う？」と問いかけて、見えないところにも注目できるようにしていきます。

学校ピカピカ大作戦　もっと学校をきれいにするに、できることを考えよう。

つかむ　学校の様子

教室のすみの写真	給食のシミの写真
机などの下の写真	ごみ箱の中の写真

・一生懸命しない子がいる。
・そうじのやりかたがわからない。
・ごみや汚れに気づいていない。
・自分で終わりをきめている。
・ていねいにやっていない。

さぐる　なぜ掃除をするのか？

一生懸命掃除をしている子どもの姿

↓

快適さ　心を磨く

みつける　どうしたらいい？

○汗が出るまでやる。
○役割分担をする。
○声をかけあう。
○振り返りをする。
○きれいになった気持ちよさを共有する。

きめる

掃除の担当場所のグループで集まり、役割分担、やり方、めあて（どこまでを目指すか）を決めよう。

Point

課題は見ようとしないと見えないものです。なんとなく見えている日常に「ちょっと待てよ」と立ち止まらせ、眼鏡をかけさせることが大切です。その眼鏡となりうるのが、気づきと理由です。大谷選手などの行いに憧れを感じる子どもに意味づけるのもよいでしょう。

03　掃除のやり方をみつける

イエローハットの鍵山氏の話や、お寺で修行をするお坊さんの話、ディズニーランドのキャストの話などを紹介して、掃除に対する考え方や向き合い方をおさえてもよいでしょう。

そして、掃除の意義について十分理解したうえで、「どのように取り組んでいくか」を話し合っていきます。

ただきれいにするだけでなく、「みんなが気持ちよく使えるように（公共心）」や「自分の目や心を磨く（自己の成長）」といった内面に迫るような発言を期待したいところです。また、「どのように？」といったやり方（方法）に関する発言も認めていきます。

04　グループ目標を達成するための個人目標をきめる

掃除は生活班などの小集団で取り組む場合が多いと思います。「グループで協力して取り組む態度」も目指したいので、グループで話し合う時間を大事にします。

担当の掃除場所によって、「どこまでやったらピカピカといえるのか」や「やり方」「役割分担」は異なるので、画用紙やワークシートなどを使って記録し、話し合いの過程を可視化したり促したりします。さらに、グループ目標を達成するために、「あなたはどうするか」を迫ることで、意思決定を促します。

取り組み後は、他の教師や友だちから肯定的な評価をもらうことで意欲が継続できるようにしていきます。

1月 ゴールに向けて再出発の1月

▶【1】1月で目指す子どもの姿

　3学期は、学級の集大成。学習のまとめにおいても、児童会活動などにおいても、最高学年への準備を整える大事な時期です。しかし、プレッシャーを与えるだけでは、子どもの内発的な行動につながりにくく、教師の理想の押しつけや、先回りし過ぎたお膳立てになりがちです。子どもたちと教師が、目的・見通し・取り組み内容・方法・役割などを共通理解することが鍵となります。

　1月は、新年を迎えて期待を胸に抱いているよい時期でもあります。子どもたちの意欲が継続して、自走していくことができるように、教師は「伴走者」として、サポートしていきます。

▶【2】1月の学級経営を充実させるために

学級の完成形をイメージする

　1月は再出発のとき。日直や給食当番、係・委員会活動、学習のルールや授業開始時刻、休み時間の過ごし方や友だちとの人間関係など、子どもたち自身が現状を見つめて学級や個人の目標を再確認する時間を設定します。そのうえで、「なりたい自分」「築きたい人間関係」「つくりたい学級」について、ウェビング図などを用いて具体的な言葉にし、3月の学級の完成形のイメージを全員で共有します。

3月までの計画を立て、可視化する

　「1月は行く・2月は逃げる・3月は去る」というように、学年末は多忙です。子どもたちの心のサインを見逃さないように寄り添い、3月に慌てないように計画的に進める必要があります。

　子どもたちの描く学級のゴールに向けて、いつ・誰が・何をするのかなどについて話し合います。

　具体的には、3月までに全員でやりたいことや、1年間の思い出アルバムや学級文集づくり、6年生から引き継いでおくことなどを話し合い、学校行事や学習内容も見通した学級全体の計画を立てます。

　それを表やカレンダーなどに可視化して共有することで、子どもが途中で自主的に進捗状況をチェックし、協力し合って取り組む姿が生まれますし、教師も見届けることができます。

めりはりをつけて、リラックスする

　常に緊張状態では、意欲を継続できませんし、寒くて部屋にこもって運動不足になりがちです。時々、心と体をほぐすような活動（深呼吸やストレッチ、瞑想、読み聞かせなど）を隙間時間などに採り入れます。部屋でできるゲームや日本の伝統文化に親しむ正月遊びなどもおすすめです。

　教師自身が自己開示して子どもたちと雑談したり、エクササイズの後の気持ちを語り合ったりして、学級の中でリラックスして過ごすことができるような雰囲気づくりを心がけます。

▶【3】1月の実践事例

■ねらい　個人や学級の現状と課題を把握し、思いや願いを共有する。

（1）個人や学級の現状を見つめるアンケート

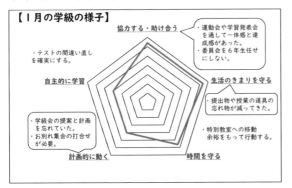

■方法

① 学級目標（学習面、生活面など）について ふりかえるGoogleフォーム等のアンケートに各自で入力する

② スプレッドシートに集計された結果をレーダーチャートで示す

③ 今後の課題について話し合う。話し合いで出た意見を書き込み、掲示して、随時、ふりかえりで活用する

（2）「つくりたい学級」のイメージを共有するホワイトボード

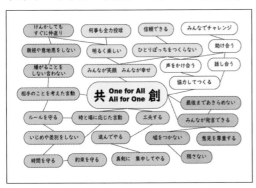

■方法

①「つくりたい学級」について電子ホワイトボード（Jamboard等）の付箋に考えを記入する。否定や結論づけ、判断はしないルールで、自由に書く

② 付箋をグループ分けして図解化したり、内容をつなげてマインドマップに整理したりする

③ 紙で掲示したり、クラウドで共有したりして常に意識できるようにする

■ポイント　一人一台端末を使ってWebアンケートを行うと、即時に集計して回答を共有することができます。アンケートもホワイトボードも、1学期から定期的に実施すると保存ができるので、比較することで、子どもたち自身が学級の変化に気づくことができます。

（参考文献）『構成的グループエンカウンターミニエクササイズ56選　小学校版』

　　　　　八巻寛治（2001）明治図書

　　　　　『たった5分でクラスがひとつに！学級アイスブレイク』江越喜代竹（2016）学陽書房

　　　　　『子どもも先生もオイシイ　笑いの技術』廣瀬裕介（2022）フォーラムA

6年生に向けて

▶ねらい

これまでの成果と課題をふりかえったり、子どもの実態をまとめたりすることを通して、6年生に向けた指導や支援の方向性を設定する。

▶指導のポイント

「5年生3学期＝6年生の0学期」と呼ばれるほど、6年生への「接続」が大切な時期になります。

これまでの子どもの成長や実態を学習面・生活面でとらえ直すと同時に、子ども本人や保護者の思いもくみ取りながら、指導や支援の方向性を設定することが大切です。

▶6年生への接続

6年生への「接続」とは、「よし。次は6年生だ」という前向きな気持ちで5年生の修了式を迎えることです。6年生から「学校の顔」としての自覚と責任を引き継ぐ必要があります。6年生になって突然「学校のリーダーだ」と言われても子どもたちは対応しきれません。5年生の3学期からリーダーになる準備をするための活動を仕組んでいきましょう。

まず、「学校のリーダーとしてのバトンを受け取る準備をするために必要なことは？」というテーマで子どもたちと話し合うとよいでしょう。「6年生にインタビューする」「6年生のよいところを探す」「委員会の活動を今まで以上にしっかりとやる」などの子どもの考えや思いを大切にし、6年担任に協力を仰ぎながら、3月までの具体的な活動のスケジューリングを行っていきましょう。

本時の展開

01 「理想の6年生像」をもつには？

6年生への接続をスムーズにするためには、子どもたちが「理想の6年生像」をもつことが重要になります。そこで、「こんな6年生になりたい」というめあてや意欲を高めるための機会を設けましょう。

① 「こんな6年生になりたい」というテーマで作文を書く
② 6年生に「6年生とは？」というテーマで、インタビューする
③ 委員会活動やクラブ活動、縦割り活動などで、「かっこいい6年生見つけました！」というテーマで目標にしたい6年生を探す
④ 校長先生にお願いをして「6年生になるために」というテーマで語っていただく（「期待している」という叱咤激励も含めて）

02 子どもの「思い」を把握する

どんな6年生になりたいのか、また、今の自分をどうとらえているのかを把握するために、子ども一人ひとりと面談を行います。その際、教師として支援できることを提案してみるのもよいでしょう。
〈面談で聞くことの例〉
① 学習面
　得意な教科は？　苦手教科は？
　苦手を克服するために、どうする？
② 生活面
　規則正しい生活はできている？
　委員会やクラブでの自分の役割はどう？
③ 友だちとの関係
　仲のよい友だちは？
　うまくいっていない友だちは？
　うまくいくために、どうすればよい？

03 指導・支援をふりかえる

　3学期にもなると、一人ひとりの子どもについての理解もかなり深まっていることと思います。その子どもにどんな支援や指導を行ったのか、成果と課題はどんなことがあるのかをまとめ、今後の支援や指導の方向性を設定しましょう。「あれ？　この子のことあまりわからないな」と思う子どもがいたら、周りの子どもたちよりも気にかける機会を少し多くするとよいです。

　また、教師側が「この子どもにはこんな支援が必要」と思っていても、子どもが必要感をもっていないと空回りしたり、子どもと教師の意識のずれが生じたりします。子どもとの面談を通して、子ども一人ひとりのニーズをとらえ、子どもも納得する指導・支援を行うようにしましょう。

04 保護者との面談を生かす

　多くの学校では、2学期末（12月頃）に保護者との個人面談が設定されていると思います。2学期の成果と課題を伝えることも大切ですが、保護者から成果と課題、今後の展望などはどのようなところにあるのかを聞き取り、記録に残しておきましょう。

　教室で特別な支援を受ける必要がある子ども（合理的配慮）がいる場合、管理職や特別支援コーディネータなどとケース会議を開き、保護者にその旨を伝えることも大切です。6年生になって、保護者から「そんなの聞いてなかった」と言われることがないように注意しましょう。

　3月に次の担任に引き継ぐことも視野に入れ、子どもの実態と支援方法、保護者の思いなどをまとめ、記録に残しておくことも大切です。

4月　5月　6月　7月　8月　9月　10月　11月　12月　**1月**　2月　3月

正月遊びをしよう

学級活動（1）ア

▶ねらい

学級で正月遊びをすることを通して、日本の伝統文化にも触れつつ、クラスの絆を深める。

▶指導のポイント

冬休みを経て、いよいよ3学期という気持になっている子どもたちは、クラス内での団結力も高まっています。しかし、遊ぶときにはゲームやタブレットなどデジタルでの娯楽が中心となっている子どもや、「正月遊びは知っているけれどやったことはない」という子どもも多いと考えられます。勝ち負けにこだわらず、伝統文化を楽しむという気持ちをもって取り組ませましょう。

～正月遊びのポイント～

○正月遊びを通じて文化を味わう
・遊びの由来を調べて発表する

○個人で楽しみ、絆も深める
・得意な子が教える「○○教室」
　けん玉教室　こま回し教室

○かくし芸でスター誕生！
・参観日に開催すると大盛り上がり

3. 141592653589…

指導にあたっての留意点

01 未経験だからこそやりたい！

書写で書初めをすることがある場合、そこから「書初め以外に、お正月にはどんな文化があるかな」と問いかけます。正月遊びについて、「したことある？」と尋ねることで、おそらく多くの子どもが未経験なので、「やってみたい！」となる展開にしましょう。

02 省エネで取り組めるもの優先

1月は短いので、活動の準備に時間が取れません。まずは、遊びに使えるものが学校にあるかどうか事前に確認しておきます。百人一首やこま回し、けん玉などは生活科室に十分な数がおいてある場合があります。子どもたちは低学年で昔遊びを経験していることから、ルールや遊び方はある程度知っています。

おすすめは百人一首、凧揚げ、すごろくです。百人一首と凧揚げは、未経験の子どもが多いので貴重な経験になります。凧揚げはいくつか用意し、グループで取り組ませると盛り上がります。すごろくは、すぐに作成することができます。

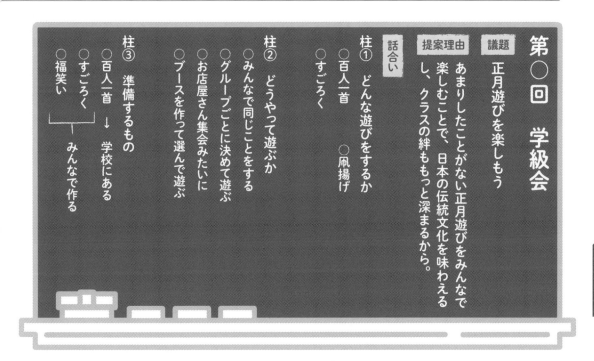

第○回　学級会

議題 正月遊びを楽しもう

提案理由 あまりしたことがない正月遊びをみんなで楽しむことで、日本の伝統文化を味わえるし、クラスの絆ももっと深まるから。

話合い

柱①　どんな遊びをするか
○百人一首　　○凧揚げ
○すごろく

柱②　どうやって遊ぶか
○みんなで同じことをする
○グループごとに決めて遊ぶ
○お店屋さん集会みたいにブースを作って選んで遊ぶ

柱③　準備するもの
○百人一首　→　学校にある
○すごろく ┐
○福笑い　 ┘ みんなで作る

Point

ちょっとして意識づけで、楽しい時間をすごそう！

① 生活科で学習した「昔遊び」をイメージして懐かしい気持ちに

② 勝ち負けよりも、盛り上がったことを楽しめる雰囲気に

③ オープンスクールなどで、保護者といっしょに楽しめたら最高

03 冬休みに家族でチャレンジ

2学期の終盤に、柱①までを簡単な話し合い活動で決めておき、冬休みに準備し3学期に活動をすると時間が節約できます。

たとえば、冬休みの宿題に、「すごろくづくり」を設定しておくと、すぐに活動に入ることができます。3学期は柱②の遊び方を中心に話し合います。その際、宿題で「遊びの由来」も調べさせておくと、伝統文化により深くふれることができます。

また、「かくし芸大会」も非常に盛り上がります。冬休みの宿題で練習させておき、3学期に披露します。子ども一人ひとりの意外な個性や特技が披露されるので、大いに盛り上がります。家族で練習することで、家で楽しい時間を過ごすことができます。

04 学級対抗やペア学年招待

学年全体で取り組める場合、交流して活動することで、スケールの大きな活動が見込めます。また、ペア学年の2年生などを招待して一緒に遊ぶことで、高学年としての意識も高まり、自己有用感もアップします。

感染症の予防をしよう
学級活動（2）ウ

▶ねらい

専門的な知見をもつゲストティーチャーとして、養護教諭の話を聞いたうえで、自分にできる感染症対策を考え、実行する。

▶指導のポイント

1月は、インフルエンザなどの感染症が流行しやすい時期です。専門的な話を聞いて納得するだけでなく、わかったことから「自分にできること」「みんなでできること」といった実践レベルまで落とし込むことが大切です。

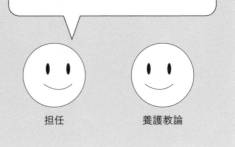

感染症にかかる原因について、10分ほどでお願いします。その後、子どもたちから質問があったときの回答もお願いします。

担任　　　　養護教諭

活動にあたっての留意点

01 ミニアンケートで日常の取り組みをつかむ

① 食事前、外遊びの後、共用の物を使った後など、意識して手洗いをしていますか?
②「早寝早起き朝ごはん」の習慣はできていますか。
③ 運動や外遊びはできていますか。
④ 給食のマナーを守っていますか。
⑤ 休み時間ごとに換気はしていますか。

具体的な場面を想起させるようなアンケートを行います。2択で答えられるような簡単な問いにします。できている理由や難しい理由にふれておくことで、意思決定の際の布石となるようにしておきます。

02 ゲストティーチャーと連携して原因をさぐる

専門的な知見をもつゲストティーチャーに話をしてもらうことで、深い納得感が得られるようにします。以下のことに留意しましょう。

①「何を話すか」「何を話さないか」の事前打ち合わせ
② 提示資料が子どもの実態にあっているかの確認
③ 時間配分や子どもとのかかわり方の共通理解

進行は、子どもの実態がわかっている担任が行ったほうがうまくいきます。深めたいところや気づいてほしいところは担任が子ども役をして質問するのも効果的です。

感染症を予防しよう

みんなが感染症にかからないようにするにはどうしたらいいのだろう？

つかむ ふりかえってみよう

○手洗いは習慣になってきた。
○早ね、早起きはできている。
○換気は窓当番さんが
　がんばっている
△寒いので、運動はへっている。
△ついおしゃべりをしてしまう。
　→食べ終わったら暇

さぐる 原因はなんだろう？

体内に入らないように

・うがい、手洗い　・マスク
・黙食　・換気
・ソーシャルディスタンス

体内に入ったとしても

規則正しい生活→免疫力

みつける みんなですること

・声をかけあう
・当番の責任を果たす
・マナーを守る（給食）
・フォローをする
・ポスターとつくる
　→係活動
1人1人の意識

きめる
自分の課題を向き合い、習慣
にしていく

Point

担任がすべての分野を網羅し、効果的な授業を展開することは難しい場合があります。そんなときは、担任はコーディネーターに徹しましょう。Team学校を実現し、複数で子どもとかかわることは大切な視点です。

03 「自分にできること」「みんなで取り組むこと」を意思決定する

　「へえ、そうなんだ」で終わってしまっては、子どもたちの生活改善につながりません。

　むしろ、ゲストティーチャーの話をもとにした話し合いが大切です。

　子どもから出た意見は、「自分にできること」「みんなで取り組むこと」に分類したり、「本当にそれはできるの？」とゆさぶったりすることで、役割意識をもたせることや実現可能性を高めることをねらっていきます。

　その際、1で出た「できている理由」「難しい理由」に立ち返ると、身近な問題としてとらえさせることにつながります。

04 保護者との連携

　具体的に、「自分にできること」「みんなで取り組むこと」が行動レベルで決まったら、ワークシートなどに書き込み、実践につなげていきます。

　その際、学校だけでなく、家庭の協力を促すとより教育的効果は高まります。

① 通信や手紙などで、現在の取り組みについて知らせる。
② ワークシートに保護者のチェック欄やコメント欄を設ける。
③ 1週間の取り組みのふりかえりを保護者からももらう。（ICT端末の活用）

191

高機能型自立エンジンを
搭載するための2月

▶【1】2月で目指す子どもの姿

　5年生の2月は6年生を祝う集会（週間）に向けた活動があり、とても忙しいです。この時期の子どもたちは、学級や学習のルールにも慣れ、先生がいなくても、自分たちだけでできることが増えてきています。また、6年生を目前にして、様々な活動に取り組む機会が増えてくることにより、特有の悩みをもつ子どももいます。

　そこで2月は、「自分で考えて行動する」を意識して様々な活動に取り組めるように、教師の直接的なかかわりは少なくし、子どもを信じて「任せる」こと、自分で考えて行動することを認め、ほめることを意識しましょう。

▶【2】2月の学級経営を充実させるために

「自分で考えて行動する」を具体的にイメージする

「自分で考えて行動する」といっても、子どもたちは何をどうすればよいのかなかなかわかりません。そこで、自分で考えて行動した子どもを全体の場で紹介しましょう。
「Aさんは、自分の仕事だけでなく、欠席していた友だちの分の委員会の仕事を誰にも言われずにやってくれました」など、具体的な場面を取り上げるとよいです。すると、「Cさんも同じようにしていたよ」など、友だちのよい行動を見つける子どもも出てきます。「自分で考えて行動することも大切ですが、友だちのよい姿を見つけるのも素晴らしいことですよ」と伝えてあげましょう。

　担任だけではすべての子どものよい姿をみることはできません。終礼や職員会議などで、全教職員に伝え、そのようなよい行動があったら担任に伝えてほしい旨を共有しましょう。

一人ひとりの悩みを大切にするための、面談週間

　様々な活動や学習にがんばっている子どもたちですが、学習や友だち関係のことで悩むこともあります。そこで、時間をかけて、カウンセリングマインドである「受容」「傾聴」「共感」を意識して、一人ひとりの子どもと面談をするとよいでしょう。「最近どう？」「悩んでいることや困っていることある？」など、子どもの話をじっくり聞きましょう。学校のことだけでなく、習いごとや家族のことなど、悩みの種は多種多様にあります。「〜すべき」という声かけをするのではなく、先生の体験から成功したことや失敗したことなどを話してあげることも大切です。「時が経てば解決する」という解決方法は、今を一生懸命生きている子どもたちには通用しません。悩みの一つひとつを大切にして、一緒に解決方法を考えてあげましょう。

▶【3】2月の実践事例「自分で考えて行動するために」

■ねらい

　具体的な行動や場面、価値などを示したり話し合ったりすることで。自分で考えて行動しようとする子どもを増やす。

■方法

①自分で考えて行動するための表を子どもたちに提示する。

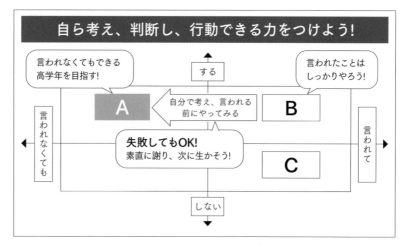

②なぜAの行動がよいのか、その価値をみんなで話し合う。

③具体的にどのような行動をすればよいのか、レベル1〜3を伝える。

④互いに自分で考えて行動していたことを見つけ合い、伝え合う機会を設ける。

A：言われなくても、（自分で考えて）行動する

B：言われたこと（お願いされたこと）をする

C：言われたことをしない（やらない）

レベル1：言われたことをやる

→お願いされるというのは、それだけ信頼されているということ。最低限、言われたことはやるようにしよう。

レベル2：次に何をやればよいのか聞く

→言われたことが終わったら、プラスアルファでできることを聞きましょう。

レベル3：「○○やりましょうか？」「これもやった方がいいですか？」

→周りの状況をよく見て、やった方がよいことを見つけ、先生に提案してみましょう（許可を取らず、勝手にすることはしないように気をつける）。

■ポイント

　この表は、教室の見えるところに掲示しておきましょう。レベル2やレベル3など、Aの行動をしている友だちがいたら、先生に伝えたり、朝の会等で紹介する機会を設けたりするとよいです。

4月　5月　6月　7月　8月　9月　10月　11月　12月　1月　**2月**　3月

卒業祝い掲示

▶ねらい

　5年生が中心となって、6年生卒業の掲示物を作製することで、6年生に対するお祝いの気持ちを表現したり、お祝いの雰囲気を演出したりできるようにする。

▶指導のポイント

　6年生の卒業後は、自分たちが「学校のリーダー」になることを見据え、それに向けての準備期間として活動を設定します。その際、学級単位ではなく、学年単位で取り組むと、活動に意味をもたすことができます。学級で実行委員を募り、学年でプロジェクトチームを構成。学級で話し合ったことを、チームで吸い上げ、よく検討し立案します。チームからの提案を受けて、学級で承認という流れを取り、学年での決定とします。

〈掲示作品の例について〉

　5年生からの掲示装飾は、「学習した教科と関連づけたもので表現する」と、話し合いました。5年生の教材で
・道徳科「アンパンマンがくれたもの」（光村図書）
・国語科「やなせたかし―アンパンマンの勇気」（光村図書）
があります。子どもたちは、教材を通して、正義とは何か、勇気とは何かを考え、自分の生き方や生きる喜びに結びつける学習をしました。自分たちが作品から強く感銘を受けたように、今でも6年生の心の成長の支えとなっているだろうと想像し、お別れのメッセージを込めました。「アンパンマンがくれたもの」と題し、全員が自分の思いをキャラクターにのせて、装飾しました。

活動の展開

01 子どもたちの意欲を教師が支える

　例年通りや、教師からのトップダウンだと、「何のために」「なぜするのか」、大切なことを置き去りにした取り組みになります。「どんな気持ちを6年生に届けたいか」を各クラスでしっかり話し合います。アイデアも出し合い、プロジェクトチームで選考します。プロジェクトチームは、各クラスに役割分担し、全体の調整や、最終の仕上げを担当します。

　教師はどんな形だったら、子どもたちからの提案を実現できるのか、一緒に考え、実現できそうな内容を絞っていきます。子どもたちの意欲を、助言で支えます。

02 学校全体として取り組むことも

　担当学年の5年生から、6年生をのぞいた児童会へ取り組みの内容や役割分担などを提案します。
・作品展と内容が重ならないか
・低学年でも負担なく取り組めるか
・特別活動の1時間程度でできるか
なども話し合います。決定したことを、代表委員が参加していない低学年に伝えにいき、校内放送や、児童会だよりなどで、全校に発信します。5年生にとって、全校の力を借りて「6年生への感謝の気持ちを形にする」という経験は、「学校のリーダー」につながる第一歩となります。

◆掲示作品の例

5年「アンパンマンがくれたもの」

◆学校全体で取り組む場合（例）2年「スイミー」

2年生へ：サイズ指定した紙に、魚を右向きでかいてもらうよう依頼。

> 　在校生にパーツを依頼し、背景や全体の仕上げは、5年生が担当する。下級学年には負担がおさえられ、かつ全校がかかわることができ、温かいお祝いの演出になる。

◆活動の大まかな流れ

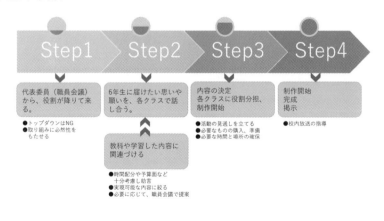

6年生を送る会

▶ねらい

お世話になった6年生の卒業を祝うとともに、最高学年になるための準備をし、よりよい学校づくりを行っていこうとする気持ちを高める。

▶指導のポイント

「6年生を送る会」は、5年生が学校の中心となって活動を行う初めての機会です。6年生の卒業を祝うという「表」のねらいと同時に、「裏」のねらいで5年生が学校全体を動かすことができる力を育てることが大切です。

事前に1～4年生の先生と打ち合わせをし、どんな活動内容にするのか方向性を確認してから5年生の子どもたちと進め始めましょう。

本時の展開

01 素案を代表委員会にかける

まず、6年生を送る会の名前やめあて、活動内容について、5年生の案を立てます。これまでに送る会に参加してきた経験や教師の準備した過去の資料をもとに、6年生の顔を思い浮かべながら話し合うとよいです。イメージが思いつかない場合、自分の兄や姉がいれば、「どんな6年生を送る会だったらうれしい？」とインタビューするのもよいでしょう。

次に、代表委員会を開き、在校生の各クラスで5年生の案について話し合ってもらいます。（右上配布資料参照）

このようなプロセスを踏むことで、自分たちが考えたことがいろんな人の考えを聞くことでブラッシュアップされるということの大切さを学ぶことができます。

02 代表委員会を開く

代表委員会を開いたら、各学年の担当する取り組みを決めていきます。

学校によって様々ですが、担当する取り組みと学年が決められている場合が多いです。毎年（例年と）同じというのは悪くありませんが、少しでも工夫できることはないか、各学年の先生と早めに話し合うことが大切です。

〈担当の例〉

1年生：6年生と手をつないで入退場をする
2年生：会の招待状を作成する
3年生：担任の先生クイズをする
4年生：入退場曲の合奏をする
5年生：6年生に思い出アンケートをとり、
　　　　ランキング形式で思い出劇をする

第一回実行委員会についてのお知らせ

五年生卒業お祝いプロジェクト実行委員会

一、目当て……みんなで協力して卒業を祝う週間の計画を立てる

二、日時と場所……一月二十五日（火）長休み　会議室

三、話し合う内容

①卒業を祝うプロジェクト実行委員会の顔合わせ

②卒業を祝う週間の名前と目当てについて五年生からの提案。

第二回実行委員会について

一、目当て……みんなで協力して卒業を祝う週間の計画を立てる

二、日時と場所……二月一日（火）長休み　会議室

三、話し合う内容

①卒業を祝う週間（集会）の名前と目当ての決定

②卒業を祝う集会での各学年の役割分担について

四、お願い……五年生の案について学級で話し合い、合った結果書いてください。一月三十一日（月）給食時間に担当の五年生が取りに行きます。

〈週間（集会）の名前の案〉

「かがやけ六年生！　ふみ出せ中学校への第一歩週間（集会）」

〈週間の目当ての案〉

「在校生で協力し、六年生の思い出に残り、気持ちよく卒業できるような週間（集会）にしよう」

---

03 プロジェクトチームをつくる

集会以外にも、様々なプロジェクトをつくるとよいです。プロジェクトごとのリーダーを中心に活動を進めることで、子どもたちが主体的に取り組むことができます。

・放送プロジェクト

担任の先生、旧担任、在校生から6年生へのメッセージを給食時間に放送する。

・掲示プロジェクト

6年生に向けて、思い出や感謝のメッセージを1～4年生に書いてもらい、掲示する。

・プレゼントプロジェクト

同じ縦割り班の6年生に1～5年生でプレゼントをつくり、送る会で渡す。

04 ふりかえり

6年生を送る会やその他のプロジェクトが終了したら、ふりかえりをしましょう。

①「6年生の喜ぶ顔が見られてよかった」「とても苦労したけれど、達成感があった」といった、活動自体のふりかえり

②すべての活動を通して、自分たちが成長したところや、身についた力は何か

③②で話し合ったことをもとに、これから自分たちが最高学年になったときに活かせることや使えることを共有する

これから最高学年として羽ばたく子どもたちのことを自分たちで後押しできるように、希望や期待をもたせられるようにします。

学習ゲーム（算数編）

▶ ねらい

算数科の学習にゲーム要素を取り入れることで楽しい雰囲気をつくり、日々の授業を待ち遠しく思える学級の中で積極的に学ぼうとする意欲を高める。

▶ 指導のポイント

2月になると各教科の授業スタイルが定着しています。安心して授業に取り組める反面、マンネリを感じてしまうこともあります。

そのような日々の教科学習に刺激を与えてくれるのが、「学習ゲーム」です。わくわくする気持ちが学習意欲を高めたり、積極的な対話を生み出したりします。また、「あそび」の要素があるので、休み時間や家庭にも学びの時間が広がることもゲーム要素を取り入れるよさになります。年間を通して取り組むこともできます。

市販されているおすすめの算数ゲーム

『ジャマイカ』
（販売元　トモエ算盤株式会社）
　ランダムに選ばれる白の5つの数字を使って、黒の数字をつくる計算ゲーム。（この図では21）授業のはじめの導入に使ったり、休み時間に対決したりもできます。

『パターンブロック』
（販売元　東洋館出版社）
　とても簡単に美しい図形をつくることができるので、自然と図形に対する豊かな感性を育めます。
色鮮やかな図形を写真に収め、掲示することもできます。

学習ゲーム実践例

01 「算数四コマまんが」

問題の解き方を説明する表現力を育てたいとき、文章での説明だけではまとまりのないものになりがちです。

そこで、解き方の説明を四コマまんがで表現させてみます。「四コマ」に制限をすることでシンプルに説明をすることができます。この実践のように、学習活動に「あそび」を取り入れることで、子どもたちの意欲を高められます。

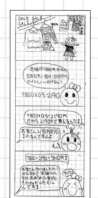

02 「ちょうちょ」の歌で円周率

円周率	円周率	はいはい知ってるよ

ちょうちょう　ちょうちょう　菜の葉にとまれ

| 3.14 | 1 5 9 2 | 6 5 3 5 8 9 |

菜の葉に　飽（あ）いたら　桜にとまれ

| 7 9 3 2 3 8 4 | 6 2 6 4 3 3 8 3 |

桜の花の　　　花から花へ

| まだまだ続くよ | あ～あ 眠たくなっちゃった |

とまれよ　あそべよ　あそべよ　とまれ

円周率3.14の続きを童謡「ちょうちょう」の替え歌で覚えます。何度も口ずさむことで覚えやすくなります。暗記することは算数科の目的ではありませんが、みんなで歌ったり「円周率検定」をしたりすることで、学級独自のおもしろさや喜びを生み出せます。

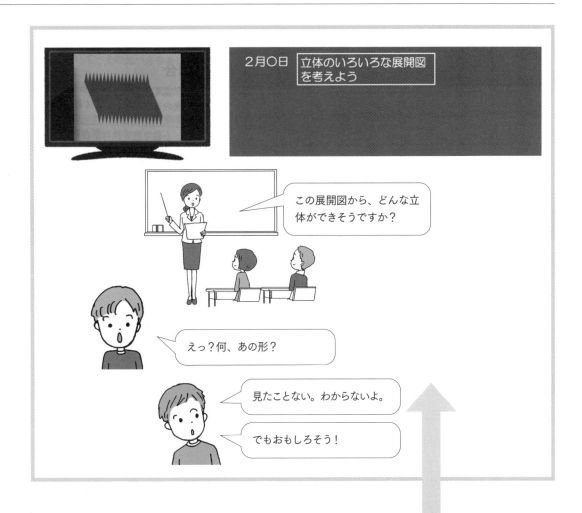

この展開図から、どんな立体ができそうですか？

えっ？何、あの形？

見たことない。わからないよ。

でもおもしろそう！

2月〇日　立体のいろいろな展開図を考えよう

03 体積〇〇cm³の立体をつくろう

　方眼紙を使って立体をつくる学習の多くは、形や辺の長さが事前に決められているので、子どもたちの自由はありません。

　そこで、「体積〇cm³の立体をつくろう」という指示をします。自分で立体の形や辺の長さを決めることができるので、友だちとの対話や創意工夫が生まれます。

　24cm³の立体の場合、1cm×1cm×24cmの直方体をつくる子もいれば、なかには、2cm×2cm×2cm＋2cm×2cm×4cmのL字型の立体をつくる子もいます。友だちが作成した立体の体積の求め方を説明（答えはみんな同じなので考えやすい）させることで、楽しみながら多様な立式に慣れさせることもできます。

04 どんな立体になるだろう

　展開図について学ぶ授業は、教科書に記載されている一般的な展開図だけ扱われる場合がほとんどです。そこで、あえて「一般的ではない展開図」を提示することで、子どもたちの「？」を引き出します。

　たとえば、自分たちでつくった立体を、辺とはちがう部分で切らせます。すると、同じ立体でも様々な展開図が生まれます。円柱を例にしても、上図のように切り開き方に変化を加えると、様々な展開図が可能になります。発展的学習として取り組むことで、脳内で立体をイメージする力を養うことができます。

《参考書籍》　坪田耕三（2013）『算数科　授業づくりの基礎・基本』（東洋館出版社）

| 4月 | 5月 | 6月 | 7月 | 8月 | 9月 | 10月 | 11月 | 12月 | 1月 | 2月 | 3月 |

ウィンタースポーツ集会をしよう

学級活動（1）ア

▶ねらい

雪が積もった冬にしかできないウィンタースポーツを楽しむことによって、クラスの絆を深めることができるようにする。

▶指導のポイント

グラウンドに雪が積もり始めると、子どもたちはウキウキして外を眺める時間が増えてきます。冬にしかできない、雪が積もる地域しかできないウィンタースポーツを友だちと楽しみ、四季がある日本に生まれたことに誇りをもつ機会にします。これまで一緒に過ごしてきたクラスの友だちとの絆を深める一助として、ウィンタースポーツ大会はうってつけです。

※雪が積もらず、ウィンタースポーツができない地域は、ドッジボールやサッカー等のスポーツ大会に置き換えて指導してみましょう。

本時の展開

01 冬ならではのスポーツを楽しもう！

「ウィンタースポーツ集会」と聞くと、特別なことをしなければならないように感じるかもしれません。しかし、通常の季節に行うスポーツ集会（ドッジボール集会や鬼ごっこ集会など）と同じような過程で計画・実施しますので、難しく考える必要はありません。

雪が積もり始めたら教師から、「雪が積もってきたからみんなでウィンタースポーツをしてみませんか？」と提案してみましょう。

次に、ウィンタースポーツの中からクラスで実施できるものを子どもたちと話し合いながら選びます。その際、選んだウィンタースポーツがクラスの絆を深めるために適しているのか、しっかり話し合うことが大切です。

02 ルール設定は子どもたちと話し合う

ウィンタースポーツには、数多くの方法やルールがあります。係の子どもたちにタブレット端末で調べてもらい、クラスで話し合いながら自分たちにあったルールにしていきましょう。

〈雪像づくり〉
・テーマと制限時間を決めて、グループごとに雪像をつくる。色水を使って、彩色するとより面白い。
〈雪だるまづくり〉
・グループ対抗で、制限時間内にどれだけ大きな雪だるまをつくったのか勝負する。雪の集め方を相談したり、道具（スコップやバケツなど）を使ったりしてもよい。

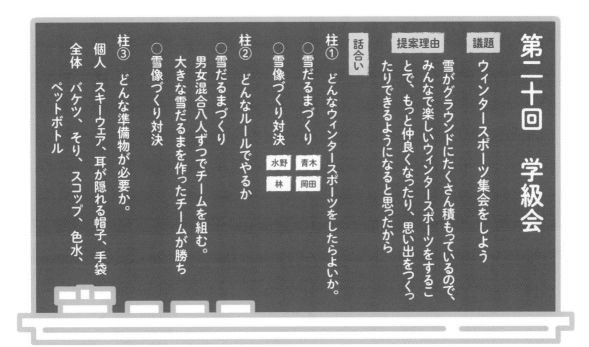

第二十回　学級会

議題 ウィンタースポーツ集会をしよう

提案理由 雪がグラウンドにたくさん積もっているので、みんなで楽しいウィンタースポーツをすることで、もっと仲良くなったり、思い出をつくったりできるようになると思ったから

話合い

柱① どんなウィンタースポーツをしたらよいか。

| 水野 | 青木 |
| 林 | 岡田 |

○雪だるまづくり

○雪像づくり対決

柱② どんなルールでやるか

○雪だるまづくり
男女混合八人ずつでチームを組む。大きな雪だるまを作ったチームが勝ち

○雪像づくり対決

柱③ どんな準備物が必要か。

個人　スキーウエア、耳が隠れる帽子、手袋

全体　バケツ、そり、スコップ、色水、ペットボトル

Point
学級通信などで、防寒対策の準備物のお願いをするとよいです。地域によっては体育的行事としてスキー教室があります。同じような展開で指導するのもよいですね。

03 雪合戦を行う注意点

　休み時間や集会などで行うウィンタースポーツで、子どもたちが一番熱中するのは「雪合戦」です。しかし、雪合戦は危険が伴います。最も多いのが「投げた雪玉が顔に当たった」ということです。

　そこで、ルールや道具の工夫をして、未然防止ができるようにしましょう。たとえば、「野球を習っている人は、聞き手と反対の手で投げる」「耳まで隠れる帽子を必ずつける」「雪玉を当てるときには、必ず足をねらう」などです。

　リスク管理に関することについて子どもたちから出てこなかった場合、教師から投げかけ、クラスで確認することが必要です。

04 防寒・安全対策は教師主導で

　通常の季節に行うスポーツ集会とちがい、非常に寒い時期に外での活動になります。防寒対策や安全対策は非常に重要で、教師の直接的な指導が必要になります。まずは雪上で活動ができる服装を各家庭で準備してもらいます。

・長靴　　・スキーウエア　・防水の手袋
・耳が隠れる帽子　・替えの靴下　　　　　　　など

　家庭の事情で、このような服装や道具類を準備できない子どももいると思います。担任は同僚、友人などに相談をし、準備してあげることも視野に入れましょう。

卒業式を
成功させよう

学級活動（3）イ

▶ねらい

　これまでの6年生の活躍をふりかえり、感謝を伝える手立てを話し合うことを通して、在校生を代表して卒業式を成功させようという意欲を高める。

▶指導のポイント

　在校生代表として卒業式に参列することが多い5年生。中には漫然とただ練習に参加するだけの子も見受けられます。そこで、「卒業式の意義」や「なぜ5年生が参列するのか」という本質の部分を見つめ、意識を高めていきます。また、学活（3）にある「社会参画意識の醸成」へとつながるこの活動は、学級よりも自分自身の意思決定や取り組みを重点的に考えます。

~卒業式大成功プロジェクト~

〇卒業式に向けて
・歌を帰りの会でも練習する
・普段からよい姿勢で授業を受ける

〇6年生との思い出づくり
・いっしょにドッジボールをする
・委員会の当番をいっしょにする

〇委員会・クラブ活動で6年生に感謝を伝える
・給食の放送で6年生への感謝の手紙を読む
・手芸クラブでプレゼントをつくる

指導にあたっての留意点

01　6年生の活躍をふりかえる

　登校班長やクラブ、委員会でのリーダーなど多くの場面でリーダーシップをとってきた6年生。また、学校行事の準備や片づけなど、自分たちの知らないところでも活躍していたことをまずは出し合います。
　そして、「そんな6年生ももうすぐ卒業する」という意識から、自分たちにできることを考えるようにします。

02　卒業式と5年生参列の意義

　「6年生が主役の卒業式になぜ5年生が参列するのか」や「卒業式は学校にとってどんな行事なのか」と子どもたちに問いかけることで、卒業式を自分事としてとらえられるようにします。話し合う中で、子どもたちから出た「感謝を伝える」や「伝統を引き継ぐ」といったキーワードに着目し、「どうすれば自分たちにそれができるのか？」という活動への意識づけにつなげます。責任感とともに高い意欲をもてるようにします。

卒業式を成功させよう

卒業式を成功させるために、できることを考えよう。

つかむ 6年生ってどんな存在?

登校班の写真	運動会の写真

・登校班で班長をしている。
・委員会やクラブの部長。
・1年生のお世話をしている。
・運動会や音楽会の準備や片づけの
　仕事をしている。

さぐる

【なぜ卒業するのか?】
・学校を巣立っていく姿を
　見送るため。
・6年間の成長を地域や
　保護者に見てもらう。

私たち5年生にとっては?
・これまでの感謝を伝える。
・6年生から学校の伝統を
　引き継ぐ
・リーダーとしての気持ちを
　受け継ぐ

みつける

【何ができるのか?】
・卒業式の練習を本気でする。
・委員会で6年生の感謝を
　伝える。
例：放送委員会で放送する。
　　刑事委員会で掲示板に
　　メッセージを書く。

きめる

・普段から大きな声を出す。
・低学年にも声をかける。
・友達に一緒にやろうと誘う。

03 成功させる手立てを見つける

「卒業式を成功させる」という抽象的なねらいについて、できるだけ具体的な手立てを「自分にできること」をもとに考えます。

その際、「卒業式で大きな声で歌う」といった式に関することが中心になる場合は、「卒業式の数時間で、十分に感謝を伝えたり、伝統を引き継ぐことはできるのかな」と問いかけます。これにより、子どもたちの意識を広げることができます。

大切なことは、この活動が6年生のためだけでなく、自分たち5年生も成長させるということに気づくようにします。

04 個人での取り組みを決める

グループでの取り組みの意見が多く出る中では、個人での取り組みを設定するのは難しい場合があります。その場合は、「どのような心構えで取り組むか」と個人での目的意識をもつことも重視しましょう。

そして決めたことを、普段の生活でも意識できるように教室の壁面に掲示できるようにし、朝の会や帰りの会で確認します。

成長を自覚する3月

▶【1】3月で目指す子どもの姿

　1月頃から意識し始めた「最高学年になる」という言葉。頭で理解はしているけれど、「休み時間は気の合う仲間と遊びたい」「誰かがしてくれるだろう」という気持ちがまだ残っているのも、この時期の5年生の特徴です。そこで大事になるのが、「自らの成長を自覚させること」です。

▶【2】3月の学級経営を充実させるために

教師と子どものゴールイメージのギャップを取り払う

　教師は「立派な姿で最高学年へ送り出す」という気持ちで子どもたちと接します。すると、「最高学年になるのだから、もっとしっかりとしなさい」という態度になってしまいがちです。そのような教師の願いを押しつけてしまうと、「先生は僕たちのことを考えてくれていない」という思いが子どもたちに芽生えてしまいます。これは、教師と子どもたちそれぞれが描いているゴールが異なることから生じてしまう、「心のすれ違い」なのです。教師がどのようなゴールを描いているのかを丁寧に伝えること、そして、子どもたちの描いている5年生のゴールがどのようなものなのか理解しようとすること。3月はそのような「ゴールイメージのすり合わせ」が大切になります。

自分たちが学校のリーダーになるという自覚をもたせる

　3月のキーワードは「任せる」と「頼る」です。「頼りになる存在」として子どもたちと接することが大切になります。そこで、「6年生を送る会」や「卒業式」の準備の中心に子どもたちを据え、主体性や責任感の向上を促します。

　ただし、何も方針を示さずに任せてしまうと、担任としての役割（指導）を放棄することになりかねません。子どもたちが主体的に行動できるように、「何のためにするのか」「自分ががんばれることは何か」を一人ひとりに考えさせることで、これまでと異なる立場（リーダー）の自覚を促すのです。

　なお、「子どもを使って（準備をする）」という表現を聞くことがありますが、その言葉には子どもたちへの敬意を感じることができません。立派な大人として、対等な存在として子どもたちにお願いをするという意識を教師は大事にしたいものです。

成長を自覚させる

　自分自身の成長を自覚することは大人でも難しいことです。教師から見ると心身ともに大きく成長した子どもたちかもしれませんが、本人たちにその自覚はありません。しかし、自らの成長を自覚してこそ新たな一歩を踏み出す勇気が得られるのであり、感謝の気持ちが生まれるのです。このように、「成長を自覚させること」が最高学年につながる重要な手立てになるのです。

▶【3】1年間をふりかえる作文を書こう

▶ねらい

　1年間の思い出を作文で表現することで、自分自身の成長を自覚させます。目的は「書かせること」ではなく、書いた後に成長を実感できるようにすることです。

▶活動例

テーマ①【感謝の言葉を伝えよう】

　お世話になった方への感謝を作文としてつづります。たとえば、専科の先生へ感謝の言葉を書いている作文があれば、専科の先生にコメントをお願いしてもよいでしょう。

> 実際の作文『ありがとう』
> 　私はこのクラス、5年○組だったから今の自分がいます。今までは、歌うのもあまり好きではありませんでした。でも、このクラスで毎朝歌うようになってから大好きになりました。読書だってそうです。今までは読書の時間も少なかったし、面倒という気持ちがありました。でも、読書時間をたくさん与えてくれたり、みんなはおすすめの本をいっぱい貸してくれたりしました。こんな私を変えてくれたから、5年○組のみんなにこの言葉を伝えたいです。「ありがとう」。

テーマ②【先生や友だち、家族の言葉を思い出そう】

　1年を通して担任はたくさんの言葉を子どもたちに届けてきました。友だちや家族からも、うれしい言葉をもらっています。日々の生活の中で、授業の中で、思い出に残っている言葉について書きます。

> 実際の作文『先生の大切な生徒だから』
> 　私の記憶に残っている言葉は、「先生の大切な生徒だから」です。これを言われたとき、すごく安心しました。この言葉で先生のことをもっと信じられるようになったし、うれしかったです。5年○組はもう少しで終わるけれど、まだまだがんばりたいです。

▶活動後のポイント

　作文を通して自らの成長をふりかえった子どもたち。しかし、自己を見つめることは難しいことです。そこで重要になるのが他者の存在、私たち教師のかかわりです。子どもの作文に対して、教師のもっている言葉の力を総動員して、その子のがんばりを、その子の存在を認めてあげます。

　その際、「あなたはがんばった」ではなく、「あなたのがんばりが先生はうれしかった」「いっしょに勉強ができて楽しかった」のように、教師の思いを「Ⅰ（アイ）メッセージ」で届けてあげるのです。

　なお、「作文指導」については5月（98〜99ページ）を参照ください。

最後の
授業参観

▶ ねらい

友だち・担任・保護者と一緒に1年間をふりかえり、自分の成長に気づくとともに、お互いの成長を認め合う。

▶ 指導のポイント

5年生最後の授業参観は、「リアルタイムで、みんなでいるからできること」にします。

子ども一人ひとり、保護者一人ひとりに思いを巡らせ、ただ楽しいだけの時間にせず、お互いに成長の喜びを実感、共有できる場にします。

教師が何をしたいかではなく、子どもたちが「学年の締めくくりに発表したいこと」を考えて、自分たちで計画を立て、準備し、実行する過程を支援していきます。

▶ 子どもが主役の時間に

〈最後の授業参観の目的〉
○自分をふりかえって成長に気づく
○友だちのよさをふりかえって伝える
○発表する喜び、認められる喜び
○保護者に成長の姿を知らせる

計画から準備、運営に至るまで、子どもたちが考えて、話し合いながら進めます。

「1年間の思い出のふりかえり」は、これまでのノートなどをつなげてポートフォリオをつくります。Googleサイトやクラウド型授業支援アプリに保存した1年間の日記や日誌、作品などのデータを使うと便利で、子どもの手でも作成や編集が可能です。

「成果発表」は、1年でできるようになったことから、発表したい内容を自分で決めます。

どちらも、対面だからこそ共有できる臨場感のある内容に絞るよう助言し、45分で収らないものは画像作品や限定公開の動画にして、URLや二次元コードを伝えることもできます。

本時の展開

01　1年間の思い出をふりかえる

子どもたちのアイデアによる楽しい演出で1年間をふりかえります。行事や作品の画像や動画、音声などをつなげてつくります。
・思い出ベスト10クイズ　・デジタルカレンダー
・思い出ムービー　　　　など

02　☆5年○組　成果発表会☆

学級の人数に合わせて個人発表や、ジャンルごとのグループでの発表を行います。
例）理科「メダカの誕生」の研究発表
　　音楽　学習した曲の演奏などを全員で
　　体育　縄跳び「ハヤブサ」、8の字長縄

五年〇組　成果発表会

一　はじめのことば
二　学級の歌　————5分
三　思い出ベスト10クイズ　————10分
四　成果発表会　————20分
五　花メダル交換　————10分
六　おわりのことば

Point

~ICT端末を活用しよう~
・年度末に担任がばたばたと苦労して作るのではなく、1年間を通して記録した
ものを子どもと一緒に作ると、楽しさの共有と教師の負担軽減につながります。

03 「花メダル」でよさを認め合う

① 事前に花びらカードに友だちのよさを書いて来て、
全員にカードが届くように配慮します。
② 円の台紙に、もらったカードを貼って花の形にし、
首にかけるリボンをつけます
③ 保護者に見せ、1年間の感謝を伝えます

04 参観後の懇談会で語り合う

　思い出ムービーで1年をふりかえります。学力調査
や学校評価の結果なども踏まえながら、成果と課題を
具体的に伝えます。最高学年に向けた心構えなどにつ
いても話します。

参考文献：『GIGA スクールの1人1台端末活用アイデア 100』中川一史監修、安井政樹編著、明治図書 2022

学級懇談会

> 3月の学級懇談会で伝えたいこと
> 《学級目標の達成について》
> ・達成するための学級独自の取り組み
> ・宿泊行事で育った力
> ・学習面の成長、意識の変容
>
> 《学級・学年の課題》
> ・学習面の課題（授業の雰囲気など）
> ・生活面の課題（整理整頓など）
>
> 《残りの日々で取り組むこと》
> ・在校生代表として卒業式への出席
> 　（練習）
> ・個別の課題解消に向けた学習
>
> 《6年生に向けてなど》
> ・6年生の学習内容
> ・始業式、入学式の役割
> ・修学旅行の予定
> ・GIGA端末の活用
> ・PTA役員の保護者への感謝

▶ねらい

1年間の学びの過程を保護者と共有することで、子どもたちの成長を共に喜び合う時間とする。また、今後の課題や来年度の展望を知ることで、教師と保護者が手を取り合って教育活動に取り組める関係性の構築を目指す。

▶指導のポイント

子どもたちの成長の事実と感謝を伝えます。ただ、教師が一方的に話をしても、保護者の心には響きません。読んでわかる内容は資料として配布します。保護者が知りたいことは、「子どもたちは安心して教室で過ごせたのか」、「我が子の成長は他の子と比べて遅れていないか」ということです。これらの不安を解消するために、写真や動画、実物（ノートなど）を活用して、子どもたちみんながんばっていたことを丁寧に伝えます。

指導の留意点

01　まずは感謝の気持ちを伝える

5年生の日々もあとわずかとなります。紆余曲折あったかもしれませんが、3学期の懇談会は1つの節目になります。

担任として、毎日の教育活動に精一杯務めてきたことを伝えつつ、その裏では、保護者の皆さんが何度もフォローをしてくださっていたはずです。まず、目に見えぬ支援をたくさん頂戴したことに、心からお礼を伝えます。

また、PTA役員の方への感謝も伝えます。「事前に一言いただけますか」と依頼をすることで、役員としてどのような活動をされたのか紹介してもらうこともできます。

その後、子どもたちの成長を伝えます。その際、年間を通して積み重ねてきた努力の過程を丁寧に説明します。

02　子どもたちからのメッセージ

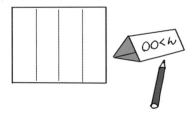

お互いの名前を知っていると、保護者の方々も安心して参加できます。4等分に折った画用紙で三角型のネームプレート（置き型）を事前に子どもたちとつくっておきます。底面に子どもたちからの手紙を書かせておくと、サプライズメッセージにもなります。

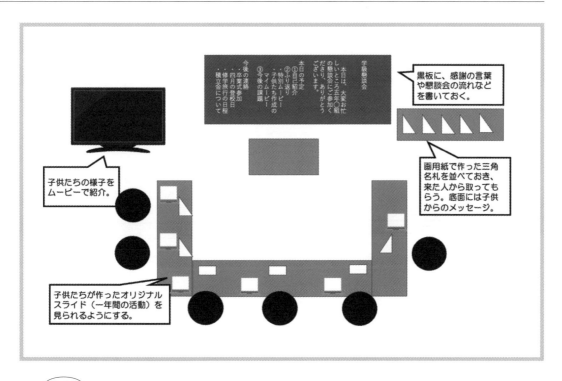

> **Point**
>
> 兄弟・姉妹との兼ね合いで、途中入室・退室する方もおられます。どのような流れで進行しているのかを黒板に書いておくことで、安心して参加できるようになります。

03 画像や動画を活用する

　１年間の学習の様子を、スライドショーで紹介しながら解説します。子ども自身にスライドを作成させると、一人一台の端末で見てもらうこともできます。欠席の保護者も家で観ることができますし、帰宅後に家族みんなで盛り上がることもできます。

04 一人ひとりの思いに寄り添う

　懇談会が終わった後に、「先生、少しの時間よろしいですか」と相談を受けることがあります。悩み事の聞き取りに時間がかかる場合があるので、「午後に電話（家庭訪問）してもいいですか？」とアポを取ったりするなど、誠意ある行動を心がけます。

3 MARCH

学級じまい

▶ねらい

　1年間の締めくくりを子どもたちと進めていくことで、5年生としての達成感と6年生に向けての展望をもつ。

▶指導のポイント

　3月は、【最後の授業参観　懇談会　お別れパーティー　大掃除】といった締めくくりに関する行事が多くあります。他にも、文集をつくったり、係でイベントをしたりすれば、子どもも先生も忙しくなりがちです。計画的にすすめられるよう学級で話し合います。

　また、楽しむことだけではなく、学習面や生活面での締めくくりも大切です。周りの人たちへの感謝の気持ちも大切にして、6年生へと向かえるようにしましょう。

指導にあたっての留意点

01　成長を実感させる

　p.205であったように、作文を書かせることが効果的です。時間がなければ、カードでもスピーチでもかまいません。その際、自分の成長を実感させるために友だちからコメントをもらうようにします。朝の会や帰りの会で数名ずつしていくと、時間も有効に使えます。

02　3学期は、6年生の「0学期」

　見方を変えればこうなります。その締めくくりとしての3月をどう過ごすのか、子どもたちに考えさせます。教師はついつい、「このままでは6年生になれないよ」と言ってしまいがちですが、大切なのは、「今すぐ6年生になっても、自分たちは大丈夫！」という自信をもたせることです。

　そうすることで、「でも、6年生になってみないとわからないこともある…」という、自信と不安がよいバランスになり、今何をするべきなのかを考えることができます。

　子どもたちが自分の成長と仲間との絆を、6年生で試してみたいと思うように、教師から声かけをしていきましょう。

~担任から学級じまいに送るメッセージの例~

「みんなと一緒に過ごせて、先生は本当に楽しかったよ。自然教室では厳しく叱ったこともあったり、運動会では負けて悔しいこともあったりしたね。その度にみんなは、それを乗り越えようとがんばっていたね。先生はいつもその姿をうれしく思っていた。そして、苦手なことがあっても、逃げずにがんばる人がたくさんいて、それをみんなが応援する。そしてがんばっている人は、その応援を力にしてさらにがんばる。4月に学級目標をつくったときのこと、覚えているかな。「○○クラスにしたい！」ってみんなが言っていたね。今のこのクラスはどうかな。見事に達成することができたね。このクラスは、最高の5年生になった。そして、来月から、最高の6年生をめざして、さらにまた歩んでいく。今日は、ゴールでもありスタートだね。素晴らしい1年間をありがとう。」

03 学級を育てた名シーン

1年間ともに過ごしてきた学級では、多くの名場面があったはずです。p.205にあるような「先生の名言」とともに、「みんなの名言」や「5年○組の名シーン」をみんなでふりかえりましょう。

たとえば、「○○さんが、初めて◇◇できた日」「みんなで大失敗してしまった日」など、大きな行事に限らず、印象に残った日や個人や学級の成長に大きくかかわった出来事などを取り上げて、互いに拍手を送りましょう。

また、子どもたちが忘れてしまっているときは、「思い出アンケート」をとって印象に残っている出来事やイベントをふりかえり、ネタを集めましょう。

04 終業式の日は最上級生！

多くの場合、終業式の日には6年生は卒業してもういませんので、その日から5年生が最上級生になります。時間に余裕のない日ですが、校内のごみ拾いをしたり、元気にあいさつをして回ったりなど「自分たちが動けば学校は変わる」という意識をもたせます。

〈参考文献〉　小川真也（2021）『教師になったら読む本』三晃書房

大掃除

▶ねらい

年度末の大掃除・片づけを通して、1年間使用した教室や学年スペースなどをきれいにして、次の学年にスムーズに引き継げるようにする。

▶指導のポイント

年度末に向けた学級じまいの中で大切なのは、教室を次の学級にきれいな状態で引き継ぐことです。教室をピカピカに掃除をするだけでなく、未配布のプリントやテストの実施、次年度へ引き継ぐ教材の整理なども行う必要があります。修了式の間際になって慌てることのないように、学年の先生と相談して予定を立てましょう。立てた予定は、子どもたちに提示するとよいでしょう。

▶教室クリーン大作戦の日程例

3月16日	作品・個人の持ち物の返却
3月17日	卒業式
3月20日	教材、教具の返却 教師用教科書冊数チェック
3月22日	机の中やロッカーの中の用具を持ち帰る
3月23日	教室クリーン大作戦
3月24日	修了式

教室クリーン大作戦を行う前には、作品や個人の持ち物、机やロッカーの中身を計画的に持ち帰らせる必要があります。また、教室には学校の備品である教材・教具・教科書などがあります。年度末に集められることが多くなるので、早めにあるかどうかチェック・返却を行うようにします。

本時の展開

01 教室クリーン大作戦

まず、「大掃除は何のために行うのか」子どもたちと話し合います。「次に使う人が気持ちよく一年間をスタートできるようにするため」「1年間お世話になった教室に感謝の気持ちを込めて、きれいにする」などの目当てを立てます。

次に、どこを掃除・整頓すればよいのか、役割分担を決めます。自教室だけでなく、使用した特別教室や教材室、下の学年の教室等、学校全体に目を向けることも大切です。

さらに、タブレット等で掃除・整頓をする前と後で写真を撮り、比べながらふりかえりをすると、がんばった成果が見え、充実感を味わうことができます。

02 どんな掃除をすればよい？

※掃除のスペシャリストである用務員さんのところに子どもたちと一緒に行き、インタビューをするのもよい。

場所や状況によって、掃除の仕方は異なってきます。
・窓：濡れた新聞紙で拭いた後、乾拭き
・サッシ・棚・ロッカー・テレビ台：水拭き
・下足箱：箒で砂を払った後、水拭き

03 子どもの主体性を大切に

　担当場所とメンバーが決まったら、作戦会議を開きます。「窓のサッシが汚いから、ぞうきんで水拭きをしよう」「廊下の隅々にごみが落ちているから、まず箒で掃いてから水拭きをしよう」と、具体的な活動内容・一人ひとりの分担を計画させるとよいです。「自分の仕事が終わった」と、遊ぶ子どもも出てくるでしょう。あらかじめ全体の場で「仕事が終わったら、どうする?」と子どもに問い、「まだ終わっていない人を手伝う」「もう一度、ごみがないか確認する」など話し合っておくとよいでしょう。「しっかりやりなさい」といった指導ではなく、「終わった人はどうすればよい?」と問いかけ、子どもに気づかせるような指導ができます。

04 教師の荷物も整理整頓

　修了式が終わった後の春休み。子どもたちがいない教室で一人、先生が一生懸命掃除や片付けをしている様子をよく見ます。しかし、春休みは短くて大変忙しいので、ゆっくり片付けをしたり掃除をしたりしている暇はありません。修了式までに時間を見つけて、教師の荷物も整理整頓しておくことが大切です。

　教卓の中身や整理整頓グッズなども段ボールなどにまとめておき、(1年間使わなかったものの断捨離をするのもよい)次の教室や異動先にスムーズに移動できるようにしておきましょう。「自分が使ったものはきれいにして、きちんと元に戻して次に引き継ぐ」という社会人としてのマナーを守れるようにします。

4月　5月　6月　7月　8月　9月　10月　11月　12月　1月　2月　**3月**

思い出すごろくを しよう

学級活動（1）イ

▶ねらい

1年間のふりかえりや思い出づくりを、子ども主体で行うことで、集団としての高まりを実感させる。

▶指導のポイント

5年生最後の学級会です。子どもたちには、「自分たちだけでここまでできた」という有用感と「楽しかった」という満足感を味わわせたいものです。

子どもたちのこれまでの育ちとも関連するところですが、教師は黒子となり、子どもが気づいていないところをさりげなくフォローします。また、実践活動の際も、子ども役として参加し、盛り上げたり、交通整理したりしましょう。

※すごろくをつくる際は、「イラスト、言葉、説明を書く」などの最低限のルールだけ示し、班に任せるという方法でもいいでしょう。

活動にあたっての留意点

01 事前の予告でイメージ化

自然学校で仲間と絆が深まった
5歩進む

話し合いに多くの時間がかかりそうなときは、事前の予告を丁寧に行いましょう。

提案者の願いを丁寧に聞き取ったうえで試作品をつくったり、話し合いの柱を事前に知らせたりして、参加者が意見をもって臨めるようにします。

02 小柱を用意して 話し合いを具体化する

計画委員会では、「どのような意見が出そうか」ということを予想し、模擬学級会を行っておくと安心です。

司会の言葉かけが曖昧だと話し合いが難しいので、小柱を用意しておきます。たとえば、「どんなすごろくにするか」の柱であっても、「材料」「すごろく全体の設計」「思い出の精選」などの小柱が予想されます。

「どんな意見が出そうか」という話し合いは、「どんな意見が出ないといけないか」を協議する場にもなります。

また、「みんなで決めること」と「班に任せること」の見極めも事前に助言しておく必要があるでしょう。

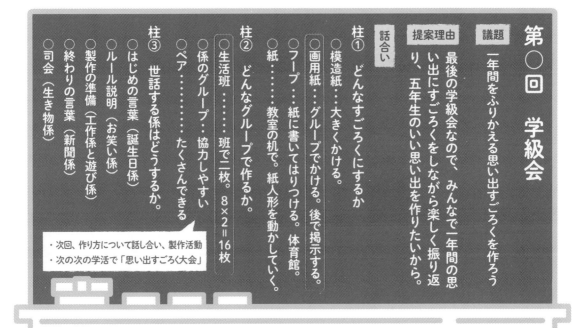

第○回　学級会

議題　一年間をふりかえる思い出すごろくを作ろう

提案理由　最後の学級会なので、みんなで一年間の思い出にすごろくをしながら楽しく振り返り、五年生のいい思い出を作りたいから。

話合い

柱①　どんなすごろくにするか

模造紙…大きくかける。

画用紙…グループでかける。後で掲示する。

フープ…紙にかいてはりつける。体育館。

紙……教室の机で。紙人形を動かしていく。

柱②　どんなグループで作るか。

ペア………たくさんできる
生活班……班で二枚。8×2＝16枚
係のグループ…協力しやすい

柱③　世話する係はどうするか。

はじめの言葉（誕生日係）
ルール説明（お笑い係）
製作の準備（工作係と遊び係）
終わりの言葉（新聞係）
司会（生き物係）

・次回、作り方について話し合い、製作活動
・次の次の学活で「思い出すごろく大会」

3月

03 スケジュールを一緒にたてる

　子どもたちの意見が膨らみ、活発になると、「発想はいいけど、実現が難しい」話し合いに陥ることがあります。

　学級活動に使える時間は限られています。

　行事予定が書かれたカレンダーを示し、一緒に見通しを立てることも大切です。

04 見えないところで支える

　最後の学級会ですので、みんなで気持ちよく終われる活動にしていきたいものです。かといって、教師が出すぎてしまうと、子どもの達成感を奪ってしまうことになります。教師は黒子として、子どもを支えるために、以下のことに留意しましょう。

①話し合いが滞りそうなときは、司会グループにささやいたり、つぶやいたりする。
②準備活動や話し合いに不備があった場合は、空き時間などを使ってアドバイスする。
③実践活動当日は、広い視野で全体を捉え、事前に声をかけたり、用具の準備をしておいたりする。

来年度に つなげよう

学級活動（3）ア

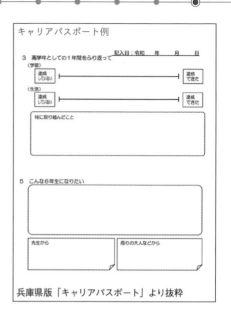

キャリアパスポート例

記入日；令和　　年　　月　　日

3　高学年としての1年間をふり返って
（学習）
達成していない ├────────────────────┤ 達成できた
（生活）
達成していない ├────────────────────┤ 達成できた

特に取り組んだこと

5　こんな6年生になりたい

先生から

周りの大人などから

兵庫県版「キャリアパスポート」より抜粋

▶ねらい

キャリア・パスポートを用いて1年間をふりかえったり、6年生からのメッセージを聞いたりすることで、最高の6年生になりたいと願う意欲を高める。

▶指導のポイント

1年間の自分の姿をみつめるところからスタートします。自己評価が低すぎる子には、机間指導で寄り添い、がんばった姿が想起できるようにします。

そして、最も身近なロールモデルである6年生の姿を想起させたり、思いを知ったりすることで、自分なりの「目指す6年生像」を描かせます。

活動にあたっての留意点

01 キャリア・パスで今の自分の姿をつかむ

キャリア・パスポートは学期のはじめや学期の終わりなどに記録することが多いと思います。

ワークシートの欄を埋め、書くことだけが目的にならないよう、丁寧な言葉かけによって、自分と向き合い、考えの変化や成長を確認する時間にしていきましょう。

02 6年生の姿から「めざす6年生像」をさぐる

6年生からのビデオメッセージは、好きに話してもらうのではなく、目的に合わせたインタビュー形式がよいでしょう。

6年生として大事にしてきたことややりがいなど前向きなコメントをもらいます。

来年度につなげよう

1年間をふりかえり、最高学年になるための課題をみつけよう

つかむ ふりかえってみよう　　**さぐる** 6年生の姿をおもいだしてみよう　　**みつける** 伸ばしたことは?

【学習面】
○発表の回数が増えた。
○ノートまとめが上手になった。
○家庭学習の習慣がついた。
△継続が難しかった。

【生活面】
○学校のルールが守れた。
○手洗い、うがいが習慣づいた。
○トラブルを自分たちで解決できた。

【取り組み】
○委員会活動を責任もってできた。
○挨拶運動をがんばった。

【クラブ・委員会】
・異学年をまとめていた。
・1年生にやさしく教えていた。
・自分たちで企画して、自分たちで話し合って活動していた。
・朝会などの姿が立派。

・司会ができるようになる。
・きれいに書けるようになる。
・自分で計画を立てて取り組めるようになりたい。
・今よりもっと協力して取り組める力をつける

自分で自分を高める

きめる
キャリアパスポートに目指す6年生の姿を書きましょう。

03　目指す6年生に近づくための取り組みをみつける

　ビデオメッセージを見ることで、6年生が、どんな思いや考えをもって取り組んでいたのかに気づかせます。

　思いや考えを知ったうえで、6年生の活動をふりかえってみると、ちがった姿に見えるはずです。想起させる際は5W1Hを駆使して、具体的に迫っていきます。

　そして、目指す6年生の姿と今の自分たちの姿の差異を自覚させることで、自分なりの課題が浮かぶようにします。

　それぞれの課題を出し合い、共有することで、伸ばしていきたいベクトルが様々あることをとらえさせ、次につなぎます。

04　自分なりの目指す6年生像をきめる

　3までは集団としての目指す6年生像でしたが、ここでは個人として「どんな6年生になりたいか」に焦点を当てます。

　「できていないところをできるようにする」という課題も大切ですが、「できているところをさらに伸ばす」ことや「自分の興味関心に寄り添って考える」ことも大切です。

　キャリア・パスポートに、「私が目指す6年生像」を明記させ、そのために、どんな努力や行動をしていくかも考えられるようにしていきます。

　そして、子どもたちの背中を押すようなメッセージを担任や周りの大人からもらうことで、動機づけの強化をはかります。

【教育理念】

平野朝久（1994）『はじめに子どもありき』学芸図書株式会社
重松鷹泰（1971）『初等教育原理』明治図書出版
上田薫（1987）『知られざる教育―抽象への抵抗』黎明書房
長岡文雄（1986）『子どもをとらえる構え』黎明書房
有田和正（2014）『人を育てる』小学館
佐藤正寿（2008）『価値ある出合いが教師を変える』ひまわり社
野口芳宏（2010）『利他の教育実践哲学』小学館
森信三（1989）『修身教授録』至知出版社
東井義雄（2013）『子どもの心に光を灯す』（致知出版社）
大村はま（1996）『教えるということ』筑摩書房
徳永康起（1970）『教え子みな吾が師なり』浪速社
石川晋（2016）『学校でしなやかに生きるということ』フェミックス社
藤原智也監修　長瀬拓也編著（2022）『教師になるには』キーステージ21
木下竹二（1972）『学習原論（復刻版）』明治図書
佐伯胖（1995）『「学ぶ」ということの意味』岩波書店
佐伯胖（1995）『「わかる」ということの意味』岩波書店
今井むつみ（2016）『学びとは何か』岩波書店

【学級経営の理論】

文部科学省国立教育政策研究所教育課程研究センター（2019）『みんなで,よりよい級・学校生活をつくる特別活動（小学校編）』文溪堂
杉田洋 編著（2017）『小学校学習指導要領ポイント総整理　特別活動』東洋館出版社
青木孝頼（2002）『特別活動 指導の基本構想』文溪堂
白松賢（2017）『学級経営の教科書』東洋館出版社
日本特別活動学会 編『キーワードで拓く新しい特別活動』東洋館出版社
杉田洋（2009）『よりよい人間関係を築く特別活動』図書文化社
國分康孝・河村茂雄（1996）『学級の育て方・生かし方』金子書房

【学級づくり全般】

奈須正裕（2017）『「資質・能力」と学びのメカニズム』東洋館出版社
田村学（2015）『授業を磨く』東洋館出版社　2015年
田村学（2017）『カリキュラムマネジメント入門』東洋館出版社
藤井千春（2016）『アクティブラーニング授業実践の原理』明治図書出版
杉江修治（2011）『協同学習入門』ナカニシヤ出版
小貫悟・桂聖（2014）『授業のユニバーサルデザイン入門』東洋館出版社
宇佐美寛（1978）『授業にとって「理論」とは何か』明治図書出版
田中博史（2014）『子どもが変わる接し方』東洋館出版社
澤井陽介（2016）『学級経営は問いが９割』東洋館出版社
俵原正仁（2019）『「崩壊フラグ」を見抜け』学陽書房
川上康則（2020）『子どもの心の受け止め方』光村図書
川上康則（2022）『教室マルトリートメント』東洋館出版社
古川光弘（1997）『子どもの心をどうつかむか』明治図書出版
赤坂真二編著（2015）『最高のチームを育てる学級目標 作成マニュアル&活用アイデア』明治図書出版
志賀廣夫（1995）『教師のアイデア道具箱』民衆社
安野功（2006）『学力がぐんぐん伸びる学級経営』日本標準
上條晴夫・池内清・佐内信之（2003）『5分間でできる学者遊び』たんぽぽ出版
仲島正教（2017）『成長しない子はいない』大修館書店
赤坂真二・南惠介（2016）『学級を最高のチームにする! 365日の集団づくり5年』明治図書出版
中村健一（2016）『明日からできる速効マンガ 5年生の学級づくり』日本標準
金大竜（2012）『日本一ハッピーなクラスのつくり方』明治図書出版
白井利明（2001）『[図解] よくわかる学級づくりの心理学』学事出版
「授業力&学級経営力」編集部編（2022）『なぜか学級がうまくいく心理術』明治図書出版
桑原昌之（2020）『どの子も輝く教室のつくり方』明治図書出版

宗實直樹（2022）『GIGAスクール構想で変える！１人１台端末時代の社会授業づくり』明治図書出版

【学活の話し合い活動】
赤坂真二（2016）『成功する自治的集団を育てる学級づくりの極意』明治図書出版
橋本定男（1997）『子どもが力をつける話合いの助言』明治図書出版

【ICT関係】
中川一史監修　安井政樹編著　札幌市立幌北小学校（2022）『GIGAスクールの１人１台端末活用アイディア100』明治図書出版
宗實直樹・椎井慎太郎（2022）『GIGAスクール構想で変える!１人１台端末時代の社会授業づくり』明治図書出版
樋口万太郎・宗實直樹・吉金佳能（2021）『GIGAスクール構想で変える！１人１台端末時代の授業づくり２』明治図書出版
中川一史・赤堀侃司編著（2021）『GIGAスクール時代の学びを拓く！PC1人１台授業スタートブック』ぎょうせい
高橋純（2022）『学び続ける力と問題解決　シンキング・レンズ、シンキング・サイクル、そして探究へ』東洋館出版社

【生活指導】
小野田正利（2008）『親はモンスターじゃない』（2008、学事出版）
吉田順（2016）『その手抜きが荒れをまねく―落ち着いているときにしておく生徒指導』学事出版

【特別支援】
木村順（2006）『育てにくい子にはわけがある』大月書店
川上康則（2015）『発達につまずきがある子どもの輝かせ方』明治図書出版
青山新吾（2022）『エピソード語りで見えてくるインクルーシブ教育の視点』学事出版

【不登校】
諸冨祥彦（2022）『学校に行けない「からだ」』図書文化
伊藤美奈子 編著（2022）『不登校の理解と支援のためのハンドブック』ミネルヴァ書房
兵庫県教育委員会『不登校児童生徒を支援する民間施設に関するガイドライン』
文部科学省『不登校児童生徒への支援の在り方について）通知)』令和元年10月25日

【授業づくり】
■全般
吉崎静夫（1997）『デザイナーとしての教師、アクターとしての教師』金子書房
藤岡信勝（1991）『授業づくりの発想』日本書籍
石井英真（2020）『授業づくりの深め方「よい授業」をデザインするための５つのツボ』ミネルヴァ書房
吉本均（1983）『授業の構想力』明治図書
築地久子（1999）『生きる力をつける授業―カルテは教師の授業を変える』黎明書房

■学習指導要領関係
澤井陽介（2018）『小学校新学習指導要領社会の授業づくり』明治図書出版
澤井陽介・加藤寿朗（2017）『見方・考え方　社会科編』東洋館出版社
東洋館出版社編集部 他『新学習指導要領ポイント総整理　シリーズ』東洋館出版社

■指導案関係
澤井陽介（2017）『授業の見方』東洋館出版社
北俊夫（2015）『知識の構造図を生かす問題解決的な授業づくり』明治図書出版
澤井陽介・廣嶋憲一郎（2018）『小学校社会科学習指導案文例集』東洋館出版社

■国語
堀裕嗣（2016）『国語科授業づくり10の原理100の言語技術』明治図書出版
多賀一郎・堀裕嗣（2015）『国語科授業づくりの深層』黎明書房
二瓶弘行・青木伸生 編著（2019）『小学校国語説明文の授業技術大全』　明治図書出版
二瓶弘行・青木伸生 編著（2019）『小学校国語物語文の授業技術大全』　明治図書出版

斉藤孝（2011）『ピカピカ論語』パイインターナショナル

斉藤孝（2022）『12歳までに知っておきたい語彙力図鑑』

白石範孝（2020）『白石範孝の「教材研究」』東洋館出版社

福山憲市（2006）『国語ミス退治事例集 No.3 ～作文指導編～ 作文感覚を磨き作文ミスを減らす指導法』明治図書出版

■社会科

岩田一彦（1991）『社会科の授業設計』東京書籍

有田和正（1982）『子どもの生きる社会科授業の創造』明治図書出版

澤井陽介（2015）『社会科の授業デザイン』東洋館出版社

澤井陽介・中田正弘（2014）『ステップ解説　社会科授業のつくり方』東洋館出版社

佐藤正寿（2011）『スペシャリスト直伝！社会科授業成功の極意』明治図書出版

村田辰明（2013）『社会科授業のユニバーサルデザイン』東洋館出版社

村田辰明 編著（2019）『実践!社会科授業のユニバーサルデザイン: 展開と技法』東洋館出版社

宗實直樹（2021）『宗實直樹の社会科授業デザイン』東洋館出版社

宗實直樹（2021）『社会科の「つまずき」指導術』明治図書出版

宗實直樹（2021）『深い学びに導く社会科新発問パターン集』明治図書出版

宗實直樹（2023）『社会科個別最適な学び授業デザイン』明治図書出版

佐藤正寿監修　宗實直樹編著　石元周作、中村祐哉、近江祐一 著（2022）『社会科教材の追究』 東洋館出版社

村田辰明 編著（2021）『テキストブック　授業のユニバーサルデザイン　社会』授業UD学会

■算数

正木孝昌（2007）『受動から能動へ』東洋館出版社

坪田耕三（2014）『算数科授業づくりの基礎・基本』東洋館出版社

盛山隆雄（2013）『「数学的な考え方」を育てる授業』東洋館出版社

坪田耕三（2014）『算数科　授業づくりの基礎・基本』東洋館出版社

安次嶺隆幸（2014）『世界一の算数授業をつくる100の格言』明治図書出版

■理科

鳴川哲也 他（2019）『イラスト図解ですっきりわかる理科』東洋館出版社

鳴川哲也（2022）『理科の授業で大切なこと』東洋館出版社

■生活科

寺本潔『教科力シリーズ　小学校生活』玉川大学出版社

中野 重人（1990）『生活科教育の理論と方法』東洋館出版社

■体育

平川譲（2012）『学年・教材を貫く授業術　体育授業が得意になる9つの方法』東洋館出版　2012

鈴木直樹・藤本拓矢・石井幸司・工藤悠仁 編著（2022）『5つの場面で協働的な学びをつくる！体育授業の1人1台端末活用アイディア60』明治図書出版

■図工

奥村高明（2010）『子どもの絵の見方―子どもの世界を鑑賞するまなざし』東洋館出版社

岡田京子（2017）『成長する授業: 子供と教師をつなぐ図画工作』東洋館出版社

■家庭科

文部科学省『小学校学習指導要領（平成29年告示）解説　家庭偏』

池崎喜美惠 編著（2020）『教科指導法シリーズ　改訂第2版　小学校指導法　家庭』玉川大学出版部

文部科学省「食に関する指導の手引き－第2次改訂版－」（平成31年3月）

岡陽子・鈴木明子 編著（2017）『平成29年改訂　小学校教育過程実践講座　家庭』ぎょうせい

横山みどり・楽しい家庭科の授業を考える会 編著（2019）『教科書＋α　絶対楽しい家庭科授業』東洋館出版社

■道徳

坂本哲彦（2014）『道徳授業のユニバーサルデザイン』東洋館出版社

加藤宣行（2018）『考え、議論する道徳に変える発問-板書の鉄則45』明治図書出版

加藤宣行・武井秀文（2015）『実践から学ぶ-深く考える道徳授業-こうぶんエデュ-』光文書院
赤堀博行（2019）『「特別の教科道徳」で大切なこと』東洋館出版社
赤堀博行 監修　日本道徳科教育学会編著（2021）『道徳教育キーワード辞典』東洋館出版社

【個別最適な学び】

波多野誼余夫編（1980）『自己学習能力を育てる　学校の新しい役割』東京大学出版会
安彦忠彦（1980）『授業の個別指導入門』明治図書出版
加藤幸次（1982）『個別化教育入門』教育開発研究所
愛知県東浦町立緒川小学校（1983）『個性化教育へのアプローチ』明治図書出版
全国教育研究所連盟（1984）『個別化教育の進め方』小学館
加藤幸次・安藤慧著（1985）『個別化・個性化教育の理論』黎明書房
水越敏行（1985）『個を生かす教育』明治図書出版
山崎林平（1985）『社会科個別指導入門』明治図書
中野重人・高野尚好編著『社会科の個別化・個性化指導』（1987）明治図書出版
水越敏行（1988）『個別教育への新しい提案』明治図書出版
全国教育研究所連盟（1989）『子どもは創る―自己教育力への道　上』ぎょうせい
大野連太郎（1990）『やりがいのある社会科指導』図書文化
全国教育研究所連盟（1992）『個を生かす教育の実践　上』ぎょうせい
安彦忠彦（1993）『「授業の個性化」その原理と方法を問う』明治図書出版
愛知県東浦町立緒川小学校（2008）『個性化教育30年 ~緒川小学校の現在~』中部日本教育文化会
宗實直樹（2023）『社会科個別最適な学び授業デザイン』明治図書出版

【対話】

中原淳（2022）『対話と決断」で成果を生む 話し合いの作法』PHP
ケネス・J・ガーゲン、メアリー・ガーゲン（2018）『現実はいつも対話から生まれる　社会構成主義入門』ディスカバリー・トゥエンティワン
シーラ・マクナミー、ケネス・J・ガーゲン編　野口裕二・野村直樹訳（1997）『ナラティブ・セラピー　社会構成主義の実践』金剛出版
井庭崇・長井雅史（2018）『対話のことば　オープンダイアローグに学ぶ問題解消のための対話の心得』丸善出版

【ゲーム・アクティビティ】

甲斐崎 博史（2013）『クラス全員がひとつになる学級ゲーム&アクティビティ100 』ナツメ社
庄子 寛之, 深見 太一 編著（2020）『子どもがつながる! オンライン学級あそび』学陽書房
上條 晴夫（2012）『ベテラン教師が教える 目的別 スグでき！学級あそびベスト100 』ナツメ社
教師の働き方研究会 編（2022）『教職1年目の学級あそび大全』明治図書出版
加藤拓由（2019）『小学校英語ゲーム&アクティビティ80』明治図書出版

【その他】

辻川和彦 編著（2019）『掃除指導完ぺきマニュアル』明治図書出版
浦上大輔（2017）『たった1分で相手をやる気にさせる話術PEPTALK』フォレスト出版
奥村高明（2015）『エグゼクティブは美術館に集う』光村図書出版
中野信子（2017）『ヒトは「いじめ」をやめられない』小学館
松下幸之助（2010）『物の見方考え方』PHP
水野学（2014）『センスは知識からはじまる』朝日新聞出版
高階秀爾（2015）『日本人にとって美しさとは何か』筑摩書房
三浦しをん『愛なき世界』
三浦しをん『船を編む』
山口周『世界のエリートはなぜ「美意識」を鍛えるのか?』
原田マハ『リーチ先生』
原田マハ『楽園のカンヴァス』
岡倉覚三『茶の本』
齋藤孝『世界の見方が変わる50の概念』
瀬尾まいこ『そして、バトンは渡された』
新渡戸稲造『武士道』

編著者・執筆者紹介

【編著者】

宗實　直樹

関西学院初等部教諭。授業研究会「山の麓の会」代表。1977年兵庫県姫路市夢前町に生まれる。大学では芸術系美術分野を専攻し、美学と絵画（油彩）を中心に学ぶ。卒業論文は「ファッションの人間学」。大学卒業後、兵庫県姫路市の公立小学校、瀬戸内海に浮かぶ島の小学校を経て、2015年より現任校へ。様々な場所でフィールドワークを重ね、人との出会いを通じて独自の教材開発を進めている。社会科教育、美術科教育、特別活動を軸に、「豊かさ」のある授業づくり、たくましくしなやかな子どもの育成を目指して、反省的実践を繰り返す。

【執筆者】（執筆順）

宗實　直樹（むねざね　なおき）
p.1/8-28/30-31/78-79/106-107/160-161

嶋田　賢太郎（しまだ　けんたろう）　富山県高岡市立下関小学校
p.32-33/48-49/52-53/60-61/90-91/136-137/186-187/192-193/196-197/200-201/212-213

小倉　秀志（おぐら　ひでし）　　神戸市立義務教育学校港島学園 前期課程
p.34-37/46-47/74-75/86-89/108-109/116-119/124-125/128-129/140-141/146-147/154-157/
　164-165/180-183/190-191/214-217

小川　真也（おがわ　しんや）　　兵庫県姫路市立義務教育学校 白鷺小中学校 前期課程
p.38-39/44-45/54-57/68-71/84-85/96-97/102-103/112-113/122-123/144-145/150-153/
　170-171/188-189/210-211

池永　真友（いけなが　まゆ）　　兵庫県川西市立牧の台小学校
p.40-41/50-51/58-59/62-67/72-73/120-121/132-133/148-149/172-173/176-177/194-195

田村　由宏（たむら　よしひろ）　　姫路市教育委員会
p.42-43/76-77/92-93/98-101/110-111/114-115/126-127/162-163/166-167/168-169/
　198-199/204-205/208-209/

山口　小百合（やまぐち　さゆり）　　鹿児島市立小山田小学校
p.80-83/94-95/104-105/130-131/134-135/138-139/142-143/158-159/174-175/178-179/
　184-185/206-207

カスタマーレビュー募集

本書をお読みになった感想を下記サイトに
お寄せ下さい。レビューいただいた方には
特典がございます。

https://www.toyokan.co.jp/products/5127

イラストで見る

全活動・全行事の学級経営のすべて
小学校5年

2023年（令和5年）3月20日　初版第1刷発行

編著者：宗實直樹
発行者：錦織圭之介
発行所：株式会社東洋館出版社
　　　　〒101-0054　東京都千代田区神田錦町2丁目9番1号
　　　　　　　　　　コンフォール安田ビル2階
　　　　代　表　電話03-6778-4343　FAX03-5281-8091
　　　　営業部　電話03-6778-7278　FAX03-5281-8092
　　　　振　替　00180-7-96823
　　　　Ｕ Ｒ Ｌ　https://www.toyokan.co.jp

装丁デザイン：小口翔平＋須貝美咲（tobufune）
本文デザイン・組版：株式会社明昌堂
イラスト：小林 裕美子（オセロ）
印刷・製本：株式会社シナノ

ISBN978-4-491-05127-7　　　　　　　　　Printed in Japan